明朝民族思想史研究

邓　云◎著

黑龙江人民出版社

图书在版编目（CIP）数据

明朝民族思想史研究／邓云著. — 哈尔滨：黑龙江人民出版社，2019.1
ISBN 978 - 7 - 207 - 11634 - 5

Ⅰ. ①明… Ⅱ. ①邓… Ⅲ. ①少数民族—思想史—研究—中国—明代 Ⅳ. ①K280.048

中国版本图书馆 CIP 数据核字（2019）第 019947 号

责任编辑：朱佳新
封面设计：欣鲲鹏

明朝民族思想史研究
Mingchao Minzu Sixiangshi Yanjiu

邓 云 著

出版发行 黑龙江人民出版社
　　　　　地址 哈尔滨市南岗区宣庆小区 1 号楼（150008）
　　　　　网址 www.hljrmcbs.com
印　　刷 永清县晔盛亚胶印有限公司
开　　本 880×1230　1/32
印　　张 7.375
字　　数 200 千字
版次印次 2019 年 1 月第 1 版　2021 年 6 月第 2 次印刷
书　　号 ISBN 978 - 7 - 207 - 11634 - 5
定　　价 38.00 元

法律顾问：北京市大成律师事务所哈尔滨分所律师赵学利、赵景波

前　　言

　　"民族思想"是崔明德教授于 1988 年在学界最早提出的一个概念,在其后的十几年里崔明德教授又相继发表了一系列文章和专著,就中国民族思想的研究范围、研究方法以及学科定位等问题进行研究和探讨,并明晰了"民族思想"的概念:"中国民族思想是各个时期各个民族的各类人物对中国民族关系的认识,是统治者制定民族政策、处理民族关系的理论基础;既有政治家、思想家、史学家、军事家及普通民众对历史上民族关系的反思,也有他们对当时民族关系现状的理性思考和客观认识,还有他们对民族关系未来发展趋势的预见。"①目前,这一概念已被很多专家学者接受,陈育宁教授就认为,民族思想概念的提出,"拓展了民族关系和民族理论的研究领域,具有填补空白的意义"②。徐黎丽教授认为,民族思想理论体系的构建,"为该学科的建设和发展奠定了坚实的基础"③。

　　本书选择明朝的民族思想作为研究对象的原因,一方面,明朝是我国统一多民族国家发展的重要阶段。在明朝统治的过程中,各民族政治、经济、文化的交流极为频繁,作为一个民族共同

---

　　①　崔明德:《中国民族思想史研究范围和方法的探讨》,《民族研究》,2006 年第2 期。

　　②　陈育宁:《一部民族史与思想史相结合的力作——读〈隋唐民族思想史〉》,《中国边疆史地研究》,2010 年第 6 期。

　　③　徐黎丽:《关于民族思想学科建设的思考》,《鲁东大学学报》,2008 年第 2 期。

体已经基本定型,与今日各民族已基本一致了①。而且明朝尤为特殊的是,其政权得之于少数民族(蒙古族),又失之于少数民族(满族),其兴亡都直接与少数民族相关。在其帝祚相传的近三百年中,与周边数十个少数民族或战或和、或剿或抚。因此,对明朝不同时期各类人物的民族思想提出的背景、内容、渊源、特点、实质、意义及其局限性进行研究,既可以反映当时明朝与少数民族之间的关系,也可以分析出明朝最终走向灭亡的原因。

另一方面,明朝在中国民族思想的发展中具有重要的地位。其之前的元代是第一个大一统的少数民族政权,明朝君臣在如何看待蒙元的正朔问题上,必然会形成两大相互矛盾的特征,这种矛盾和纠结会体现在很多人物的民族思想中,从明初的刘基到明中期的丘濬、王阳明以及明末的王夫之,无不体现着对"夷夏之防"的全新阐述。

目前,学术界已经在民族思想这一领域进行了比较深入的研究,但因这一研究起步相对较晚,对中国历史上重要的朝代和突出人物的民族思想还缺乏深入发掘和系统梳理。

本书的创新之处有两点;一是学术视角创新。本书的研究将跳出以往研究视野狭窄和铺陈事实的窠臼,以"民族思想"为视角,探寻其思想产生的个人原因、历史渊源、实践效果以及后世影响。二是学术思想创新。某些历史人物的"民族思想"本身具有"知行不一""是古非今"的矛盾性,本书将对其进行深入探究,探寻其矛盾的实质,防止过分拔高或贬低。因此,希望本书的出版,能对从事本领域的学者有所帮助。

由于作者水平有限,书中出现的不妥之处,恳请读者批评指正。

作者

2018 年 6 月

---

① 周庆智:《中国古代民族观念的起源演化》,《云南社会科学》,1993 年第 5 期。

目　　录

绪　　论

一、选题意义

1. 学术价值

第一,从"民族思想"这一全新的视角来梳理和思考明朝与周边少数民族的发展历程,有助于开阔研究者的视野,解决学术界关于明朝民族理论研究中众说纷纭、莫衷一是的观点,为学术界加强对明朝民族思想的研究提供新的研究思路和范式。

第二,通过个案研究,全面、动态、系统地勾勒出明朝民族关系演变的轨迹,以及时空互动中的关联性,弥补全方位和长时段的综合研究中挂一漏万的弊端。

2. 现实意义

对明朝民族思想的研究能为解决中国的现实民族问题提供智慧、经验和借鉴。明朝的各类人物从历史中找经验、从现实中找对策,积极献言献策,所倡导的"和而不同""因俗而治""以一家待之""华夷一家""推诚布信"和"以德抚远"等思想观点,符合人类文明的发展趋势,具有很强的借鉴意义。因此,开展明朝民族思想研究可以更好地为当前有效处理民族关系、拟定民族政策提供理论支撑和经验参考,有助于促进各民族共同繁荣发展和社会稳定,增强中华民族的凝聚力。

二、相关研究综述

1. 关于"民族思想"研究

崔明德教授在前人研究成果的基础上,于 20 世纪 80 年代末在《关于开展中国民族关系思想史研究的几点想法》①《应当深入开展中国民关系族思想史研究》②中提出了"民族思想"的概念。为进一步阐述这一思想,1997 年崔明德教授又发表了《关于建立中国民族关系思想史学科的构想》③,对构建中国传统民族思想的研究理论、研究框架、内容、范围、发展脉络、意义、方法等提出了深刻的见解。主要包括:一是从知行关系来看,思想是实践的先声,任何行为、策略、政策都是在一定的思想认识的支配下进行的,要深入研究中国古代的民族关系,就离不开对中国民族思想史的研究,只有加强对中国民族思想史的研究,才能更好地研究民族史和民族关系史,才能够更加丰富中国思想史的内容;二是研究中国民族思想可以开阔研究者的视野,为民族关系的研究提供新的研究角度,这有助于解决中国民族史及中国民族关系研究中长期存在争论的若干理论问题;三是自 20 世纪 80 年代以来,国内外掀起了"民族主义"浪潮以及国内学术界关于"民族思想"的研究热潮,重视和研究中国民族思想是符合国内外学术发展趋势的,研究民族思想既是学科建设和学科发展的一个重要方面,也是民族学研究中的一个重要方向;四是开展中国民族思想的研究可以更好地为当前制定民族政策、处理现实的民族关系提供理论依据,有利于中华民族的团结与巩固;五是从民族学、历史学的研

---

① 崔明德:《关于开展中国民族关系思想史研究的几点想法》,山东大学《研究生通讯》,1988 年第 1 期。

② 崔明德:《应当深入开展中国民族关系思想史研究》,《烟台大学学报》,1989 年第 3 期。

③ 崔明德:《关于建立中国民族关系思想史学科的构想》,《齐鲁学刊》,1998 年第 4 期。

究现状来看,开展民族思想研究可以进一步繁荣学术研究事业。之后,崔明德教授又相继发表《近十年来传统民族观及民族关系思想研究述评》①《关于民族关系思想的科学定位问题》②《中国民族思想的概念及发展脉络》③《中国民族关系思想的研究内容》④《中国民族关系思想的有关问题》⑤等一系列文章。2007 年和2010 年崔明德教授撰写的《两汉民族关系思想史》和《隋唐民族关系思想史》两部专著问世,围绕两汉及隋唐两个重要历史时期的各类人物民族思想进行分析和梳理,建立了科学、完善的民族思想概念系统,进一步拓宽了民族史学和民族理论研究的新领域。

关于历史上具体时期、具体人物的民族思想研究,崔明德教授先后发表了《吐蕃民族关系思想初探——以吐蕃与唐朝关系为例》《南诏民族关系思想初探》《北魏民族关系思想论纲》《班彪祖孙三代的民族关系思想》《褚遂良民族关系思想初探》《隋唐时期西域诸国的民族关系思想》《王莽民族关系思想初探》《汉哀帝时期的民族关系思想》《论唐高宗和武则天时期的民族关系思想》和《唐宪宗时期及其之后的民族关系思想》等。

2. 关于明朝民族关系史的研究现状

随着“明史热”的升温,学者开始把目光投向了明朝,尤其是关于明朝民族关系、民族政策、民族思想的研究,形成了一批有价值的研究成果。

第一,学者对明朝民族关系史料进行汇编和整理。如薄音

---

①　崔明德:《近十年来传统民族观及民族思想研究述评》,《齐鲁学刊》,2005 年第 5 期。

②　崔明德:《关于民族思想的科学定位问题》,《东方论坛》,2005 年第 6 期。

③　崔明德:《中国民族思想的概念及发展脉络》,《中国边疆史地研究》,2006 年第 4 期。

④　崔明德:《中国民族思想的研究内容》,《齐鲁学刊》,2007 年第 1 期。

⑤　崔明德:《中国民族思想的有关问题》,《烟台大学学报》,2012 年第 4 期。

湖、王雄等编辑的《明代蒙古汉籍史料汇编》①（第 1～6 辑），将明代蒙古的有关史料，比如官私修史书、当事人笔记、方志、边疆图籍、奏议书牍、笔记杂说等进行收集整理，并汇编成册，这对研究明代蒙古史以及明蒙关系具有较高的史料价值。阎崇年、俞三乐编的《袁崇焕资料集录》②（上、下集），搜集了明末清初关于袁崇焕的官书、档案、私人笔记、方志以及后人悼念等共 40 余万字的史料，成为研究袁崇焕民族思想的第一手珍贵资料。陈高华的《明代哈密土鲁番资料汇编》③，更是几乎网罗了明代哈密卫和土鲁番的一切资料。

第二，学者对明朝在不同时期与不同民族之间的关系进行研究。关于明朝民族关系史的研究可谓硕果累累，刘祥学的《明朝民族政策演变史》④采用编年史的体例，从民族关系的角度对明朝各个时期的民族政策及其演变规律进行了全方位、多视角的剖析，并在此基础上总结出了明朝民族政策的历史局限性和经验教训。杨绍猷、莫俊卿的《明代民族史》⑤介绍了生活于明朝时期的各少数民族的政治、经济、社会发展、生活习俗等状况，为我们研究和了解明代的民族关系提供了丰富的资料。许立坤对明王朝民族政策进行系统研究，先后发表五篇文章对其解读，主要包括《明代土司制度述略——明王朝民族政策研究之一》⑥《浅述明代羁縻卫所制——明王朝民族政策研究之二》⑦《明代的贡赏与互

---

① 薄音湖、王雄编辑：《明代蒙古汉辑史料汇编》（第 1～6 辑），呼和浩特：内蒙古大学出版社，2006—2009 年。

② 阎崇年、俞三乐编：《袁崇焕资料集录》（上、下集），桂林：广西民族出版社，1984 年。

③ 陈高华：《明代哈密土鲁番资料汇编》，乌鲁木齐：新疆人民出版社，1984 年。

④ 刘祥学：《明朝民族政策演变史》，北京：民族出版社，2006 年。

⑤ 杨绍猷、莫俊卿：《明代民族史》，成都：四川民族出版社，1996 年。

⑥ 许立坤：《明代土司制度述略——明王朝民族政策研究之一》，《广西社会主义学院学报》，1998 年第 3 期。

⑦ 许立坤：《浅述明代羁縻卫所制——明王朝民族政策研究之二》，《广西社会主义学院学报》，1998 年第 4 期。

市——明王朝民族政策研究之三》①《明代对少数民族的教化政策——明王朝民族政策研究之四》②《浅论明代对少数民族的军事政策——明王朝民族政策研究之五》③。董倩的《明代"恩威兼施"的民族政策探析》④分析了"恩威兼施"民族政策的具体表现，并对这一政策的局限性加以分析，得出明朝的大汉族主义思想是其最终走向灭亡的重要因素之一。

　　具体而言，我们可以从明与蒙古、明与女真、明与西北民族以及土司制度四个方面进行梳理。

　　首先，明朝与蒙古各部之间关系研究。曹永年的《蒙古民族通史》⑤第三卷专门讲述了明朝不同时期蒙古社会发展的状况，最可贵的是作者运用了大量蒙古文史料来阐述明蒙关系，为我们研究明朝的民族关系提供了极为可靠和珍贵的资料。达力扎布《明代漠南蒙古史研究》⑥对漠南地区蒙古族的形成、社会制度、与明朝的互市贸易以及明末漠南蒙古与后金的关系等问题做了详尽的阐述。戴鸿义撰写的《明代庚戌之变与隆庆和议》⑦书中通过对"庚戌之变"和"隆庆和议"两大事件的梳理和对这段历史的追述，得出民族关系的主流是友好交往的结论。牛海桢、李晓英的《论明王朝对蒙古族的政策》⑧指出，洪武、永乐时期在大汉族主义民族观的支配下，对退居漠北的蒙古族北元势力实行军事打击的

---

　　① 许立坤：《明代的贡赏与互市——明王朝民族政策研究之三》，《广西社会主义学院学报》，1999 年第 1 期。

　　② 许立坤：《明代对少数民族的教化政策——明王朝民族政策研究之四》，《广西社会主义学院学报》，1999 年第 2 期。

　　③ 许立坤：《浅论明代对少数民族的军事政策——明王朝民族政策研究之五》，《广西社会主义学院学报》，2000 年第 1 期。

　　④ 董倩：《明代"恩威兼施"的民族政策探析》，《青海社会科学》，2003 年第 5 期。

　　⑤ 曹永年：《蒙古民族通史》第 3 卷，呼和浩特：内蒙古大学出版社，2002 年。

　　⑥ 达力扎布：《明代漠南蒙古史研究》，呼和浩特：内蒙古文化出版社，1997 年。

　　⑦ 戴鸿义：《明代庚戌之变与隆庆和议》，北京：中华书局，1982 年。

　　⑧ 牛海桢、李晓英：《论明王朝对蒙古族的政策》，《甘肃教育学院学报》，2002 年第 3 期。

政策,其直接结果就是削弱了蒙古族和汉民族之间的政治、经济、文化联系。齐书深、龚江红在《论明太祖、成祖时期对蒙古的政策》①中指出,明统治者主要采取安抚与武力征服相结合的政策,虽获得了边境的暂时安宁。然而明统治者并没有也不可能从根本上解决好蒙汉两族人民的关系,因而终明一代,蒙汉矛盾一直成为明朝统治者棘手的问题。杨艳秋《论明代洪熙宣德时期的蒙古政策》②论述了洪熙宣德两朝对蒙古在"守成法祖"的同时,采取了安抚政策和防御政策,并总结出其对明蒙关系所产生的影响。王雄在《明洪武时对蒙古人众的招抚和安置》③中,论述了朱元璋对进入中原的蒙古人的"招抚"和"安置"措施,并分析了这些措施对缓和蒙汉两族矛盾的作用。于默颖、薄音湖《明永乐时期瓦剌三王及和宁王的册封》④分析了永乐时期对瓦剌三王及和宁王册封的社会背景、过程及意义。

关于明朝与河套蒙古关系的研究成果。河套地区是中国历史上游牧民族和农业民族发生冲突、进行交流以及融合的地区,因此也是明朝北部防御体系的中心,蒙古部族进入河套后,北部防御压力骤然紧张,因此,明蒙之间的攻防大多在河套沿边一带进行。主要成果有蒲涛的《略论明代北方游牧民族对河套地区的争夺》⑤,考证了明与北方游牧民族对河套地区的争夺,探讨了明朝失去河套之地的内在原因及其影响。胡凡《论明代蒙古族进入

---

① 齐书深、龚江红:《论明太祖、成祖时期对蒙古的政策》,《史学集刊》,1995 年第 3 期。

② 杨艳秋:《论明代洪熙宣德时期的蒙古政策》,《中州学刊》,1997 年第 2 期。

③ 王雄:《明洪武时对蒙古人众的招抚和安置》,《内蒙古大学学报》,1987 年第 4 期。

④ 于默颖、薄音湖:《明永乐时期瓦剌三王及和宁王的册封》,《内蒙古社会科学》,2001 年第 3 期。

⑤ 蒲涛:《略论明代北方游牧民族对河套地区的争夺》,《宁夏社会科学》,2003 年第 4 期。

河套与明代北部边防》①对明代蒙古族进入河套及其影响进行了介绍。胡凡、徐淑惠在《论明代成化时期对河套蒙古的防御措施》②中论述了成化年间蒙古族已将河套作为其永久的根据地，并指出明廷通过"搜套"和"弃套"两种思想交锋后，决定在河套地区修筑起一道有形的防御工事以抵御河套蒙古的扰边。

关于明朝与西海蒙古关系的研究成果。16世纪始，东蒙古和俺答汗为首的一些部落相继入迁青海，活动于西海（青海湖）地区，被称为西海蒙古。他们的入迁，打破了明初以来这一地区的民族分布格局，又与明军发生了一系列军事冲突，威胁着明廷的西北边防，它对有明一代的政治、经济、军事、文化等各方面有着一定的影响。研究最为系统的是杨建新在《明代中期"西海"蒙古述略》③中考察了"西海"蒙古进入青海的过程、原因、明政府对"西海"蒙古所采取的政策和态度，以及这一迁徙的影响和意义。李丽就这一问题先后发表了《东蒙古入迁西海考述——西海蒙古研究之一》④《简述西海蒙古与明王朝的关系——西海蒙古研究之二》⑤，阐述了明中期东蒙古部落进入西海的过程以及对西番诸卫的奴役，使西海蒙古与明王朝的矛盾斗争成为西北地区民族关系的一个焦点。樊保良《十六世纪进入青海的蒙古部落简析》⑥系统分析、考证了进入青海蒙古各部各支的隶属关系、世宗正误、势力消长以及主要活动。

① 胡凡：《论明代蒙古族进入河套与明代北部边防》，《西南师范大学学报》，2012年第5期。
② 胡凡、徐淑惠：《论明代成化时期对河套蒙古的防御措施》，《山西大同大学学报》，2002年第2期。
③ 杨建新：《明代中期"西海"蒙古述略》，《青海社会科学》，1982年第4期。
④ 李丽：《东蒙古入迁西海考述——西海蒙古研究之一》，《青海民族研究》，1988年第2期。
⑤ 李丽：《简述西海蒙古与明王朝的关系——西海蒙古研究之二》，《青海民族研究》，1989年第1期。
⑥ 樊保良：《十六世纪进入青海的蒙古部落简析》，《兰州大学学报》，1992年第2期。

其次,明朝与女真、后金关系研究。杨旸著有《明代奴儿干都司及其卫所研究》①,书中对奴儿干都司的建立、机构职能和所起的作用及相关卫所做了系统阐述。关克笑在《简论明朝对女真人的统治》②中认为明朝对女真所执行的政策并不是纯粹的民族压迫政策,而是一种宽松的民族政策。白初一的《试论明朝初期明廷和北元与女真地区的政治关系》③主要阐述了明、北元、女真三者之间错综复杂的政治关系,强调了明在女真设立羁縻卫所,加强对女真各部的管理的举措。奇文瑛《论明朝内迁女真安置政策——以安乐、自在州为例》④介绍了安乐、自在州产生的背景、过程以及这一政策在稳定东北、牵制蒙古方面的作用和意义。蒋秀松《明代建州女真兴起原因略探》⑤认为建州女真的兴起除了与其首领人物的活动有关,更主要与明朝的经略和招抚密不可分。王冬芳《明朝对女真人的羁縻政策、文化歧视及对后世的深远影响》⑥分析了羁縻政策对女真族崛起的积极影响,明朝的文化歧视对汉、女真两族关系的长远影响。孟凡云《从女真首领王兀堂与明朝关系的转变看明朝民族政策失误》⑦揭示了由于明朝对女真的民族压迫、民族歧视,导致王兀堂由效忠明朝到反叛明朝。周远廉、谢肇华《明代女真与汉族的关系》⑧利用辽东档案研究,考察

---

① 杨旸:《明代奴儿干都司及其卫所研究》,郑州:中州书画社,1982年。
② 关克笑:《简论明朝对女真人的统治》,《满族研究》,1999年第2期。
③ 白初一:《试论明朝初期明廷和北元与女真地区的政治关系》,《内蒙古社会科学》,2006年第5期。
④ 奇文瑛:《论明朝内迁女真安置政策——以安乐、自在州为例》,《中央民族大学学报》,2002年第2期。
⑤ 蒋秀松:《明代建州女真兴起原因略探》,《东北史地》,2008年第5期。
⑥ 王冬芳:《明朝对女真人的羁縻政策、文化歧视及对后世的深远影响》,《明史研究》,2005年第9辑。
⑦ 孟凡云:《从女真首领王兀堂与明朝关系的转变看明朝民族政策失误》,《辽宁师范大学学报》,2011年第3期。
⑧ 周远廉、谢肇华:《明代女真与汉族的关系》,《中央民族学院学报》,1981年第2期。

了明朝在辽东开原、抚顺开马市的具体情形以及明与女真在政治、经济、文化等方面的情况。闫立新《简述后金与明朝关系的逐步演变》①分析了从努尔哈赤到后金入关前，与明朝之间或战或和的关系演变。此外，还有孙文良的《论明与后金的辽沈之战》②，李鸿彬的《皇太极时期明清（后金）关系初探》③，殷桂莲的《明朝"羁縻政策"与女真社会经济文化的嬗变》④等。

　　再次，明与西北西藏、土鲁番、哈密等民族地区关系研究。尹伟先的《明代藏族史研究》⑤主要阐述了明代藏族与中央政权的关系，以及藏族自身政治、经济、宗教信仰的发展概况。顾祖成《明清治藏史要》⑥梳理了明清两朝对西藏地方治理的历史。彭建英《明朝治藏方略的内容及特点》⑦指出明朝治藏的主要内容包括加强军政机构、多封众建、朝贡与赏赐以及茶马互市等，并分析出明朝治藏相对于蒙元来说的最大特点就是对西藏的羁縻统治，以此加强了对西藏的有效管理和控制。陈柏萍《明洪武、永乐年间治藏政策述略》⑧指出明太祖和明成祖分别通过建立都司、卫所这种军政合一地方行政机构和册封法王等宗教首领来行使对西藏地方的行政管理职能，维持中央王朝的统辖。侯丕勋的《哈密国"三立三绝"与明朝对土鲁番的政策》⑨分析了哈密国"三立三绝"的

---

①　闫立新：《简述后金与明朝关系的逐步演变》，《满族研究》，1997 年第 1 期。

②　孙文良：《论明与后金的辽沈之战》，《社会科学辑刊》，1980 年第 5 期。

③　李鸿彬：《皇太极时期明清（后金）关系初探》，《辽宁大学学报》，1983 年第 1 期。

④　殷桂莲：《明朝"羁縻政策"与女真社会经济文化的嬗变》，《边疆经济与文化》，2006 年第 7 期。

⑤　尹伟先：《明代藏族史》，北京：民族出版社，2000 年。

⑥　顾祖成：《明清治藏史要》，拉萨：西藏人民出版社，1999 年。

⑦　彭建英：《明朝治藏方略的内容及特点》，《西北史地》，1998 年第 3 期。

⑧　陈柏萍：《明洪武、永乐年间治藏政策述略》，《青海民族学院学报》，2006 年第 1 期。

⑨　侯丕勋：《哈密国"三立三绝"与明朝对土鲁番的政策》，《中国边疆史地研究》，2005 年第 4 期。

经历,并指出这与明朝对土鲁番的安边政策有很大的关系。施新荣《关于明永乐初年哈密的两个问题》①介绍了故元肃王安克帖木儿归附明朝的背景,并探讨了哈密卫、哈密忠顺王王府等职官。唐景绅《明代关西七卫述论》②研究了关西七卫的建置、地理位置、民族构成以及明朝与七卫的茶马互市。穆德全《明代回族的分布》③考察了明代回族在西北的分布。此外,还有陈庆英的《论明朝对藏传佛教的管理》④,解晓燕、尹伟先的《明朝治理乌思藏政策的阶段性特点》⑤,敏政的《从明代汉藏间的茶马互市看明代的治藏政策》⑥,牙含章的《明代中央和西藏地方帕竹政权的关系》⑦,杨林坤的《论明朝西域朝贡贸易政策的得失》⑧等。

最后,关于明代土司制度研究。土司制度是元明清王朝在甘青藏以及南方等少数民族地区实行的"以夷制夷"政策。目前最具权威性的土司制度研究成果是吴永章的《中国土司制度渊源与发展述略》⑨阐述了土司制度的产生、发展和衰落的过程。龚荫的《中国土司制度》⑩是土司制度研究的集大成之作,文中提到明代是土司制度完善和发展的顶峰时期。高士荣的《西北土司制度研究》⑪全面介绍了西北地区土司发展的全过程,以及这一制度对明

---

① 施新荣:《关于明永乐初年哈密的两个问题》,《西域研究》,2009 年第 1 期。

② 唐景绅:《明代关西七卫述论》,《中国史研究》,1983 年第 3 期。

③ 穆德全:《明代回族的分布》,《宁夏大学学报》,1987 年第 3 期。

④ 陈庆英:《论明朝对藏传佛教的管理》,《中国藏学》,2000 年第 3 期。

⑤ 解晓燕、尹伟先:《明朝治理乌思藏政策的阶段性特点》,《西北民族研究》,1999 年第 1 期。

⑥ 敏政:《从明代汉藏间的茶马互市看明代的治藏政策》,《青海民族研究》,2011 年第 2 期。

⑦ 牙含章:《明代中央和西藏地方帕竹政权的关系》,《中国藏学》,1989 年第 1 期。

⑧ 杨林坤:《论明朝西域朝贡贸易政策的得失》,《中南民族大学学报》,2014 年第 2 期。

⑨ 吴永章:《中国土司渊源与发展述略》,成都:四川民族出版社,1988 年。

⑩ 龚荫:《中国土司制度》,昆明:云南民族出版社,1992 年。

⑪ 高士荣:《西北土司制度研究》,北京:民族出版社,1999 年。

代以来西北地区的影响和作用。江应梁的《明代云南境内的土官与土司》①中指出云南土司的设置主要分为土官和土司两大类,有"内地区"的土官和"羁縻土司区"的土司之别,二者均有"贡赋""征调""差发"等义务。此外,相关论文有吴玉章的《明代贵州土司制度》②和《明代鄂西土司制度》③,作者分别分析了贵州和鄂西土司的肇始、兴盛、衰落以及灭亡的过程。武沐、王素英的《明代甘青土官制度实施原因刍议》④从民族文化类型、历史上中央王朝对甘青地区治理程度,以及西北、西南地区所面临的边疆问题三个方面,来阐述明代甘青地区实行"土流参治"制度的原因。此外,还有高士荣的《明代西北推行土司制度原因刍议》⑤,林伟科的《简析明代西北土司的特点》⑥,王兴骥的《播州土司势力的扩展及地域考释》⑦,郭新榜、郝淑静的《明朝木氏土司的文化认同研究》⑧,李文学的《明代安多土司制度略论》⑨等。

　　第三,学者对明朝民族观评述的著作和论文也开始活跃起来。如陈梧桐的《论明王朝的民族观与民族政策》⑩将明朝的民族观总体概括为"定天下于一""内中国而外夷狄""华夷一家"和"一视同仁"等,并指出在民族观的指导下,明太祖朱元璋所制定

---

①　江应梁:《明代云南境内的土官与土司》,昆明:云南人民出版社,1958 年。

②　吴玉章:《明代贵州土司制度》,《贵州社会科学》,1983 年第 6 期。

③　吴玉章:《明代鄂西土司制度》,《江汉论坛》,1986 年第 1 期。

④　武沐、王素英:《明代甘青土官制度实施原因刍议》,《青海民族研究》,2013 年第 2 期。

⑤　高士荣:《明代西北推行土司制度原因刍议》,《西北史地研究》,1996 年第 3 期。

⑥　林伟科:《简析明代西北土司的特点》,《黑龙江史志》,2010 年第 15 期。

⑦　王兴骥:《播州土司势力的扩展及地域考释》,《贵州文史丛刊》,1993 年第 2 期。

⑧　郭新榜、郝淑静:《明朝木氏土司的文化认同研究》,《四川民族学院学报》,2014 年第 1 期。

⑨　李文学:《明代安多土司制度略论》,《西北第二民族学院学报》,2005 年第 2 期。

⑩　陈梧桐:《论明王朝的民族观与民族政策》,《明史研究》,1994 年第 4 辑。

的"恩威兼施"的民族政策与实践。郑传斌的《从思想史角度论明清之际夷夏观念的嬗变》①认为明清之际的社会变革是促成传统夷夏观念发生转变的重要原因。郑朝波在《论丘濬的民族思想》②一文中，将丘濬的民族思想总结为"内华外夷""因俗制宜""以守为本"和"推诚与人"四个方面，并对这一思想内容进行客观而中肯的评价。许振兴《丘濬的北部边防思想》③以丘濬的《大学衍义补》中有关"驭夷狄"与"严武备"两个方面为研究基础，分析了丘濬的北部边防思想，即在以"守"为本的思想指导下，实施整顿边防、慎选边将、重整军伍、核实功赏、量骑为用等政策。韦思英在《徐霞客的民族思想》④一文中对徐霞客的民族思想进行了四个方面的归纳和总结，主要包括反对外来民族侵略；反对各民族之间和民族内部土司的钩心斗角；反对少数民族落后的、不健康的风俗习惯；主张镇压少数民族起义等。此外，还有彭勇的《因循与变通：高拱的民族观和民族政策简论》⑤，文中归纳出高拱民族思想有"华夷一家"与"华夷之防"的纠结与矛盾，从而在此思想的指导下，民族政策表现出"怀之以恩""慑之以威""因俗而治""灵活务实"的特点。此外，岳天雷的《高拱的军事思想及其实践》⑥、刘祥学的《论于谦的民族政策与边防思想》⑦等，这些论文展示了一些汉族以及少数民族政治家民族思想对推动明朝与周边少数民族关系向前发展所起的重要作用。

---

① 郑传斌：《从思想史角度论明清之际夷夏观念的嬗变》，《河南大学学报》，2003 年第 6 期。

② 郑朝波：《论丘濬的民族思想》，《海南大学学报》，2001 年第 4 期。

③ 许振兴：《丘濬的北部边防思想》，《广东社会科学》，1985 年第 3 期。

④ 韦英思：《徐霞客的民族思想》，《民族论坛》，1994 年第 1 期。

⑤ 彭勇：《因循与变通：高拱的民族观和民族政策简论》，《中央民族大学学报》，2009 年第 2 期。

⑥ 岳天雷：《高拱的军事思想及其实践》，《大连学院学报》，2009 年第 2 期。

⑦ 刘祥学：《论于谦的民族政策与边防思想》，《广西师范大学学报》，2000 年第 1 期。

　　国外学者对明朝的民族关系研究也有所涉猎,主要集中在明代蒙古史的研究。如日本学者萩原淳平的《明代蒙古史研究》①以明蒙关系为主轴,从社会关系的角度考察了蒙古社会动态,为明代蒙古史研究开辟了新的前景。和田清的《明代蒙古史论集》②收录了明初经略蒙古、兀良哈三卫之研究与内蒙古各部落的起源等17篇论文。美国学者亨利·赛瑞斯的《明蒙关系Ⅲ——贸易关系:马市(1400—1600)》③通过翻译大量的蒙古文献,对明朝建立后的二百余年时间内,明朝与蒙古茶马贸易的具体规章制度、马道、贡市等方面内容进行了描述。亨利·赛瑞斯的论文《明代的汉蒙贸易》④在运用翔实的汉文史籍和蒙古典籍史料的基础上论述了汉蒙贸易的形式、贸易额,以及双方贸易背后的实质。此外,还有田村实造编的《明代满蒙史研究——明代满蒙史料研究篇》⑤、谷光隆的《明代马政研究》⑥、松本隆晴的《明代北边防卫体制研究》⑦等。

　　综上所述,我们能够看到由于学者们的辛勤笔耕,关于明朝民族关系的研究成果丰厚,许多文章考证精细、论述缜密,且极具启发性,为进一步的研究奠定了基础,开阔了思路。但从目前的研究成果来看,也存在一些不足和局限,主要表现在:一是研究过多局限在对民族史和民族政策的研究上,缺乏从民族思想的视角去分析评价和剖析;二是研究范围还不够宽广,对明朝的代表性人物,比如刘基、王阳明、张居正、袁崇焕、李成梁等的民族思想还

①　[日]萩原淳平:《明代蒙古史研究》,京都:同朋舍出版,1980年。
②　[日]和田清:《明代蒙古史论集》,北京:商务印书馆,1984年。
③　[美]亨利·赛瑞斯:《明蒙关系Ⅲ——贸易关系:马市(1400—1600)》,北京:中央民族出版社,2011年。
④　[美]亨利·赛瑞斯:《明代的汉蒙贸易》,《蒙古学信息》,1994年第1期。
⑤　[日]田村实造编:《明代满蒙史研究——明代满蒙史料研究篇》,京都:京都大学文学部,1963年。
⑥　[日]谷光隆:《明代马政研究》,京都:京都东洋史研究会,1972年。
⑦　[日]松本隆晴:《明代北边防卫体制研究》,汲古书院,2001年。

缺乏系统梳理和深入发掘;三是理论研究有待进一步深化,许多论文只是对民族思想泛泛而谈,而对这一思想的渊源、形成背景、特点、实质、影响以及意义等缺乏深入而细致的探究。因此,学术界尚未对指导明朝处理与少数民族关系的民族思想进行系统的研究,这是一大缺憾,因此笔者认为有必要在这一领域继续深入研究,这也是本书研究的意义所在。

三、研究方法

1. 文献研究法

作为社会科学研究中最基本的方法之一,文献研究法就是对文献进行查阅、分析、整理,并力图找寻事物本质属性的一种研究方法①。研究明朝各类人物的民族思想散见于正史、奏议、碑铭、诏书、文集、会要,以及大量明史相关的著作、学术论文等。在分析史料的过程中,尽量将官方史料与私人笔记相结合,将明实录和明代地方志结合起来分析。主要的历史文献有《明实录》《明史》《明史纪事本末》《皇明经世文编》《明会典》《鸿猷录》《明会要》《明通鉴》《万历野获编》《万历武功录》《国朝献征录》《国榷》《丛书集成初编》《丛书集成新编》《丛书集成续编》等基本资料。边疆图籍《九边图说》《皇明九边考》《边政考》和地方志《辽东志》《百夷传》等。另外,还有文人笔记、奏议,如《刘基集》《张太岳全集》《王阳明全集》《杨嗣昌集》《高拱全集》《船山全集》《西征石城记》《抚安东夷记》《兴复哈密国王记》《三垣笔记》《大学衍义补》《抚夷纪略》等。本书拟通过对文献和史料的分析研读,还原历史事实,剖析人物思想,增强本书立论的准确性和可信性。

2. 采用多学科的理论和研究方法

民族思想是多学科交叉和融合的新兴学科,实际研究中要综

---

① 王学艳:《我国少数民族研究的现状与展望》,东北师范大学学位论文,2006 年。

合运用不同学科的理论以及方法。"中国民族思想与民族学、历史学、社会学、宗教学及思想史、民族史、边疆史、文化史、儒学史、中外关系史等密切相关,研究中国民族思想既需要吸收上述学科中的研究力量,又要借助上述学科的研究成果。"①所以,本书研究过程中除了应用传统意义上的历史学、民族学研究方法外,还充分借鉴了思想史、外交学等多个学科的理论和研究方法,力求对各类人物的民族思想做出合乎理性的价值判断。

3. 个案研究法

本书拟采用个案研究法,选取具有代表性的政治家、思想家、边防武将和文臣大儒等的民族思想作为个案进行分析,突出和深化明朝的民族思想,尽可能全面、系统地对明朝民族思想进行研究和分析。

四、研究重点、难点和不足之处

1. 研究的重点

明朝作为最后一个由汉族建立的中原统治封建王朝,其民族思想既是对之前历朝历代民族思想的继承、提炼和总结,也为其后清朝,乃至民国时期和新中国民族思想的升华奠定了理论基础和现实依据。明朝统治时期,许多政治家、军事家和思想家在处理明朝与蒙古、藏族以及南方诸民族的关系中逐渐形成、完善和发展了自己的民族思想。作为封建王朝的最高统治者,其在处理与少数民族关系时的出发点和立足点无不是其民族思想的体现,而一些要臣和边将以及思想家的民族思想又在潜移默化中影响和完善了最高统治者的民族思想,从而构建了一个完整的民族思想体系。本书重点对明太祖、明成祖等十位皇帝,刘基、于谦等十五位大臣或思想家的民族思想进行剖析,并对各个时期、各个阶

---

① 崔明德:《中国民族思想史研究范围和方法的探讨》,《民族研究》,2006 年第 2 期。

段民族思想的社会背景、具体内容、发展演变、实践成效、历史价值及时代意义进行挖掘,以期全面准确地对明朝民族思想进行科学的分析和评价,揭示其影响和启示。

2. 研究的难点和不足之处

客观地讲,研究明朝民族思想的文献资料相对比较丰富,在研究过程中若能将有关人员的奏折、书信、诗文以及著作等资料配合利用,必会挖掘出民族思想丰富的内容。但是,由于笔者能力及经验的限制,在研究过程中,如何从浩如烟海的史料,尤其是少数民族古籍文献资料,包括蒙文史料、满文史料以及藏文史料中提炼、考察、还原出各类人物的民族思想内涵、本质、发展轨迹和局限性等是本书的研究难点。

民族思想是民族学的一个分支,由于笔者是历史专业背景,所以对民族学理论的把握相对来说不够深入和专业,可能会导致本书在理论高度上还有待提升,这是本书的不足之处。

第一章　明太祖至明宣宗
时期的民族思想

第一节　明太祖的民族思想

明太祖朱元璋,濠州钟离人,明朝开国皇帝。元至正二十八年(1368 年),朱元璋率领农民起义军击退蒙元大军,于南京称帝,年号洪武。

面对新生的明朝政权,明太祖为了避免重蹈元朝灭亡的覆辙,在位期间努力恢复生产、整治贪官,正确处理与周边少数民族的关系,使其统治时期出现中国历史上又一盛世,史称"洪武之治"。在这一背景下,明太祖积极稳妥地处理与周边少数民族的关系,形成了丰富的民族思想。

明太祖与北方蒙古各部的民族关系经历了"战""守""战"的思想演变的过程,最终与蒙古各族形成对峙局面,对其演变的具体原因和内容,我们可以做如下分析。

一、从"北伐"到"固守"的思想演变

洪武元年(1368 年)明太祖称帝建立明朝后,对蒙古族采取"乘胜北击"的思想,其主要原因,一是元顺帝的残余势力依然很强大,正所谓"引弓之士,不下百万众也;归附之部落,不下数千

里。资装铠杖,尚赖而用也,驼马牛羊,尚全而有也"①。二是蒙古各部对于新建的明王朝充满了仇恨,经常南下扰明,一直企图重新夺回政权,对明朝造成了较大的威胁。三是明太祖认为应该趁着明朝建立之初,明军将帅依然保持旺盛的斗志和强烈的进取之心,乘胜北击,消灭元朝残余力量,实现其"定天下于一"的梦想,用战争实现全国的统一,所以对蒙古贵族发动了一连串的军事攻势。

洪武二年(1369年)六月,明太祖命令常遇春和李文忠率一万骑兵、八万步卒,直捣元顺帝的老巢开平,八月大败元军,击碎了元顺帝复兴的梦想,使其"知事不济,不复南向矣"②。洪武三年(1370年)正月,明太祖又派大将徐达为征虏大将军,李文忠为左副将军,兵分两路进攻,五月攻克应昌。洪武五年(1372年)正月,明太祖再以徐达为征虏大将军,与李文忠、冯胜、汤和、蓝玉等率师分三路北伐,为稳重起见,明太祖拨军十五万,临行前一再告诫徐达等人,"宜益思戒慎,不可轻敌"③。但由于粮饷运输困难,以及对敌掉以轻心,结果在岭北之役战败,明军损失惨重。这使明太祖认识到,在草原地区作战,他的主力军队——步兵在蒙古骑兵面前是不占任何优势的,所以岭北之役的失利使明太祖对蒙古各部的思想发生转变,由战略进攻转为战略防守,明军暂时放弃了统一蒙古的打算,开始采用守势。

明太祖的"固守"思想并不是消极防御、被动等待,而是"来则御之,去则勿追"④。所谓"来则御之",即在蒙古贵族南下袭扰之时采取积极防御措施,寻机歼灭。为此,明太祖一方面敕谕将领"严为之备""众至边上,常存戒心,虽不见敌,常若临敌,则不至有

---

① (清)谷应泰:《明史纪事本末》卷10,《故元遗兵》,北京:中华书局,1977年,第147页。

② 《明太祖实录》卷44,洪武二年八月丙寅。

③ 《明太祖实录》卷71,洪武五年春正月甲戌。

④ 《明太祖实录》卷78,洪武六年春正月壬子。

失矣"[1];另一方面做好坚壁清野工作。所谓"去则勿追",即明太祖认为当敌军退归时,明军应以持重为主,不必出兵穷追,应谨守关隘。即使到了洪武二十一年(1388年)明朝国力更加强大,统治更加巩固之后,明太祖仍再三重申坚守备御的策略,并提出因制防守八点意见:"一曰守边之将抚军以恩,二曰边境城隍务宜高深,三曰修筑城池葺理以渐,四曰操练军士习于闲暇,五曰军士顿舍勤于点视,六曰体念军士毋得加害,七曰事机之会同僚尽心,八曰沿海卫所严于保障,凡八条颁之,将士永为遵守。"[2]由此可见,明太祖的防御是积极的,而不是消极的,这种以退为进的政策是为了争取更大的主动权。

明太祖"固守"思想的形成,我们认为是基于对当时明初政治、经济以及军事等国情认真分析的基础上做出的考虑。

从政治上来看,退居塞外的蒙古贵族仍有恢复中原统治的野心和强烈的愿望,史称"元人北归,屡谋兴复"[3]。而明朝建立伊始,人心未服,全国也未实现统一,因此,集中精力处理内政是摆在明太祖面前一个必须解决的问题。

从经济上来看,经济的凋敝是明太祖休战的外部环境。元末农民起义以及长期的战乱,对社会生产和农民生活造成很大的破坏,人口逃亡,土地荒芜,"中原民多流亡"[4]。因此连年的军事战争使经济尚未恢复,明太祖也意识到将士们"久劳于征战",百姓"久困于贡役",这种衰败的经济实力难以支撑长期的战争,"宜修边备,实中国,以休息尔等与吾民"[5]。

从军事上来看,岭北之役的失利是刺激明太祖做出临时性决定的主要动因。元朝统治者退居草原后,元顺帝和扩廓帖木儿等

---

① 《明太祖实录》卷103,洪武九年正月癸未。
② 《明太祖实录》卷193,洪武二十一年八月庚午。
③ (清)张廷玉:《明史·兵志三》卷91,北京:中华书局,1974年,第2235页。
④ 《明太祖实录》卷32,洪武元年秋七月辛卯。
⑤ 《明太祖实录》卷74,洪武五年六月甲辰。

又重新组织起来,他们拥有较强的军事实力,且蒙古族以骑兵为主,流动性作战强,使明军在短时间内很难克敌制胜。明太祖自己也说:"我朝自辽东至于甘肃,东西六千余里,可战之马仅得十万,京师、河南、山东三处马虽有之,若欲赴战,猝难收集。苟事势警急,北平外马悉数不过二万,若逢十万之骑,虽古名将亦难于野战。所以必欲知己,算我马数,如是纵有步军,但可夹马以助声势,若欲追北擒寇,则不能矣。……吾用兵一世,指挥诸将未尝败北,致伤军士。正欲养锐以观胡变,夫何诸将日请深入沙漠,不免疲兵于和林,此盖轻信无谋,以致伤生数万。"①不难看出,明太祖是在意识到作战困难的情况下扬长避短,实行战略防御。

为了实现"固守"思想,明太祖主要采取了以下三项措施:

第一,设险固守。明太祖在"修武备,谨边防"②思想的指导下,强调"古者王公设险以守其国"③,在边防设立了卫所等关隘军事据点,由军政统一的八大都司领导。这样,明初北部边防形成了"数千里声势联络"④的犄角相依之势,形成以卫所、堡塞构成的一道坚固的防线。

第二,移民屯田。明太祖常年经历战争,深知后勤保障对于边防建设的重要性,在他看来,"守边之计,足食为先"⑤。而明初粮饷供给存在的弊端就是需从内地转运税粮,劳民伤财,明太祖认为解决这一问题的办法就是屯田守边,并认为这是长治久安之道,"无事则耕,有事则战,兵得所养,而民力不劳"⑥。洪武二十年(1387 年)以后,在北边防线基本稳定的基础上,便开始了大规模的屯田运动。洪武二十九年(1396 年),明太祖下令,"自东胜以

---

① 《明太祖实录》卷 253,洪武三十年五月庚寅。
② 《明太祖实录》卷 110,洪武九年冬十月戊寅。
③ 《明太祖实录》卷 46,洪武二年冬十月壬戌。
④ (清)张廷玉:《明史·兵志三》卷 91,北京:中华书局,1974 年,第 2236 页。
⑤ 《明太祖实录》卷 183,洪武二十年秋七月乙巳。
⑥ 《明太祖实录》卷 87,洪武七年春正月甲戌。

西至宁夏、河西、察罕脑儿，东胜以东至大同、宣府、开平，又东南至大宁，又东至辽东，又东至鸭绿江，又北去不止几千里，而南至各卫分守地，又自雁门关外西抵黄河，渡河至察罕脑儿，又东至紫荆关，又东至居庸关，及古北口北，又东至山海卫外，凡军民屯种田地，不许牧放孳畜"①。这一命令充分说明了当时北部边地屯田的范围之广和规模之大。

第三，诸王守边。明太祖吸收宋、元亡国的经验教训，认为他们亡国是由于边防缺少宗室的拱卫，孤立无援。在明太祖看来，不是自己的亲子弟就不足以镇守边关，抵御外患，所以他沿长城内外，择其险要地区分封九子为王，授予亲王头衔和藩国，让亲王镇守各地，掌握着北边要塞和内地重要城市。这种以诸王来守边的政策，加强了北部边防，捍御了蒙古的南下，正所谓"天下之大，必建藩屏，上卫国家，下安生民"②，其意义可谓重大，为他的后继者建立了一套比较成熟的边防体系。

综上所述，我们可以看出，作为明朝的开国皇帝，明太祖一方面立足现实，在对明蒙双方实力深入分析的基础上采取"固守疆域"的指导思想，果断地采取守势，以厚植国力，静观形势变化，这种防御是为了养精蓄锐，等待时机，这是明太祖的明智之举；另一方面明太祖提出的"守备为本"的思想，是在对明朝综合实力以及边防形势掌握的情况下深思熟虑的结果，这也成为明朝历代统治者和大臣们处理民族关系的指导思想。

二、从"固守"到"再度北伐"的思想演变

尽管明太祖在北边布防十分严密，但他始终担心蒙古势力的南下，因此，并没有放弃主动出击的思想，他认为："帝王创业之际，用武以安天下；守城之时，讲武以威天下。"（宋濂：《洪武圣政

---

① 《明太祖实录》卷249，洪武三十年春正月庚辰。
② 《明太祖实录》卷51，洪武三年四月辛酉。

记》,新旧俗第七。转引自田继周等著:《中国历代民族政策研究》,青海人民出版社,1993 年,第 270 页)正所谓"帝岂一日忘犁庭哉"①。究其原因有以下三个方面:

首先,对"大一统"的追求是历代最高统治者征伐的主要原因。明太祖制定的"来则御之,去则勿追"的指导方针只是权宜之计,为的是争取时间,积蓄力量,以便在时机有利之时,能对北元发动致命一击,将蒙古各部纳入明朝的统治范围之内。

其次,经过前期的休养生息,社会经济获得发展,到洪武十八年(1385 年)全国税收粮食已达"二千零八十八万九千六百一十七石"②,国力的增强为明太祖出击蒙古各族提供了强大的经济后盾。

最后,北元内部分崩离析,力量进一步削弱。洪武十一年(1378 年)爱猷识里达腊病死,其弟脱古思帖木儿继位,内部分崩离析,持兵自重,甚至部分部落南下投明。在这种有利的形势下,使明太祖觉得消灭北元残余势力的时机已经来临。

洪武二十一年(1388 年)三月,明太祖认为时机成熟,便迫不及待命令蓝玉出兵北征,要他"整饬士马,倍道兼进,直抵虏庭,覆其巢穴"③,四月到达捕鱼儿海,明军俘获了脱古思帖木儿的次子地保奴、吴王朵儿只、代王达里麻、平章八兰,以及北元的后妃公主等三千余人,军士男女共七万七千三十七口④。于是北元部族失去依靠,纷纷来降。

明太祖的主要目的达到后,收兵回塞,整固边防,重新实行"固守疆域"的方针,严加提防。要求诸将倘遇大队蒙古骑兵犯边,"不宜与战,或收入壁垒,或据山谷险隘之处,夹以步兵,深伏

---

① (明)谈迁:《国榷》卷 5,洪武七年九月丁丑,北京:北京古籍出版社,1958 年,第 510 页。

② 《明太祖实录》卷 176,洪武十八年十二月丁巳。

③ 《明太祖实录》卷 189,洪武二十一年三月壬午。

④ 《明太祖实录》卷 190,洪武二十一年夏四月乙卯。

以待之"①。其主要原因是明太祖意识到蒙古骑兵的作战流动性很强，要彻底将其消灭并统一蒙古草原，非一件轻而易举的事情，此后，明与蒙古进入僵持对峙状态。

需要特别注意的是，明太祖总结了历代王朝统治少数民族的经验，对蒙古各族在依靠军事上征服的同时，也注意政治上的招抚。洪武三年(1370 年)，明军北征大获全胜时，明太祖对蒙古贵族和臣民怀恩有加，主要表现在以下两个方面：

一是善待蒙古贵族。明太祖对蒙古贵族授予官衔，厚加赏赐。洪武三年(1370 年)明军北征，一举攻克应昌，俘获元顺帝嫡孙买的里八剌及其后妃、公主、宫人、诸王等，送至京师。省臣杨宪建议效唐太宗俘王世充事，请行献俘礼，明太祖当即拒绝，言"(元)入主中原百年之内，生齿浩繁，家给人足，朕之祖父亦预享其太平，虽古有献俘之礼，不忍加之，只令其服本朝俗衣以朝，朝毕赐以中国衣冠"②。朝见活动结束后，明太祖赐予汉族服装，赐宅第于龙山，并封买的里八剌为崇礼侯。

二是抚绥蒙古臣民。明太祖对滞留在中原各地的蒙古军队、俘获和招降的蒙古军民，加以妥善安置，尽量消除对他们的歧视和欺侮现象。明太祖十分尊重蒙古的风俗习惯，他认为"胡人所居，习于苦寒"，只有让他们"择水草孳牧"，才会"彼得遂其生，自然安矣"③。明太祖还按照"不分等类，验才委任"④的原则，对前来归降的故元官吏，量材擢用，有的甚至历任明朝中央官职。

三、"驱除鞑虏，恢复中华"

明太祖在处理与北方蒙古各部的民族关系时，不得不提到

① 《明太祖实录》卷 253，洪武三十年五月己巳。
② 《明太祖实录》卷 53，洪武三年六月癸酉。
③ 《明太祖实录》卷 59，洪武三年十二月戊午。
④ 《明太祖实录》卷 53，洪武三年六月丁丑。

"驱除鞑虏,恢复中华"思想。至正二十七年(1367年),为了动员北方广大民众的积极性,支持北伐,与元朝进行决战,明太祖发布了一条由宋濂起草的讨元檄文,即著名的《谕中原檄》,这篇檄文突出反映了明太祖"驱除鞑虏,恢复中华"的思想。

自古帝王临御天下,皆中国居内以制夷狄,夷狄居外以奉中国,未闻以夷狄居中国而制天下也。自宋祚倾移,元以北夷入主中国,四海以内,罔不臣服。此岂人力,实乃天授。彼时君明臣良,足以纲维天下,然达人志士,尚有冠履倒置之叹。自是以后,元之臣子,不遵祖训,废坏纲常,有如大德废长立幼,泰定以臣弑君,天历以弟鸩兄,至于弟收兄妻,子征父妾,上下相习,恬不为怪,其于父子、君臣、夫妇、长幼之伦,渎乱甚矣。夫人君者,斯民之宗主,朝廷者,天下之根本,礼仪者,御世之大防,其所为如彼,岂可为训于天下后世哉!

及其后嗣沉荒,失君臣之道,又加以宰相专权,宪台抱怨,有司毒虐,于是人心离叛,天下兵起,使我中国之民,死者肝脑涂地,生者骨肉不相保,虽因人事所致,实乃天厌其德而弃之之时也。古云:"胡虏无百年之运,验之今日,信乎不谬。"

当此之时,天运循环,中原气盛,亿兆之中,当降生圣人,驱除胡虏,恢复中华,立纲陈纪,救济斯民。今一纪于兹,未闻有治世安民者,徒使尔等战战兢兢,处于朝秦暮楚之地,诚可矜悯。

方今河、洛、关、陕,虽有数雄:忘中国祖宗之姓,反就胡虏禽兽之名,以为美称,假元号以济私,恃有众以要君,凭陵跋扈,遥制朝权,此河洛之徒也;或众少力微,阻兵据险,贿诱名爵,志在养力,以俟衅隙,此关陕之人也。二者其始,皆以捕妖人为名,乃得兵权。及妖人既灭,兵权已得,志骄气盈,无复尊主庇民之意,互相吞噬,反为生民之巨害,皆非华夏之主也。

予本淮右布衣,因天下大乱,为众所推,率师渡江,居金陵形势之地，得长江天堑之险，今十有三年。西抵巴蜀，东连沧海，南控闽越，湖、湘、汉、沔、两淮、徐、邳，皆入版图，奄及南方，尽为我有。民稍安，食稍足，兵稍精，控弦执矢，目视我中原之民，久无所主，深用疚心。予恭承天命，罔敢自安，方欲遣兵北逐胡虏，拯生民于涂炭，复汉官之威仪。虑民人未知，反为我仇，絜家北走，陷溺尤深。故先逾告：兵至，民人勿避。予号令严肃，无秋毫之犯，归我者永安于中华，背我者自窜于塞外。盖我中国之民，天必命我中国之人以安之，夷狄何得而治哉！予恐中土久污膻腥，生民扰扰，故率群雄奋力廓清，志在逐胡虏、除暴乱，使民皆得其所，雪中国之耻，尔民等其体之！

如蒙古、色目，虽非华夏族类，然同生天地之间，有能知礼义，愿为臣民者，与中夏之人抚养无异。故兹告谕，想宜知悉。①

从上述檄文中我们可以看出，明太祖从"天命论"的角度，高度承认了由蒙古族建立的元朝的正统地位以及对中原统治的合理性，认为这是"天授"，是顺应历史发展潮流的，这使传统的"华夷之辨"有了新的意义。同时，明太祖为获得民心的支持，指出元朝灭亡乃"失德"所造成的，这是天意，因此不能违背天命卷土重来，以此来证明大明王朝的建立是名正言顺的。

对于《谕中原檄》中"驱除鞑虏，恢复中华"的口号和思想，我们可以从民族思想的角度，对此做进一步分析和阐述。

首先，"驱除鞑虏，恢复中华"思想的来源。

第一，"驱除鞑虏，恢复中华"这一思想是对传统夷夏观的继承和发展。"华夷之防"作为传统夷夏观最鲜明的特点严格区分了华夏族与夷狄的界限，这一思想主要源于孔子在《春秋》中所倡导的"内诸夏而外夷狄"。自此，华夷之防便被很多政治家、思想

---

① 《明太祖实录》卷26，吴元年冬十月丙寅。

家所继承和发展。在元明易代、民族矛盾尖锐之际,夷夏对立便开始在全国范围内流行。

第二,"驱除鞑虏,恢复中华"是基于对明初民族关系的现实考虑而提出的。"驱除鞑虏,恢复中华"是明太祖号召人民反元的思想工具,为了调动广大人民的积极性,明太祖强调入主中原八十多年的元朝此时皇帝昏庸、奸臣专权、贪污腐败,已处处显示出颓败的气象。他利用人民对元朝腐败统治的不满心理,高举民族反抗的大旗,借此宣扬明代元的合理性、正当性。在这种情况下,反元成为顺民意、应天下的正义之举,明太祖可以理直气壮地宣称:"于是天更元运,以付于朕。"①明太祖进一步从历史治乱兴衰的规律出发,认为天下是有德者的天下,有德国则传,失德国则亡。檄文详尽地指出了元朝灭亡,"实乃天厌其德而弃之之时也"。洪武五年(1372 年)十一月,朱元璋对辽东靖海侯吴祯说:"自古人君之得天下,不在地之大小,而在德之修否。元之天下,地非不广,及末主荒淫,国祚随灭。由此观之,可不惧乎。"②由此可见,明太祖将"驱除鞑虏,恢复中华"的思想运用到反元斗争中,作为重建封建统治的理论根据,在当时是反元斗争的需要,是人心所向,比较符合明初"大一统"统治的需要。

其次,"驱除鞑虏,恢复中华"思想的评价。

第一,"驱除鞑虏,恢复中华"思想既有精华,又有糟粕。虽然明太祖利用人民对元朝民族压迫与腐朽统治的极度不满心理,获得广大人民对明朝的支持和拥护,但具有一定的滞后性,因为明廷君臣上下无论如何也不能漠视作为少数民族蒙古族建立的元朝,其强大的势力已将夷夏在内的中国境内所有民族都纳入其统治范围内,在蒙古人的意识里没有传统夷夏对立的观念,只要能用武力征服对方就是强大的民族,这种强大的武力造就其大民族

① 《明太祖实录》卷 196,洪武二十二年五月癸巳。
② 《明太祖实录》卷 76,洪武五年九月辛未。

— 26 —

主义的优越心理。所以,明太祖一方面从传统的夷夏观出发,批判元朝为"鞑虏";另一方面又不得不承认其民族的强大和历史功勋,明太祖曾对宰相言:"元主中国百年,朕与卿等父母皆赖其生养,奈何为此浮薄之言?亟改之。"[1]

第二,"驱除鞑虏,恢复中华"只具有政治上的象征意义,主要是想获得广大人民对明王朝的拥护支持,是一种狭隘民族正统观的自然流露,而不是要真正展开报复行为,相反在实际行动中,他一再告诫诸将,"若所经之处及城下之日,勿妄杀人,勿夺民财,勿毁民居,勿废农具,勿杀耕牛,勿掠人子女"[2],并申明:"朕既为天下主,华夷无间,姓氏虽异,抚字如一。"[3]可见明太祖由"驱逐鞑虏,恢复中华"改变为"华夷无间"只是"一种政治态度,是明太祖在新形势下对蒙古民族政策的重大调整"[4]。因此,"驱除鞑虏,恢复中华"与"华夷一家"看似矛盾,但其本质都是为了明太祖巩固统治而在不同的情况下为我所用。

四、"威德兼施"

明太祖为了巩固对两广及西南地区的统治,对少数民族采取了以"德怀"为主的思想。在明太祖看来,"治蛮夷之道,必威德兼施,使其畏感,不如此不可也"[5]。这一思想具体来说由以下三个方面的内容构成:

首先,政治上"因俗而治"。先秦时期,孔子在《礼记·王制》中说"修其教不易其俗,齐其政不易其宜",阐明的就是因俗而治的思想。两汉时期在金城郡境内设置了护羌校尉、属国都尉、西域都护和西域长史等官职;唐朝设立羁縻府州县制;辽朝"以国制

---

① (清)张廷玉:《明史·太祖本纪二》卷2,北京:中华书局,1974年,第24页。

② 《明太祖实录》卷26,洪武元年冬十月甲子。

③ 《明太祖实录》卷53,洪武三年六月丁丑。

④ 刘祥学:《明朝民族政策演变》,北京:民族出版社,2006年,第123页。

⑤ 《明太祖实录》卷149,洪武十五年冬十月丙申。

治契丹，以汉制待汉人"①的南北面官制；蒙元时期推行土官制度，对归顺的民族授予职位，封当地归顺者进行管理。这些措施对于巩固中央政权统治，维护边疆的稳定起到了积极作用。明太祖继承了这一思想，早在龙凤九年（1363 年）明太祖处理少数民族问题时就曾提出"因其俗而治之"②的方针。在明太祖统一南方各省后，为尽快使统治稳定下来，明确提出"因俗而治"，即充分尊重其生活习俗和宗教信仰，要因地制宜，否则"失其本性，反易为乱"③。主要表现在于西南一带建立土司制度，以夷制夷。土司制度是让少数民族管理和治理少数民族，明太祖还先后使用一批少数民族头目和土民担任土官，实行以夷制夷。洪武初，"西南夷来归者，即用原官授之。其土官衔号曰宣慰司，曰宣抚司，曰招讨司，曰安抚司，曰长官司，以劳绩之多寡，分尊卑之等差，而府州县之名亦往往有之。袭替必奉朝命，虽在万里外，皆赴阙受职。"④这对于争取边疆少数民族的归附，以及稳定南方政局起到一定的积极作用。同时为了加强对土司的监视与牵制，明政府还从内地迁徙大量汉民，在土司周围垦荒屯田，在生产力较高的地区，明太祖派往流官，与土官参用，这在一定程度上促进了少数民族与内地的交流。

政治上的"因俗而治"还表现在慎重对待少数民族的宗教信仰上，尤其是对甘青藏区的藏传佛教以及回族的伊斯兰教的尊重和推崇。明太祖为了安定藏区，决定利用藏传佛教强化对甘青藏区的控制，"惟因其俗尚，用僧徒化导为善，乃遣使广行诏谕"⑤。明太祖先后采取了许多措施，一是设立僧纲司，以那些"真诚、寡

①（元）脱脱：《辽史·百官志一》卷45，北京：中华书局，1974 年，第685 页。
②《明太祖实录》卷15，甲辰（龙凤九年）十一月庚辰。
③《明太祖实录》卷59，洪武三年十二月戊午。
④（清）张廷玉：《明史·土司》卷310，北京：中华书局，1974 年，第7982 页。
⑤（清）张廷玉：《明史·西域三》卷331，北京：中华书局，1974 年，第8572 页。

欲、淡泊自守者"①任之，让他们来管理各地藏传佛教事务；二是推行"多封众建"，广赐名号政策，达到"尊崇喇嘛，羁縻羌戎"的目的；三是经济上按照"厚往薄来""宁厚毋薄"的原则，对藏族僧侣给予优惠，并设立茶马司，首创"金牌信符制""以茶驭马"，加强藏区对中央王朝的经济依赖性，"坚其向化"之心；四是广建寺院，赐封土地，派兵护持。明太祖为了安抚回族，加强对西域及海外各国的交流，明太祖尊重回族并推崇伊斯兰教。洪武元年（1368年），明太祖亲制《至圣百字赞》，颂扬了伊斯兰教心目中的"至圣"穆罕默德。并下诏修建清真，在官僚系统中吸纳了一批回族成员，开国元勋常遇春、沐英等都是回族。明中期大学士杨一清把明太祖的这种做法比作："如身之使臂，臂之所指，凡所调遣莫不敢不服，……此以夷制夷之法，汉兵不过壮声势以固根本耳。"（《明世宗实录》卷86，嘉靖七年三月戊戌。）

其次，经济上"宽裕待民"。明太祖生活在元朝末年腐败的政治环境中，又出身贫农，对农民的苦难有切肤之痛的体会，因此明太祖提出"宽裕以待民"②的主张，体现了其民本的思想。主要表现为：

第一，体恤民情，宽减赋役。南方少数民族由于自然条件落后，生活较为贫困，为了稳定少数民族地区的统治，明太祖常常在遇到水旱灾荒时，采取轻徭薄赋等优惠措施。洪武十八年（1385年），云南乌蒙军民府知府亦德上言："蛮夷之地，刀耕火种，比年霜旱、疾疫，民人饥窘，岁输之粮，无从征纳。"明太祖即诏"悉免之"③。此后，凡是遇有土司因霜雪、水旱、灾荒、疾病等原因拖欠税粮的，明太祖根据"务从宽减"的原则，尽行减免。

第二，兴修水利，发展农业。面对南方少数民族经济发展落

① 《明太祖实录》卷226，洪武二十六年三月丙寅。
② 《明太祖实录》卷54，洪武三年秋七月己亥。
③ 《明太祖实录》卷171，洪武十八年二月丁丑。

后的局面,明太祖注意兴修水利,发展农业生产,较大的工程有,"洪武元年修和州铜城堰闸,周回二百余里,四年修兴安灵渠,为陡渠者三十六。……十四年筑海盐海塘。十七年筑磁州漳河决堤。决荆州岳山坝以灌民田。十九年筑长乐海堤。二十三年修崇明、海门决堤二万三千九百余丈"①。水利的兴修,既方便了输送粮饷,又保护了周围大片良田。

第三,广修驿道。洪武十五年(1382年),云南刚平定,明太祖即敕谕东川、乌撒、水西、芒部等少数民族诸酋长,"率土人随其疆界远近,开筑道路,各广十丈,准古法,以六十里为一驿"②。洪武二十四年(1391年)六月,明太祖又遣官修治湖广至云南的道路,并设永宁至沾益的州邮传48处。驿道的修筑,使西南地区与内地的联系日趋紧密,也有利于明朝加强对西南民族地区的统治。

最后,文化上"用夏变夷"。"用夏变夷"就是通过创办文化教育事业,用先进的儒家文化来改变落后地区的文化状况。明太祖对教育的教化作用有独到的认识,常说"致治在于善俗,善俗本于教化,教化行,虽闾阎可使为君子,教化废,虽中材或坠于小人"③。在明太祖看来,少数民族叛服不常,"治之则激,纵之则玩"④的根本原因在于其民"鲜知礼义"⑤,而解决的办法就是对少数民族进行教化,因此早在洪武元年(1368年)就对少数民族实行谕之以理的教化,主要采取以下两个方面的措施:

一是接收土官子弟到中央国子监读书。明太祖规定继承官职的土司后代必须具备一定的文化知识,要求各地土官纷纷入国

---

① (清)张廷玉:《明史·河渠六》卷88,北京:中华书局,1974年,第2145~2146页。

② 《明太祖实录》卷141,洪武十五年二月癸丑。

③ 《明太祖实录》卷96,洪武八年正月丁亥。

④ 《明太祖实录》卷239,洪武二十八年六月壬申。

⑤ 《明太祖实录》卷239,洪武二十八年六月壬申。

子监学习,"(洪武)二十三年,乌撒土知府阿能、乌蒙、芒部土官,各遣子弟入监读书"①,考虑到民族地区文化教育的落后,明太祖以特恩、岁贡与选贡等几种招抚方式鼓励土司送子弟进入国子监学习。经过学习之后的土司,较为系统地学习和掌握了明朝的统治思想,更好地维护明王朝的统治利益。二是在少数民族地区设立儒学。在云南、四川、贵州等民族地区,明太祖敕谕当地官府州县及时开设儒学,以行教化。为了发展学校教育,明太祖还对民族地区科举考试者实行优惠政策,如免充贡等。

明太祖对广大南方地区少数民族实行"德怀"为主的政策,使少数民族各自为政的局面得到有效的改善,统一多民族国家进一步形成。同时,通过与西南地区少数民族的经济文化交流,特别是汉族先进生产技术的推广和儒家文化的学习,使少数民族社会经济和文化水平取得了长足的发展。此外,土流参治的管理理念也为日后大规模的"改土归流"提供了经验和借鉴。

明太祖的民族思想之所以行之有效,原因是十分复杂的,我们认为主要是基于如下三个方面的因素:

第一,能够根据形势的变化,实事求是,及时转换思路,调整不合时宜的民族思想。明太祖在建立明朝之初,低估了蒙古的实力,没有认清统一蒙古草原的长期性和复杂性,想"永清漠北",毕其功于一役,实现边境安宁的目的,结果在北征的过程中,败仗连连。明太祖审时度势,改变思想,采取"固守疆域"思想,对蒙古民族"一视同仁",并对蒙古上层统治阶层给予官职和赏赐,削弱和打击元朝残余势力,阻挡他们南下骚扰,这就赢得了北方边境的暂时安定,为明初社会经济的恢复和发展,提供了一个比较和平的环境。

第二,"以德怀之,以威服之"思想的两手兼施。无论对北方

---

① (清)张廷玉:《明史·四川土司》卷311,北京:中华书局,1974 年,第8005 页。

强大的蒙古各族还是南方经济落后的少数民族,都采取了"恩威兼施"的两手政策,只是侧重点不同,对蒙古以威力为主,设置卫所等防御体系,同时也对蒙古上层进行招抚,促成了"大军勘定者犹少,先声归附者更多"①的局面;对南方少数民族则"因俗而治",以招抚为主,同时针对他们的叛服无常和民族起义,也采取有限的征剿,通过"恩威兼施"两手政策,维护了各民族的团结,巩固了明朝政权,而且"以德怀之,以威服之"这一思想,得到了明朝后世统治者的遵循和借鉴。

第三,明太祖总结和吸收了元朝灭亡的经验教训。元朝统一后,将境内各民族划分为蒙古、色目、汉人和南人四个等级,公开实行歧视和压迫汉人与南人的政策,丞相伯颜还扬言要将张、王、刘、李、赵五姓汉人杀绝。明太祖是在元朝实行民族歧视和压迫的统治时代长大的,为避免重蹈元朝因种族歧视而亡的覆辙,明太祖对少数民族持"华夷无间"的思想,如此便分化瓦解了元朝的统治力量,争取了广大蒙古部众,减少了蒙古人对明朝汉族政权的抵触和对抗,降低了进军中原的阻力。

那么,如何评价明太祖的民族思想呢? 我们认为,明太祖的民族思想是中国古代民族思想史宝库中的重要财富,具有一定的历史价值及时代意义。

首先,明太祖在其执政期间,积极经营边疆地区,发展少数民族地区的经济和文化教育事业,开创了一个民族关系和谐稳定、政权巩固、经济复兴的新局面。

其次,明太祖作为明朝开国之君,其民族思想对后世影响深远,为历任统治者及大臣处理民族关系树立了典范,其民族思想常作为"祖训"被大臣们所遵循。

最后,应该指出的是,明太祖的民族思想有一定的局限性。

---

① (清)谷应泰:《明史纪事本末》卷8,《北伐中原》,北京:中华书局,1977 年,第113 页。

统治者的民族思想打上了深深的阶级烙印,明太祖作为地主阶级的最高代表,是要巩固新生的大明政权,因此他虽然经常强调"华夷无间""一视同仁",但明太祖深受"华夷之防"的思想影响,在他称帝 14 年后,还说:"朕历览群书,见西南诸夷,自古及今,莫不朝贡中国,以小事大,义所当然。"①大汉族主义的民族优越感使明太祖对少数民族也不可能彻底地信任和平等待之,如当燕山中护卫指挥使阿鲁帖木儿、留守中卫指挥使乃儿不花被告有逆谋时,明太祖竟认为"二人之来归也,朕知其才可用,故任之不疑,今反侧乃尔,何胡人之心不诚如是乎"②,对降明蒙古官员的怀疑是由他的阶级地位和时代条件所决定的。

第二节　刘基的民族思想

刘基字伯温,号犁眉,谥文成,浙江文成南田(原属青田)人,元末明初著名的文学家、思想家和谋略家。刘基出身名门望族,家学渊源,自幼聪明好学,"精通经史,于书无不窥,尤精象纬之学"③,有神童之誉。元至顺四年(1333 年)中进士,官至江浙儒学副提督、江浙行省都事,但苦于元末朝政腐败,有志难申,归隐青田。直到元至正二十年(1360 年)三月,参加朱元璋的反元起义,成为参赞军务的谋士,被誉为大明第一谋臣,为明王朝的建立和发展,立下汗马功劳,并于洪武三年(1370 年)被封诚意伯。

刘基生活于元明鼎革、汉族重新获取统治地位的时代背景中,作为汉族元遗民,其民族思想表现出浓厚的"华夷之防"的特点,但相较于传统的夷夏观,又体现了其开明和宽容的时代特色,我们主要从刘基的《郁离子》《春秋明经》等著作中来分析。

---

① 《明太祖实录》卷 104,洪武十四年十二月辛未。
② 《明太祖实录》卷 225,洪武二十六年二月乙巳。
③ (清)张廷玉:《明史·刘基传》卷 128,北京:中华书局,1974 年,第 3777 页。

第一，"中国之所恃制夷狄者，礼仪而已"①，刘基认为华夏与夷狄的主要区别在于仪礼。刘基直接视夷狄为"污"，从刘基的言论中可窥见一斑，"使小国贤君欲自拔于蛮夷之污，而不克遂其志，君子盖深伤之"②，"尚赖晋文之兴，而践土如会，得以自拔于蛮夷之污"③。因此，刘基多次强调了"礼仪"的重要性，以此来守护华夏文化的先进性和优越性。

君子则曰：夷狄之有君，不如诸夏之亡也。彼诸侯之甘心同恶者，无可望矣，……忧国者盍亦以礼义为尚，不然，何华夷之足辨哉！④

尝谓天下莫大于礼，莫强于义，是故诸侯修睦，以事天子，不敢失也，而后蛮夷顺令，以事中国，不敢违也。⑤

外夷猾夏，而中国失御侮之道，故外夷遂强，而用中国之礼焉，此夷夏盛衰之大机也。⑥

春秋之时，倚方溪之险，以凭陵诸夏者，楚也；据崤函之固，以

---

① （明）刘基：《刘基集》卷26，《春秋明经》，《晋郤缺师师伐蔡，戊申入蔡，诸侯盟于扈》，杭州：浙江古籍出版社，1999年，第586页。
② （明）刘基：《刘基集》卷26，《春秋明经》，《楚人伐黄，楚人伐徐，公至自会》，杭州：浙江古籍出版社，1999年，第623页。
③ （明）刘基：《刘基集》卷26，《春秋明经》，《陈侯使袁侨如会，陈人围顿，陈侯逃归》，杭州：浙江古籍出版社，1999年，第590页。
④ （明）刘基：《刘基集》卷26，《春秋明经》，《蔡侯、郑伯会于邓，公及戎盟于唐，公至自唐》，杭州：浙江古籍出版社，1999年，第594页。
⑤ （明）刘基：《刘基集》卷26，《春秋明经》，《取汶阳田，公会楚公子婴齐于蜀》，杭州：浙江古籍出版社，1999年，第627页。
⑥ （明）刘基：《刘基集》卷26，《春秋明经》，《楚人伐郑，公子遂会晋人云云救郑，楚子使椒来聘》，杭州：浙江古籍出版社，1999年，第615页。

抗衡伯国者,秦也;恃豺狼之爪牙,以逞其贪婪者,狄也。①

　　因此,刘基反对"以夷猾夏"。一方面刘基批判了春秋时期郑国事楚的行为,"今郑襄即背中国而事楚,遂藉强夷之势,肆虎狼之心,一岁之间,再加兵于许国。……是与夷狄之所行无以异矣"②。另一方面,刘基也不允许夷狄学习先进的中原文化,认为夷狄非诚心实意仰慕,而是别有用心。因此刘基说:"强夷得遂其志,而越椒来聘,公然以中华之礼行乎望国,观其以玉帛而来,固异乎执干戈以从事,推原其心,岂诚知义而慕之者哉? 不过借此以为窥乱之计耳。"③

　　第二,刘基认为"君臣之义"高于"夷夏大防"。刘基这一思想为其"仕二主"的经历提供了很好的注解,在夷夏易代之际,很多知识分子都处于"华夷之辨"与"忠贰之辨"相互纠结的历史困境和两难的抉择中。因此,当朱元璋请归隐的刘基出山时,一直主张为统治阶级效忠的刘基在面对所谓"寇""贼"的农民起义时,心境是矛盾和纠结的。《论语》有"以道事君,不可则止"④之说,宋濂也言:"刘君最有名,亦豪侠负气与君类,自以仕元,耻为他人用。"⑤那为什么刘基要冒着被后人诟病为贰臣的骂名而选择新主大明王朝呢? 我们认为有四点:一是刘基认识到官逼民反的道理,意识到元朝已经病入膏肓,丧失民心。他曾在《卖柑者言》中隐喻元朝的衰败,"盗起而不知御,民困而不知救,吏奸而不知禁,法斁而不知理,坐糜廪粟而不知耻。观其坐高堂,骑大马,醉

---

　　① (明)刘基:《刘基集》卷26,《春秋明经》,《秦伐晋,狄侵宋,楚子、蔡侯次于厥貉》,杭州:浙江古籍出版社,1999 年,第610 页。
　　② (明)刘基:《刘基集》卷26,《春秋明经》,《郑伐许,郑伯伐许》,杭州:浙江古籍出版社,1999 年,第589 页。
　　③ (明)刘基:《刘基集》卷26,《春秋明经》,《楚人伐郑,公子遂会晋人云云救郑,楚子使椒来聘》,杭州:浙江古籍出版社,1999 年,第615 ~616 页。
　　④ 《论语·先进》。
　　⑤ (清)张廷玉:《明史·宋濂传》卷128,北京:中华书局,1974 年,第1649 页。

醇醴而饫肥鲜者,孰不巍巍乎可畏,赫赫乎可象也,又何往而不金玉其外,败絮其中也哉!"①表达了他对元廷的失望。二是儒家思想中一直有"尊王攘夷"的主流观点,这不可能不对精通春秋大义的刘基产生影响,因此民族大义为其仕明提供了理论依据。三是儒家思想中一直对知识分子有积极入世、兼济天下的要求,刘基也觉得施展自己才华的机会到了,决定"矫元室之弊,有激而言也"②。四是"君使臣以礼,臣事君以忠"③,朱元璋多次的请求也打动了刘基。所以刘基选择了仕明,并强调"弃中华礼义而附夷以为安,夫何社稷之能守哉"④。这样的呼声和压抑之情使他日后为辅佐明太祖建立和巩固大明王朝而忠心耿耿、勤于建言献策,成为明太祖的得力助手。

第三,刘基超越了传统的"夷夏之防",希冀建立天下大同的社会。刘基在《郁离子·神仙》里曰:"世之抱一隅之闻见者,何莫非是哉,……故中国以夷狄为寇,而夷狄亦以中国之师为寇,必有能辨之者,是以天下贵大同也。"⑤刘基认为,中国与夷狄谁先发动战争,谁就被视为"寇",因此,希望华夷能够和谐相处,建立大同理想社会。刘基仕元后发表言论,"后世圣人有作,无不迹皇之所为也。帝王降而杂霸兴,知有皇之名,而不能行皇之道。国家混一区宇,乃命郡邑悉立三皇之庙。是盖天道循环,而皇运之当复也"⑥。从这一点来看,刘基的仕元与其民族思想中"华夷之防"

---

① (明)刘基:《刘基集》卷6,《问答语》,《卖柑者言》,杭州:浙江古籍出版社,1999年,第146页。

② (明)刘基:《刘基集》,《附录六》,徐一夔:《郁离子序》,杭州:浙江古籍出版社,1999年,第676页。

③ 《论语·八佾》。

④ (明)刘基:《刘基集》卷26,《春秋明经》,《郑伐许,郑伯伐许》,杭州:浙江古籍出版社,1999年,第590页。

⑤ (明)刘基:《刘基集》卷1,《郁离子》,《神仙》,杭州:浙江古籍出版社,1999年,第53页。

⑥ (明)刘基:《刘基集》卷12,《碑铭》,《杭州路重修三皇庙碑》,杭州:浙江古籍出版社,1999年,第173页。

没有太大冲突,可以说元朝蒙古贵族与汉族知识分子在一定程度达成了和解与妥协,这也使传统夷夏观到了"大一统"的元代有了进一步发展。

第四,刘基难能可贵的是反思和检讨华夏族衰落的原因。在刘基看来,"华夏"衰落的根本原因就是华夏族内部不够和谐相处,"今也友邦家君不能和协,而使外夷得以借此以为猾夏之阶,不亦甚哉"①。"春秋之时,人心敦坏,天理不明,故小国安于僻陋,而无自强之志;大国矜其威力,而无仁爱之心,于是并吞并起,弱肉强食,然后礼义衰而干戈横行,中国微而夷狄暴横,莫之能御,夫岂无故而然哉。"②刘基认为,由于华夏族的内讧,使夷狄有了"猾夏"的机会,从而致使华夏族走向衰落。由此可知,刘基以一种理性的目光去审视夷夏关系,并分析夷盛夏弱的根本原因。明朝建立之后,刘基向明太祖朱元璋谏言:"生息之道,在于宽仁","以仁心行仁政,实在今日,天下之幸也。"③

第五,刘基骨子里的"非我族类,其心必异"思想在明朝建立后发泄出来。明朝建立后,明太祖朱元璋与刘基探讨元亡的原因时,刘基认为,"自古夷狄未有能制中国者,而元以胡人入主华夏几百年,腥膻之俗,天实厌之,又况元主荒淫无度,政令堕坏,民困于贪残,乌得而不亡"④,刘基分析了元朝的灭亡乃天意和不得人心所致。这种分析主要基于两点:一是明太祖朱元璋为了肃清漠北残元势力,打着反元的民族主义旗号,提出"驱除鞑虏,恢复中华"的口号,刺激了像刘基、宋濂这些知识分子的潜意识中的夷夏观。二是刘基作为明太祖的谋臣和亲信,儒家的侍君、忠君的观

---

① (明)刘基:《刘基集》卷26,《春秋明经》,《取汶阳田,公会楚公子婴齐于蜀》,杭州:浙江古籍出版社,1999年,第627页。

② (明)刘基:《刘基集》卷26,《春秋明经》,《杞子来朝公子,遂帅师入杞》,杭州:浙江古籍出版社,1999年,第613页。

③ 《明太祖实录》卷29,洪武元年春正月乙酉。

④ 《明太祖实录》卷53,洪武三年六月丁丑。

念会使刘基真诚地帮助君主筹谋划策,稳定大明王朝的统治,这表露了刘基夷夏观的另一个侧面。

综上所述,我们可以看出刘基的夷夏观既是对传统"华夷之防"的继承和延续,同时又有所创新和发展,比传统的夷夏观更开明、更进步、更包容。一方面承认蒙古族建立的元朝的合法性和正统性,在《苏平仲文集序》中指出,"文之盛衰,实关时之泰否,……元承宋统,子孙相传,仅逾百载,而刘、许、姚、吴、虞、黄、范、揭之俦,有诗有文,皆可垂后者,由其土宇之最广也"①,这为其仕元提供了理论依据。另一方面也审视华夏族衰落的内在原因,强调了"礼仪"和"德行"的重要性,并提出"天下贵在大同"的思想,具有较强的时代意义和现实价值。

第三节　明成祖的民族思想

明成祖朱棣,明朝第三位皇帝,通过"靖难之役"登基,年号永乐。在位期间经济发展迅速,国力强盛,史称"永乐盛世"。明成祖统治时期与周边少数民族互动频繁,南征北战,在实践中形成了"华夷一家""厚往而薄来""逆命者必歼除之""因俗而治"等较为完整和丰富的民族思想体系。

一、"华夷一家"

从明成祖的民族思想体系来看,"华夷一家"是其思想的理论基础。这一思想最早可追溯到孔子所言"四海之内,皆兄弟也"②,并受到历代统治者的追捧,如唐太宗曾言"夷狄亦人矣,其情与中原不殊。人主患德泽不加,不必猜忌异类。盖德泽洽,则四夷可

---

① （明）刘基:《刘基集》卷2,《序》,《苏平仲文集序》,杭州:浙江古籍出版社,1999年,第88~89页。
② 《论语·颜渊》。

使如一家"①,这种思想为后世统治者树立了处理民族关系问题的典范。明成祖在充分借鉴前人民族思想的基础上,结合明朝与少数民族关系的现实状况,形成了"华夷一家"思想。永乐二年(1404年)四月,明成祖在诏谕瓦剌马哈木的诏书中声称:"夫天下一统,华夷一家,何有彼此之间?"②这一思想的实践,总的来看,表现在以下三个方面:

第一,宣示"华夷一家",主动遣使通好。明成祖登基时,蒙古在明太祖朱元璋的打击下分裂为鞑靼、瓦剌、兀良哈三卫,实力大为削弱,而当时明成祖刚即位,人心未附,于是主动遣人致书蒙古,"晓以祸福"③。如永乐元年(1403年)蒙古鞑靼部强大,明成祖想与首领鬼力赤通好,就以祝贺为名,主动遣使致书鬼力赤,"比闻北地推奉可汗正位,特差指挥朵儿只恍惚等赍织金文绮四端,往致朕意。今天下大定,薄海内外皆来朝贡。可汗能遣使往来通好,同为一家,使边城万里烽堠无警,彼此熙然,共享太平之福,岂不美哉!"④可以看出,明成祖对蒙古的初步政策就是一心想建立信使往来通好的关系。然而,鬼力赤一直未回应,明成祖又于永乐四年(1406年)三月,趁鞑靼内讧,告谕鬼力赤"朕嗣天位抚天下,体天心以为治,惟欲万方有生之众咸得其所。今海内海外万国之人番已臣顺,安享太平"⑤。自后,明廷与蒙古遣使报聘,往来频繁,年无间断。明成祖登基之初争取和笼络少数民族上层,是真心希望北部边境安定,以休养生息,巩固统治。

第二,善待和信任归附的蒙古人。明成祖统治年间,蒙古各部战乱不休,为避战乱,不少蒙古部落首领率各部归附明朝。明成祖给予他们种种优待和照顾,而对于归降后逃走的或逃走后又

① （宋）司马光:《资治通鉴》卷197,北京:中华书局,1956年,第6125页。
② 《明太宗实录》卷30,永乐二年夏四月辛未。
③ 《明太宗实录》卷6,建文二年二月癸丑。
④ 《明太宗实录》卷17,永乐元年二月己未。
⑤ 《明太宗实录》卷52,永乐四年三月辛丑。

想归附的蒙古人,明成祖也表现得十分宽宏大量,认为只要他们能够诚心归附,应一视同仁,积极接纳,妥善安置。洪武三十五年(1402年)十二月,有边地降房叛去者,宁夏总兵官左都督何福"请举兵追之",明成祖则认为"当以诚待之,春秋驭夷之道,来者不拒,去则不追"①,避免打击归降者归附的信心。对在战争中俘房的蒙古官兵,明成祖也给予诸多优待,只要真心投降,都予以释放,回家者发给一定的口粮,留下者安置在边疆耕牧,有的还在军中服役,甚至连明成祖的侍卫中也有很多蒙古人。永乐十年(1412年)洮州卫所镇抚陈恭上疏,认为"侍卫防禁宜严,外夷异类之人,不宜寘左右"②。明成祖则认为用人当用其贤,而不应分彼此,要用人不疑,并以古代帝王用人思想告诫群臣,这显示了明成祖恢宏度量和博大胸怀,更显示了他对实现"华夷一家"的诚意和决心。

第三,赐予汉姓,以显示"同为一家"。永乐三年(1405年)十月,山西的蒙古族指挥、千百户等190人,明成祖都赐予姓名。永乐二年(1404年)建州卫指挥纳哈出及其子释家奴皆以用功,赐姓名纳哈出曰李思诚,释家奴曰李显忠③。把都帖木儿降明后,赐姓名为吴允诚;永乐八年(1410年),鞑靼人乃马歹来归,明廷即升其为副千户,赐姓名王存礼④。永乐二十一年(1423年)秋,也先土干归降后,赐姓名金忠⑤。这些被赐姓名的蒙古人,很多得到明成祖的信任,被委任为文武官员,为明朝边疆的防卫作出了很多贡献。

---

① 《明太宗实录》卷15,洪武三十五年(建文四年)十二月辛酉。
② 《明太宗实录》卷134,永乐十年十一月癸卯。
③ 《明太宗实录》卷107,永乐八年八月乙卯。
④ 《明太宗实录》卷107,永乐八年八月壬戌。
⑤ 《明太宗实录》卷264,永乐二十一年冬十月己巳。

二、"厚往而薄来"

"厚往而薄来"思想是明成祖民族思想的基本准则。《礼记·中庸》记载:"厚往而薄来,所以怀诸侯也。"孔颖达疏:"厚往,谓诸侯还国,王者以其材贿厚重往报之。薄来,谓诸侯贡献使轻薄而来。如此,则诸侯归服。"明成祖继承和发展了这一思想,曾言"朝廷驭四夷,当怀之以恩,今后朝贡者,悉依品级赏赍,虽加厚不为过也"①,"盖远人慕义而来,当厚加纳抚,庶见朝廷怀柔之意"②。

明成祖这一思想主要体现在永乐二十一年(1423年)对蒙古王子也先的赐封上,"封忠勇王,赐金印、朝服、公服、玉带、织金文绮衣,黄金一百两,白金四百两,钞二千锭,纻丝五十表里,纱罗纹各二十匹,鞍马二匹副,牛百头,羊百头,居第床褥器用薪刍咸备。别赐妻黄金五十两,白金百两,给丝二十表里,纱罗绞各十匹,沙一千锭,冠服一副,女衣一袭。其甥都督把台罕并指挥察卜等人员,各自金五十两,钞七百锭,织金文绮衣一袭,纻丝六表里,棉布三十匹。指挥卜答帖木儿等三十一员,各白金三十两,钞五百锭,织金文绮衣一袭,纻丝五表里,棉布二十五匹。千户昂克土列儿等十八员,各白金二十两,钞四百锭,织金文绮衣一袭,约丝四表里,棉布二十匹。百户所镇抚格干帖木儿二十五员,各白金十五两,织金文绮衣一袭,纻丝三表里,棉布十五匹,冠带、鞍马、牛羊、薪刍、居室、器皿,照等第给赐"③。

可见,明成祖赏赐蒙古贵族正是本着"朝廷柔远人宁厚无薄"④的原则,并最终使蒙古贵族称臣于明朝。明成祖"厚往而薄

---

① 《明太宗实录》卷233,永乐十九年春正月丙子。
② 《明太宗实录》卷141,永乐十一年秋七月丙午。
③ (明)王世贞:《弇山堂别集》卷14,《诸降虏重赏》,北京:中华书局,1985年,第259页。
④ 《明太宗实录》卷62,永乐四年十二月壬辰。

来"思想还体现在对于边地居民的贫寒者,朝廷往往给予赈济。明成祖说:"薄海内外,皆吾赤子。远人归化,尤宜存恤。其即遣人发粟赈之,毋令失所。"①另外,西域的土官、头目,故元官属等纷纷归附明朝,不断来内地通使通贡,西域所贡所市之物有玉璞、硼砂、碙砂、文豹、狮子、骆驼、名马等,明成祖总"回赐甚丰",给来贡者以优厚的赏赐,价值都超过所贡物品。

对于明成祖的"厚往而薄来"思想,我们可以归纳为以下几点:

第一,"厚往而薄来"思想的前提条件是建立在国家财政实力雄厚的基础上的,是明成祖自信心强大的表现,通过经济上的贡赐关系来彰显政治上的从属关系,即牺牲经济利益来换取政治特权。

第二,"厚往而薄来"思想的终极目的是消弭边患。巡抚陕西的马文升说:"四夷来贡,慕化之诚;朝廷优待者,柔远之道。此前代所行者,亦我朝廷之故事也,太宗文皇帝神武雄略,威震沙漠,四夷八蛮,罔不来贡,赐以彩缎衣服,待以下程筵宴,十分丰厚,使之餍饫,所以畏威感恩蛮夷悦服。"②明成祖自己也认为这样做是要达到"捐小费以弥重患"③的目的。

第三,"厚往而薄来"思想的核心是运用羁縻手段,拉拢、笼络当地的少数民族首领,使其不生异心,并充分利用他们维护自己的统治,确立起对周边少数民族的间接统治,一旦少数民族头领反叛,就果断地以拒绝其朝贡来施加压力,迫其归顺。

第四,在"厚往而薄来"思想的指导下,逐渐形成了"贡赐贸易""互市""茶马贸易"等经济贸易形式,构成了治理边疆的政策

---

① 《明太宗实录》卷65,永乐五年三月庚午。
② (明)陈子龙:《皇明经世文编》卷62,马文升:《敦怀柔以安四夷疏》,北京:中华书局,1962年。
③ 《明太宗实录》卷113,永乐九年二月甲申。

体系,使中原王朝对边疆少数民族的管理日趋完善。

三、"逆命之必歼除之"

历代中原王朝几乎都对周边少数民族进行过武力征讨,汉与匈奴有过数次长达几十年的战争,唐朝与周边的吐蕃和突厥也有过战争,统治者认为只有通过多事四夷、武力征服的手段,才能使四夷地区少数民族臣服于中原王朝。明成祖"逆命之必歼除之"思想正是多事四夷思想的体现。明朝建立以后,北疆蒙古对明朝的威胁最大,虽然明太祖朱元璋多次打击蒙古,但却无法消灭有生力量。明成祖统治后也面临这一形势,但其继位伊始并不想穷兵黩武,"逆命之必歼除之"思想形成的过程与他对明蒙双方实力的把握有关。

明成祖登基之时,人心未服,民生凋敝,而蒙古方面在明太祖"恩威并施"政策的实施下,实力削弱,对明朝威胁减轻,因此在边外用兵十分谨慎,以汉武帝为戒。当时有人献阵图,明成祖弃之不用,称"自古帝王用兵,皆出于不得已,今天下之事,惟当休养斯民,修礼乐,兴教化,岂当复言兴兵"[1]。但这并不意味着明成祖对蒙古各部掉以轻心,只是在尚无足够实力北征蒙古情况下的权宜之计,而在私下里积极固守边防,明确要求边防守将"但严兵备,固疆圉,养威观衅"[2]。同时,明成祖还及时告诫各地边防守将,要他们以防为主。遇蒙古部落来降即加招抚,如果寇扰,则要边将"相机袭之"[3],驱逐出境。

在经过多年的休养生息后,国内经济复苏,国库充盈,社会稳定,将多兵广,综合实力得到极大提升。而蒙古对明朝的威胁一直未予消除,尤其是本雅失里阿鲁台为瓦剌所败后,从鞑靼回来

---

① 《明太宗实录》卷25,永乐元年十一月癸酉。
② 《明太宗实录》卷15,洪武三十五年(建文四年)十二月辛酉。
③ 《明太宗实录》卷44,永乐三年秋七月丙申。

的李咬住等报告,本雅失里杀害使臣郭骥,扬言要乘势袭击兀良
哈部。明成祖无法忍受如此的侮辱,怒曰:"朕以至诚待之,遣使
还其部属,乃执杀使臣,欲肆剽掠,敢肆志如是耶? 逆命者必歼除
之耳!"①他决心用武力铲除逆命之寇。永乐七年(1409 年),明成
祖对蒙古的政策发生了变化,转向征讨为主的政策,在明将丘福
北征失利之后,明成祖"决意亲征"②。于永乐八年(1410 年)、永
乐二十二年(1424 年),先后进行了"一扫胡尘,永清沙漠"的五次
亲征,然而在第五次亲征中,因"粮运不继"而班师,明成祖也在班
师途中病逝于榆木川。

明成祖摒弃了明太祖制定的"慎固防守"的方针,转守为攻,
主动出击,其目的是巩固统治,让蒙古永远臣服于明朝,即"朕为
宗社生民,不得已远征逆虏,冀一劳永逸"③。但明成祖接二连三
的亲征,给国家和百姓造成了异常沉重的财政负担。以永乐二十
年(1422 年)的北征为例,仅运送粮草,"用驴三十四万头,车十一
万七千五百七十三辆,挽车民丁二十三万五千一百四十六人,运
粮凡三十七万石"④。正如兵部尚书方宾在上疏中所描述,"(成
祖)频年师出无功,戎马资储,十丧八九,灾眚间作,内外俱疲"⑤。
战争使中原人民承担着繁重的赋役,激化了阶级矛盾,同时也使
蒙古地区的社会经济生活无法正常进行。其实明成祖时期国力
充沛,北元内部分崩离析,明成祖本可以继续发扬传统的"以大事
小"或"以德服人"的传统,根本不必动用武力,而且蒙古族以骑兵
为主,作战流动性强,能打则打,不能打则逃,蒙古兵被击败后实
力又重新聚集。终明一代,蒙古始终是明朝的"心腹之患",可见

---

① 《明太宗实录》卷 93,永乐七年六月辛亥。
② 《明太宗实录》卷 96,永乐七年九月甲戌。
③ 《明太宗实录》卷 104,永乐八年五月丙午。
④ 《明太宗实录》卷 246,永乐二十年春二月乙巳。
⑤ (清)谷应泰:《明史纪事本末》卷 21,《亲征漠北》,北京:中华书局,1977 年,
第 337 页。

这一思想实施的效果不大。

四、"因俗而治"

"因俗而治"思想是明成祖民族思想的重要内容。明太祖朱元璋受"因俗而治"思想的影响，曾提出："凡治胡虏，当顺其性。"①明成祖继承了明太祖这一思想，再次强调"驭夷之道，当顺情以为治"②，且在藏区、东北、西南等少数民族地区发展了这一思想，主要表现在以下几点：

第一，在西藏分封僧官管理本地。

由于藏区实行"政教合一"，明成祖正是从西藏教派众多、寺院林立这一特定的政治格局出发，利用藏传佛教首领来加强和管理藏区，采用羁縻统治。于是分封藏区僧官的制度，"至成祖兼崇其教，自阐化等五王及二法王之外，授西天佛子者二，灌顶大国师者九，灌顶国师者十有八，其他禅师、僧官不可悉数"③。这一"多封众建，因俗以制"的思想，使明朝中央王朝的治藏政策更为全面周密，从而建立起一套封印品秩和僧官制度。明成祖对宗教首领"俱给印诰，传以为信"，通过他们对西藏实施有效的管理。"多封众建"与"因俗以制"是互为表里、相互支撑的关系。同时"多封众建"还能"分其势而杀其力，使不为边患"④，削弱了各教派势力，防止了一家独大，从而威胁朝廷的局面出现。这种分封热潮吸引了大小僧侣上层纷纷上京觐见请封，加强了明政府对西藏各教派的管理和监督，正如《明史》所言"迨成祖，益封法王及大国师、西天佛子等，俾转相化导，以共尊中国。以故西陲宴然，终明世无番寇之患"⑤。因此明成祖的"多封众建，因俗以制"思想具

---

① 《明太祖实录》卷59，洪武三年十二月戊午。
② 《明太宗实录》卷18，永乐元年三月戊戌。
③ （清）张廷玉：《明史·西域三》卷331，北京：中华书局，1974 年，第 8577 页。
④ （清）张廷玉：《明史·西域三》卷331，北京：中华书局，1974 年，第 8589 页。
⑤ （清）张廷玉：《明史·西域三》卷331，北京：中华书局，1974 年，第 8589 页。

有很重要的历史意义和现实意义。

第二,在东北、西北设置羁縻卫所。

以夷治夷是"因俗而治"思想的集中体现,由明廷授命少数民族首领以政治地位,设置卫所制度,让其管理本民族的事务,使之与中原王朝保持政治、经济、文化和感情的往来,减少猜疑、消除误会。

在东北地区,永乐元年(1403年)明成祖派遣行人刑枢和知县张斌前往诏谕奴儿干及吉烈迷诸部,于是"海西女真、建州女真、野人女真诸酋长悉境来附"①,并授予不同官职,给予优厚赏赐。之后陆续设置了大大小小羁縻卫所130多个,加强了明朝对东北黑龙江、乌苏里江流域各民族的统治。后来的明朝统治者公开承认:"文皇帝即设奴儿干都司,以羁縻之事,同三卫均资捍蔽者,盖以金元世仇,欲其蛮夷自攻也。"②在西域,明成祖继明太祖设立关西四卫之后,又在瓜沙之地增设了赤斤蒙古卫、沙州卫和哈密卫,将哈密置于明朝直接统治之下。这些卫所的头目都由当地少数民族酋长和其他头目充任,如关西诸卫的各族首领,"皆命其酋长为之","予世袭"③。通过"以不治治夷狄"④之策使卫所管理本部族的事务,拥有很大的自主权。但若卫所间有像"血族复仇"这样的冲突和纠纷发生,中央则会直接干预,同时卫所必须执行明朝的政令,如边防有紧急情事,听从中央政府调遣,"闻命即从,无敢违期"⑤。

第三,在西南完善土司制度,实行土流参治。

---

① (明)严从简:《殊域周咨录》卷24,《女直》,北京:中华书局,2000年,第733页。
② 《明神宗实录》卷444,万历三十六年三月丁酉。
③ (清)张廷玉:《明史·西域二》卷330,北京:中华书局,1974年,第8540页。
④ 《明太宗实录》卷36,永乐二年十一月庚戌。
⑤ (明)严从简:《殊域周咨录》卷24,《女直》,北京:中华书局,2000年,第734页。

"因俗而治"思想在明朝最突出的表现就是在云南、贵州、四川、湖广、广西等西南少数民族地区设立土司制度。这一制度承袭了元朝的土官制度,授予当地少数民族首领一定的官职,称为"土官",来管理当地民族。正如《明史》记载:"迨有明踵元故事,大为恢拓,分别司郡、州、县,额以赋役,听我驱调,而法始备矣。然其道在于羁縻。彼大姓相擅,世积威约,而必假我爵禄,宠之名号,乃易为统摄,故奔走唯命。"①明成祖对南方各族本着"顺其情,以为治"的原则,一改明太祖洪武末年废弃众多土司的局面。如永乐二年(1404 年)明成祖即恢复了洪武时已被废除的散毛,施南二长官司。永乐四年(1606 年)因为二人主动来朝,又改散毛、施南为宣抚司。因此我们可以看出许多土司衙门的设置及规章制度的建立,既以明王朝稳定大局为重,又是其"以夷制夷"思想的体现,方便了明王朝对地方权力的控制。

明成祖考虑到贵州地处西南边陲,境内少数民族杂居,经济文化都较落后,割据性强,时常发生叛乱,会给人民带来极大灾难的情况,且贵州境内原有的土司不拘常法,因此设司改流成为时代需要。于是永乐十一年(1413 年),明成祖下令"分其地为八府四州,设贵州布政使司,而以长官司七十五分隶焉,属户部。置贵州都指挥使,领十八卫。而以长官司七隶焉。属兵部,府以下参用土管"②。明太祖建立的贵州省,成为全国十三个布政使司之一,并任命深谙贵州民情的工部侍郎蒋廷瓒为左布政使。其后,永乐十五年(1417 年),又设贵州提刑按察使司,贵州就正式成为单独的省级行政单位,成为全国首创。改土归流意义十分深远,一方面加强了中央的集权统治和国家的统一,同时有利于贵州经济的发展和文化的进步。明人高岱评论说:"成祖复郡县,其地任土作贡,服徭役与诸甸服同,其大一统之盛,远过三代,何汉、唐足

---

① （清）张廷玉:《明史・土司传》卷 310,北京:中华书局,1974 年,第 7981 页。
② （清）张廷玉:《明史・贵州土司》卷 316,北京:中华书局,1974 年,第 8167 页。

云乎!"①谷应泰也说:"'日辟国百里',伊惟二祖有焉。"②另一方面为清雍正年间大规模的改土归流奠定了基础,使得中央政府权力进一步延伸到边疆地区,推动了统一多民族国家的发展。

明成祖"因俗而治"的思想与前朝唐、宋的羁縻州府县制、土司制度等是一脉相承的,同时又为清初对南方少数民族实施"一切政策,悉因其俗"③政策提供了思想基础。

明成祖的民族思想和实践是当时明初与少数民族关系实力消长的综合体现,同时也是明成祖对传统儒家文化的继承和发展,并由明成祖的个性、成长背景以及政治诉求和信仰所决定的。

第一,受儒家文化中"大一统"思想的影响。先秦以来逐步形成和发展的"大一统"思想是儒家文化的核心内容之一,是中华民族崇尚国家统一、民族团结和社会安定的先进社会思想,也是历朝历代处理国家大政与民族问题的指导思想。明成祖深受传统"大一统"思想的影响,一心想"控四夷、制天下"④,完成祖国统一大业。所以"定天下于一"的"大一统"思想成为明成祖实施民族政策的理论指导,也是明成祖一直追求的理想目标,他五征漠北蒙古,对东北辽东的控制,以及对西域西藏的经营都是明成祖天下观的体现,他也不断以天下之主自称,告谕周边少数民族:"朕奉天命为王子,天之所覆,地之所载,皆朕赤子。"⑤在这一理想的感召下,明朝的版图进一步扩大,加速了统一多民族国家格局的完成。从这一角度来说,明成祖的民族思想是对传统"大一统"思想的深化、发展和完善。

---

① (明)高岱:《鸿猷录》卷9,《开设贵州》,上海:上海古籍出版社,1992年,第208页。

② (清)谷应泰:《明史纪事本末》卷19,《开设贵州》,北京:中华书局,1977年,第313页。

③ 崔明德、马晓丽:《隋唐民族思想史》,北京:人民出版社,2010年,第13~14页。

④ 《明太宗实录》卷182,永乐十四年十一月壬寅。

⑤ 《明太宗实录》卷264,永乐二十一年冬十月己巳。

第二,个人性格与经历的影响。一个人的民族思想是基于他生活的那个时代的政治理念,此外还与他本人的阅历、信仰和政治诉求有很大关系。

首先,明成祖的性格中有恢宏博大和好大喜功的特质。明成祖出生正值父亲朱元璋和陈友谅决战之时,相比于宫廷生活,明成祖更喜欢驰骋疆场,被分封燕王后,"同晋王讨乃儿不花,晋王怯不敢进,王倍道赴迤都山,获其全部而还"①,登基之后,更是五征蒙古。

其次,明成祖始终面临着对其政治合法性的质疑。明成祖即位时,刘基的次子刘璟被召进京师,在宫廷上说"殿下百世之后,逃不得一'篡'字"②,为了证明自己就是真命天子,是顺从天意登基王位,他努力建功立业,加强中央集权和封建专制制度,让周边少数民族臣服自己,树立自己的帝王威望。

最后,明成祖在藏区所实施的措施与其崇佛信佛有很大关系,明成祖在藏区各教派中先后封了三大法王、五个王及其他各级僧官,除了其政治目的之外,很大程度上源于明成祖对藏传佛教的崇信。明成祖曾亲自研究佛教,并编纂佛教著作,重刊了洪武年间编纂的《大藏经》,被后人称之为《南藏》。而且为了报答皇考(明太祖)、皇姚(马皇后)的"恩德",明成祖在首都南京被毁的天禧寺基址上新建大报恩寺,并多次举办法会。

明成祖民族思想顺应了自唐朝以来边疆民族"大一统"和大发展的历史潮流,对统一多民族国家的建立和巩固起到了推动的作用。主动遣使通好,优待降人,赐予官职和姓名等招抚政策,保证了北部边境的社会安定,维护了明朝的统治。贵州布政司的建立,加强了贵州与中央政府的交流和联系,并为清朝时期大规模的改土归流积累了丰富的经验,对后世统治者具有很重要的借鉴

---

① (清)张廷玉:《明史·成祖本纪一》卷5,北京:中华书局,1974年,第69页。
② (清)张廷玉:《明史·刘璟传》卷128,北京:中华书局,1974年,第3784页。

意义。

同时,明成祖民族思想表现了他的矛盾心理。一方面主张民族平等,反复宣示其平等相待的思想主张,在其给蒙古首领的诏书中,明成祖也常以"同为一家"相劝,称蒙古少数民族为"赤子",还讲到"人性之善,蛮夷与中国无异"①,"好善恶恶,人情所同,岂间于华夷"②。另一方面明成祖也受传统民族歧视和压迫思想的影响,骨子里对少数民族满怀鄙夷之情,常以"禽兽""犬羊""豺狼"等称之,认为"夷狄之为中国患,其来久矣。《书》云'夷狄滑夏',《诗》称'戎狄是膺'。历汉及唐,至于有宋,其祸甚矣"③。他在给予降服者优厚待遇的同时,对归附者心存戒备,始终保持"受降如受敌"④的警惕,因此明成祖对鞑靼、瓦剌人的优厚礼遇是建立在他们承认明朝的宗主权,臣服于明朝这一基础之上的,因此,他们受到的礼遇就不可能完全与汉人平等。

第四节　明仁宗、明宣宗的民族思想

明仁宗朱高炽,明朝第四位皇帝,永乐二十二年(1424年)八月登基,次年改元"洪熙",在位十个月期间发展生产、与民休息。明宣宗朱瞻基,明朝第五位皇帝,明仁宗朱高炽长子。洪熙元年(1425年)即位,年号宣德,在位期间吏治清明,经济发展,社会稳定,与明仁宗时期并称"仁宣之治"。

经过洪武、永乐的开疆扩土之后,仁宗、宣宗进入守成时期,他们在民族关系政策方面进行调整改变,放弃主动出击和大规模军事征讨,稳守边疆,以"顺则抚之,逆则御之"为基本原则,以求

---

① 《明太宗实录》卷126,永乐十年三月丙申。
② 《明太宗实录》卷36,永乐二年十一月庚戌。
③ 《明太宗实录》卷264,永乐二十一年冬十月庚午。
④ 《明太宗实录》卷35,永乐二年冬十月庚午。

达到和平与安定。

明仁宗在登基之初,就戒谕各地边将,"民力罢矣,慎毋贪功生事。夷虏至塞下,顺则抚之,逆则御之,驱之而已,毋为首祸。违命获功,吾所不赏"①。

明宣宗也在很多场合表达了这一思想。宣德元年(1426年)秋七月,镇守蓟州、山海关等处都督佥事陈景先奏报杀虏寇四十人,明宣宗当即敕谕兵部,"虏好鼠窃,但防守周密,来则击之,去则勿追,保境安民,此为上策"②。宣德三年(1428年)二月,明宣宗亲自撰写的《帝训》序中说,"驭夷之道,守备为上。《春秋》之法,来者不拒,去者不追。盖来则怀之以恩,衅而去者不穷追之,诚虑耗弊中国者大也"③。宣德七年(1432年),贵州总兵官肖授建议招抚安隆反夷时,宣宗言:"蛮夷当宽以抚之,但得其安则已,不足深究也。"④

一、"顺则抚之"

"顺则抚之"这一思想主要表现在政治、经济、文化和对西域的政策上。

第一,政治上的招抚。仁、宣二宗一方面继承洪永以来的政策,对来归的蒙古族头领授予官职,并依其官职大小,分别授予镇抚、千户、百户、指挥佥事等不同官职;另一方面仁、宣二宗又有自己独特的见解,就是对蒙古首领有区别的对待,对于影响比较大的蒙古首领,册封力度比洪武、永乐时期要大。而对于一般的蒙古首领,则授予的官职多以低职为主。明仁宗曾敕谕礼部尚书吕震说:"祖宗官职当为祖宗惜之。"而吕震认为,"外夷人授之官而

---

① 《明仁宗实录》卷10,洪熙元年七月辛丑。
② 《明宣宗实录》卷19,宣德元年秋七月丁未。
③ 《明宣宗实录》卷38,宣德三年二月,《御制帝训·驭夷篇》。
④ 《明宣宗实录》卷87,宣德七年二月乙未。

非俸禄之费,似亦可与",明仁宗反驳道:"吾授官职以宠此徒而又自轻之。可乎? 且得一人而失众人,亦不可也。"①

第二,经济上赈济救荒、薄来厚往。为了抚谕少数民族,收揽民心,仁、宣二宗十分注意通过经济救助,帮助少数民族渡过难关,对居住在北方的蒙古族请求屯垦者,政府发给车、牛和农器,并对西北大量荒地进行垦辟。如宣德二年(1427 年)正月,沙州卫掌卫事都督困即来因为"岁荒人饥,谷种亦乏",遣使向明朝请求借贷一百石布种,明宣宗得知后说:"彼皆吾民。"并敕总兵官崇信伯费瓛"以百石粮食赐之",且"免其偿"②。

第三,文化上兴办儒学。考虑到边疆少数民族生活条件穷困,文化水平不高的实际情况,仁、宣二宗决定由官方出资兴办学校,开展儒学教育。明宣宗曾言,"蛮夷今能读书终是未达大体,宜令学官加意训谕,开其知识,庶几可用"③。同时考虑到少数民族生员水平与内地有很大的差别,仁、宣二宗还采取优惠政策,让他们免试进入国子监学习,且就近参加考试。

第四,保守的西域政策。当年明成祖为了防止北元与西域诸国联盟威胁自己的统治,与西域建立朝贡贸易,牺牲一定的经济利益为代价厚赐西域各国,以此来加强中央对西域的震慑力和影响力,但也由此带来了弊端,加重了明朝的财政负担,造成了国库的亏空。仁宗即位后,颁布《即位诏》,"往迤西撒马儿罕、失剌思等处买马等项,及哈密取马者,悉皆停止,将去给赐缎疋、瓷器等件,就于所在官司入库,马、驼、骡匹系官给者,仍交还官;系军民买办者,给还原买之人;原差去内、外官员,俱限十日内起程赴京,不许托故稽留"④。明仁宗奉行"不务远略"和"不欲疲中土以奉

① 《明仁宗实录》卷 3,永乐二十二年十月丙辰。
② 《明宣宗实录》卷 24,宣德二年春正月丙辰。
③ 《明宣宗实录》卷 16,宣德元年四月甲戌。
④ 《明仁宗实录》卷 1,永乐二十二年八月丁巳。

远人"①的原则,规定了西域使臣的数量、贡物、贡期和贡道等,以此弥补财政吃紧的局面。同时,仁宗时期,又将关西七卫内迁肃州塞内和南山等地,标志着明朝彻底丧失了对西域地区诸族的控驭力。

二、"逆则御之"

"逆则御之"这一思想具体包括三个递进层面。

首先,"严其防御"。对北部边防,仁、宣二宗采取主动收缩防线,要求各地守将,即使无大规模的战争,也要做好防守工作,以静制动。在明仁宗看来,"国家虽无事,边防不可一日不备,……几守备坚固,寇至无虞"②。明宣宗继位后,又坚决贯彻"不启边衅"的防御方针,不断告诫主将,慎固防守,对西北各民族的动向保持高度警惕,要求边兵保境,"寇来则战,寇退勿追,勿贪功妄动,以开边衅③。明宣宗还三次率师巡边,鼓舞士气,加强防备。

其次,"用兵宜审"。对于不归附以及反抗的少数民族,明宣宗一再指示,先派遣使者晓之祸福,慎动武力。宣德六年(1431年)春正月,镇守西宁都督史昭奏,阿端卫逆贼逃到通往乌斯藏的要地毕力木江,大臣担心其东山再起成为祸患,希望用兵讨逆,但明宣宗不但坚持不出塞穷追,还"遣人悉宥其罪,使还故处,各安生业"④。宣德七年(1432年)九月,野人女真余山寨头目刺令哈等隐匿造船逃军,明朝多次遣人追讨,拒不送回,辽东总兵官都督巫凯请求领兵追索,明宣宗认为:"以兵临之,恐害及无辜,且谕以祸福,彼当悔悟,如又不悔,发兵未晚。"⑤由此我们能够看出,凡是能够归顺的少数民族起义首领,宣宗即善待招抚他们,对于没有

---

① (清)张廷玉:《明史·西域四》卷332,北京:中华书局,1974年,第8626页。
② 《明仁宗实录》卷7,永乐二十二年十一月丙子。
③ 《明宣宗实录》卷113,宣德九年冬十月壬申。
④ 《明宣宗实录》卷75,宣德六年春正月庚寅。
⑤ 《明宣宗实录》卷95,宣德七年九月甲申。

归附的,宣宗采取宽大处理的原则,耐心地遣使谕以祸福。

最后,有限征剿。在迫不得已不得不发兵征剿之时,仁、宣二宗也一再要求统兵将领,毋得滥杀。洪熙元年(1425年)八月,广西壮民起兵反抗明朝的统治,明宣宗令广西总兵官镇远侯顾兴祖,"发官军捣贼巢,冗毋徒坐视,致其滋蔓,以伤吾民"①。但后来收到斩获千余人的捷报之后,明宣宗对侍臣说:"蛮民亦朕赤子,其为患不已,固当用兵。但杀之动以千数,其间岂无胁从非辜者乎?苟得良牧守如贾琮刺交州,开示恩信,慰抚而降之,安得杀伤之多如此!"②

仁、宣二宗的"顺则抚之,逆则御之"的这一思想产生的原因是什么呢?我们可以从以下三个方面来分析。

首先,从明朝角度来讲,这一思想是仁、宣君臣对天下形势进行深入分析后产生的。由于明成祖的好大喜功,对周边少数民族或多次征伐,或利用强大的经济后盾展开招抚攻势,这些都导致了仁、宣之初的财政赤字,再加上冗官增多、吏治腐败,社会矛盾、阶级矛盾加剧。为了改善国内各民族间的关系,化干戈为玉帛,仁、宣二宗与少数民族力争和睦相处。

其次,从蒙古角度来讲,曾经强大的蒙古族在明成祖的打击下,走向分裂,元气大伤,无力组织力量对明朝边防构成威胁,因此,鉴于北部蒙古的威胁基本解除,仁、宣二宗采取"严谨边备,不忘远略"以防守为主的民族关系策略。

最后,从仁、宣二宗的性格来讲,二人皆儒家君主,虚心纳谏,时"三杨"悉心辅政,仁、宣二宗的这一思想莫不与接纳了"三杨"的意见有关。仁宗非常善于纳谏,他曾经给杨士奇等人一枚小印,鼓励他们进谏,并对廷臣说:"前世人主,或自尊大,恶闻直言,

---

① 《明宣宗实录》卷8,洪熙元年八月丙戌。
② 《明宣宗实录》卷11,洪熙元年十一月甲寅。

臣下相与阿附,以至于败。朕与卿等当用为戒。"①"三杨"中杨荣曾跟随明太宗朱棣多次巡边,北伐南征,对边防军务十分熟悉,更是目睹了明太宗五征漠北造成的国用不足。因此,仁、宣在位期间,"三杨"主张崇尚节俭,取消锐意开疆扩土的军事行为,加强内政与民休息。举交趾一例来说明,明太宗时收复了南宋时期分裂出去的交趾,成为明朝的属国,但由于交趾地区民族成分比较复杂,再加上明政府疏于管理,造成当地的不稳定。明宣宗时期是否放弃交趾成为当时的热议话题,英国公张辅、尚书蹇义认为放弃交趾是示弱天下,而杨士奇和杨荣力言,"陛下恤民命以绥荒服,不为无名。汉弃珠厓,前史以为美谈,不为示弱,许之便",明宣宗采纳了杨士奇等的意见,"于是弃交趾,罢兵,岁省军兴巨万"②。

明仁宗、明宣宗民族思想对明初民族关系产生了重要的影响,那如何评价其思想呢?

第一,他们的民族思想使明朝和周边少数民族之间基本保持了和平的关系。综观整个仁、宣执政的十一年中,在其守成求和思想的指导下,边疆形势相对安全。因此,仁、宣二宗腾出时间和精力花在内政方面,缩减军饷边备的开支,结束了明朝"洪永"时代大规模武力征伐的局面,使经济得以恢复,百姓得以休养。可见,仁、宣二宗求和求稳的民族思想无疑是"仁宣之治"得以实现的外部保障。

第二,务实守成的政策和措施不免矫枉过正,甚至趋于保守。在"不启边衅"的防御思想的指导下,明对蒙古的战争采取置身度外的态度,未能采取积极的措施防守北部边镇,这为瓦剌的壮大提供了条件,其首领顺宁王脱欢利用明朝消极防御的特点,一方面以进贡为掩护,保持与明朝表面和好的关系;另一方面积极整

---

① （清）张廷玉:《明史·仁宗本纪》卷8,北京:中华书局,1974年,第110页。
② （清）张廷玉:《明史·杨士奇传》卷148,北京:中华书局,1974年,第4135页。

顿部队。明宣宗自己也很清楚,曾敕谕甘肃总兵官都督佥事刘广等人,脱欢屡遣人朝贡,"虽其意勤,然虏情多诈,安知数数往来,非窥觇欲有所为乎?"①但没有采取任何措施来防备瓦剌。宣德六年(1431年)脱欢出兵大败阿鲁台,由于担心瓦剌势力壮大,对明朝构成威胁,朝臣建议出兵攻打,明宣宗却说:"彼未尝自言,朕亦不欲劳中国之力以事远夷。"②只遣使赐给阿鲁台盔甲、织衣等物,以示慰问而已,没有给予实际性的援助。

第三,宣宗在位十年,在周边防务上也毫无建树。明宣宗认为"驭夷之道,毋令扰边而已"③,对于边关将士屡次加强北方防务的建议,宣宗不仅不予采纳,相反还不断放弃边关重镇,使北方边防线步步南移。比如明成祖时期,由于大宁卫远离内地,后勤补给困难,所以放弃了大宁卫,这导致了开平卫孤势难守。宣德五年(1430年),明宣宗又把开平卫内迁到独石,使明朝最终放弃了对开平地区的直接控制权,"弃地盖三百里,自是尽失龙岗、滦河之险,边陲斗绝,益骚然矣!"④使得明朝北边防线再次遭到削弱,直接威胁京师的安危。

---

① 《明宣宗实录》卷66,宣德五年夏四月丙申。
② 《明宣宗实录》卷78,宣德六年夏四月己未。
③ (清)谷应泰:《明史纪事本末》卷28,《仁宣政治》,北京:中华书局,1977年,第422页。
④ (清)谷应泰:《明史纪事本末》卷20,《设立三卫》,北京:中华书局,1977年,第318页。

第二章　明英宗和明景帝
时期的民族思想

第一节　明英宗的民族思想

明英宗朱祁镇,明朝第六位皇帝,明宣宗长子,9 岁即位,年号正统,两度登基,后改年号为天顺,共在位 22 年。明英宗统治期间,明朝国事开始走向衰落,与周边少数民族关系十分紧张,国内民族矛盾、阶级矛盾激化,主要表现在以下几个方面:

在北方,瓦剌顺宁王脱欢成功地利用仁、宣二宗休养生息的时机,积极发展自身的实力。一方面脱欢做出归服明朝的姿态,连年遣人如贡,稳住明朝。另一方面脱欢攻杀鞑靼部太师阿鲁台,吞其部下,势力大增,以至于"漠北东西,万里无敢与之抗"[1]。正统四年(1439 年)脱欢死后,儿子也先嗣位,称太师淮王,其野心益横,屡犯塞北。正统十一年(1446 年)攻入兀良哈三卫和女真,势力控制了辽东,开始与明廷分庭抗礼,辽东日益形成对明朝的威胁。正统十三年(1448 年)瓦剌控制了哈密卫,同时以联姻结盟的方式对沙洲、赤斤蒙古、罕东进行拉拢和控制。

在西北,明初设立的关西七卫羁縻卫所,由于力量发展的不平衡,常常自相攻杀。也先更是谋图征服西北诸卫,尤其是哈密卫,西北形势也日趋紧张。

---

[1] 《明英宗实录》卷 149,正统十二年正月庚辰。

在南方各地,壮、瑶等广大民族所受剥削日益沉重,生活极度困苦,还不时受到封建官府和明军的骚扰,导致壮、瑶民族"各瑶星散,不安土理"①,不时起来反抗。此外,西南土司之间矛盾较多,他们为争地盘、职位,常常互相攻伐,影响地方安定。

因此,从总的方面看,明英宗继位后所面临的"边患"与前朝相比,有所增加,明英宗的民族思想就在这纷繁复杂的民族关系中逐渐形成。

一、"慎固封守"

"慎固封守"思想是明英宗统治前期民族思想的基本准则。明英宗面对日渐崛起和强大的蒙古瓦剌,其民族思想没有多大的建树,基本上沿袭了仁、宣的"顺则抚之,逆则御之"的"慎固封守"思想,这在明英宗的诏书中能够体现出来,他曾告谕各边守将,"御寇之道,恃我有备以遏其侵犯,不可谓无寇而惰其守备。冬末春初,正夷虏出没之时,其各练兵秣马以备不虞,严督城堡墩台,谨慎瞭哨,来则剿杀,去勿穷追"②。明英宗的这一思想主要表现在以下几点:

第一,明英宗无为而治,坐视瓦剌的强大。正统二年(1437年)十一月,脱欢率众屯驻饮马河,并纠结兀良哈三卫和女真犯边,明英宗听从众大臣"惟守为上策"③的意见,无所作为。正统四年(1439年)七月,当瓦剌部再次率部众屡犯宣府、大同、宁夏时,明英宗给宣府、大同等处总兵官谭广等敕书说:"即今瓦剌胡寇诡诈多端,常遣人来兀良哈处,联合贼徒窥伺边境,延安、绥德、宁夏自六月以来,累瞭见境外烟火,此必鞑贼哨探路径,欲为鼠窃之计。尔等宜严谨提备,如贼少可击则击之,贼众则固守城堡,不可

---

① 《明英宗实录》卷52,正统四年闰二月乙酉。
② 《明英宗实录》卷74,正统五年十二月庚寅。
③ 《明英宗实录》卷36,正统二年十一月己亥。

轻与争锋。"①正统七年(1442年)瓦剌遣使来京时,不时滋事扰民,明英宗只是写信给也先,要其"遣人必须严切戒饬,毋因小衅,以伤和好"②而已,并没有采取任何实际行动以反抗。而且明英宗对边关将士以及朝内有见识的官吏所主张的整顿和充实北部边防的意见,置之不理。正统八年(1443年),侍讲刘球因瓦剌贡使人数过多,包藏祸心,希望明英宗"修武备以防外患"③,但明英宗偏听王振之言,将刘球杀害于监狱中。

第二,明英宗对瓦剌贡使殷勤备至,所费甚多。按原来的规定,瓦剌每年到明朝的贡使不得超过五十人,但明英宗时期,瓦剌贪图明朝的赏赐,又欺负明朝政府的软弱无能,此时贡使骤增至二千余人,明英宗却置若罔闻。直到正统六年(1441年)十月,瓦剌朝贡使团增至二千四百余人,给山西大同府带来巨大的压力,明英宗才意识到问题的严重性。正统七年(1442年)正月,明英宗给大同参将都督同知石亨、总兵官武进伯朱冕敕书,"令自今差遣使臣多不许过三百人,庶几彼此两便,此后如来者尚多,尔等止遵定数,容其入关余,令先回或令于猫儿庄,俟候使臣同回,从彼自便,故预敕尔知之"④,但瓦剌偏偏扩大使团人数。正统七年(1442年)九月,瓦剌又派出了二千余人的朝贡使团,浩浩荡荡开向大同镇,此时,明英宗首先软了下来,一改初衷,给瓦剌使臣卯失剌敕书曰:"已遣内官林寿及敕缘边镇守总兵等官如例,馆待遣人护送来京,然去年因使臣及贸易人众,其中有纵酒越分,缘途殴伤军夫者,今年春敕谕,令自后少遣人来亦,敕大同总兵镇守官除正副使定数外,凡从人及贸易之人,悉留居猫儿庄,今闻尔处遣来之人仍复过多,朕念天寒远来,若处之边地,必致失所,特令总兵

① 《明英宗实录》卷57,正统四年秋七月癸酉。
② 《明英宗实录》卷88,正统七年春正月癸未。
③ (清)张廷玉:《明史·刘球传》卷162,北京:中华书局,1974年,第4405页。
④ 《明英宗实录》卷88,正统七年春正月戊寅。

等官,俱纵尔等来朝,俟来春同归。"①这种朝令夕改,姑息迁就的政策,本身就是示弱瓦剌。继瓦剌二千人朝贡使团入关后,又有一百余人自称也先差来使臣,叩关要求入贡。面对瓦剌的咄咄逼人,明英宗一让再让,以求苟安。明英宗主要是想通过这种不等价的朝贡贸易满足瓦剌部首领的一些经济需求,来换取边疆的安宁。结果在与瓦剌的交往当中,明朝不仅耗费了钱财,加剧了明王朝的经济负担,而且瓦剌以遣使之名,刺探了明朝内部的虚实,了解明朝此时已外强中干,不足为惧。

第三,边备松弛,备御无力。正统年间明朝边军的训练、军纪等方面都存在诸多问题,军队战斗力受到很大的影响。如兵部尚书王骥到甘肃巡视边备,"见庄浪、永昌、山丹路俱废烽堠,军无纪律,……甘州官军冗滥,徒费粮饷,不堪用"②,对于这些情况,明英宗并未给予重视。正统九年(1444 年)后,有关瓦剌也先四处征伐、威胁明军的情报不断传来,明英宗只是敕谕沿边守将"谨备"而已,没有采取更进一步的防范措施。正统十二年(1447 年),形势日益严峻,瓦剌对明朝的威胁越来越严重,巡抚宣大金都御史罗亨信上疏:"瓦剌也先专候衅端,图入寇,宜预于直北要害,增置城卫土城备之,不然,恐贻大害。"③但明英宗一心忙于征剿麓川,把强壮的官兵都遣往南方征战。总之,在"土木之变"前,由于明朝当政者关注的重点在于西南地区的麓川土司,对瓦剌的防备是十分不足的。

第四,放弃哈密的控制权。在明与瓦剌争夺哈密的过程中,明英宗始终站在第三者的立场上希望诸部修好,既不谴责也先的扩张行径,也不发一兵一卒支援哈密。瓦剌觊觎关西七卫的地理

---

① 《明英宗实录》卷96,正统七年九月庚辰。
② (明)严从简:《殊域周咨录》卷18,《鞑靼》,北京:中华书局,2000 年,第 558 ~ 559 页。
③ (清)谷应泰:《明史纪事本末》卷32,《土木之变》,北京:中华书局,1977 年,第 471 页。

位置已久,正统七年(1442年),也先挟持哈密向沙州"求索物件及踏看道路",明英宗只是敕谕沙州都督困即来,"如复有人邪言煽诱,俱勿听信"①。沙洲卫见明廷态度并不积极,想通过修筑城墙来自卫,但明英宗的回复是:"朕已敕困即来计议之矣,如尔等与其和睦,即听修理,遇急同住,或有相碍,尔亦明白声说。令只修理沙州旧苦峪城,务要两相利便,共图长远。"②面对瓦剌的强势来袭,明英宗不仅置之不理,更令人气愤的是,他竟然在对也先的敕书中曰:"哈密与太师世为亲戚,未尝侵扰。今太师若见王之母及头目果有不律,为亲戚之耻,当以大义正之;见其微弱,当体尔先人之志,厚加存恤,使保其境土,安其部属,不宜欺凌劫杀之也。"③失望的西北诸卫最后归附瓦剌,瓦剌如虎添翼,接着"擅置甘肃行省名号,意在邀结夷心,为患边境"④。可见,明英宗"不欲疲中国以事外藩"⑤,对瓦剌步步退让,最终导致明廷对哈密地区控制的丧失。

第五,失去兀良哈三卫。兀良哈三卫指朵颜卫、福余卫和泰宁卫,明太祖设立三卫指挥使司,"俾其头目各领其众,以为声援"⑥,实行羁縻政策,让其成为明之东北屏藩。正统十一年(1446年),也先进攻兀良哈三卫,明英宗未采取任何方式阻止,致使瓦剌连续出兵三卫,"朵颜、泰宁皆不支,乞降,福余独走避脑温江"⑦,三卫衰落,倒向瓦剌,并联合不断扰明,"屡寇辽东、大同、延安境,……泰宁拙赤妻也先以女,皆阴为之耳目,入贡辄易名,且互用其印,又东合建州兵入广宁前屯"⑧,成为边外不稳定因素。

---

① 《明英宗实录》卷95,正统七年八月丙午。
② 《明英宗实录》卷95,正统七年八月丙午。
③ 《明英宗实录》卷109,正统八年十月庚子。
④ 《明英宗实录》卷124,正统九年十二月甲寅。
⑤ (清)张廷玉:《明史·西域传》卷332,北京:中华书局,1974年,第8611页。
⑥ (清)张廷玉:《明史·外国九》卷328,北京:中华书局,1974年,第8504页。
⑦ (清)张廷玉:《明史·外国九》卷328,北京:中华书局,1974年,第8506页。
⑧ (清)张廷玉:《明史·外国九》卷328,北京:中华书局,1974年,第8505页。

至此，明之东西藩篱尽失，"也先攻破哈密，执王及王母，既尔归之。又结婚沙洲、赤金蒙古诸卫，破兀良哈，胁朝鲜"①。北方尽在也先控制之下，边境形势急剧恶化。

综上所述，明英宗的"慎固封守"的民族思想，可以概括为如下两大特点：

第一，消极被动。面对咄咄逼人的瓦剌，明英宗却一让再让，一味强调要息事休兵，以求苟安，这种过分保守、单纯防御的策略，使边防将领丧失作战的主动性和积极性，进而滋生宁愿固守以求功，不愿拒战以取过的思想。同时，面对瓦剌势力的扩张，明英宗放弃了积极的遏制策略，既不援救哈密，又坐视其兼并兀良哈。总之，明英宗过分强调招抚，恩则有余，威则不足，虽然维持了暂时的安宁，却暴露了明朝统治阶级的虚弱，助长了也先"求大元一统天下"②的野心。

第二，绥靖怀柔。与明太祖、明成祖相比，明英宗缺乏直面强敌的勇气，往往采取羁縻怀柔政策，对瓦剌的进犯百般忍让，频频互遣使臣，以示和好。正统十二年（1447年）明英宗得知也先正在向女真软硬兼施，让其脱离明朝统治的消息后，明英宗向脱脱不花和也先发了一道诏书：

彼女直野人地方附近辽东境，皆我祖宗开国之初，设立卫分，给印授官，管治人民。今可汗欲诱其往来交通可乎？且尔处亦有部属人民，朕遣人招之而来，可汗之心安乎？况彼女直野人头目其初多有心怀不忿者，欲执赍书之人来献。朕虑或可汗以下贪利生事者妄为，姑令止之。若此事果出可汗之意，以后宜切戒，毋启衅端。倘出下人，即严切禁止，穷治其罪。庶彼此相安，毋伤和

---

① （清）张廷玉：《明史·外国九》卷328，北京：中华书局，1974年，第8499页。
② （清）谷应泰：《明史纪事本末》卷32，《土木之变》，北京：中华书局，1977年，第474页。

好,如可汗不体朕言,轻听下人妄为,彼女直野人因启祸端,朕亦难固止,……朕优待尔使臣,其恩甚厚,朝廷遣去使臣,不必再求礼物,庶人情相安。凡尔处使臣亦须选择得当之人,节减差来,庶朝廷可以加恩馆待。兹因完者帖木儿等回,特遣正使都指挥佥事马政、副使指挥同知贺玉等赍书往答厚意。①

明英宗是想通过怀柔和妥协的方法笼络日益强大的也先,但这种毫无原则的妥协退让,只会让国家失去尊严并最终把明朝推入深渊,"土木之变"的爆发就是这一思想产生的恶果。

二、"亲率大兵以剿之"

正统十四年(1449 年)夏六月,也先率骑兵入犯,兵锋甚锐,军情吃紧,明英宗不顾众大臣的诚心劝说,偏信王振,决定亲率大军五十万出征。但由于战前没有做好充分的准备工作和周密的军事计划,再加上王振的错误指挥,明军大溃,明英宗被也先掳去,这就是震惊朝野的"土木之变",此后明朝国势衰落。

明英宗之所以未能审时度势,草率决定亲征,其原因有二:

第一,"多事四夷"思想的影响。自古皇帝亲征的勇气对明英宗有很大的吸引力,特别是前辈明成祖五次北征漠北,建立了赫赫战功,这种尚武的精神一直激励着明英宗。同时,明英宗年少气盛,认为亲自出征,可以显示大明王朝的军威和国威,以达到使边疆少数民族政权"畏威"的目的。所以明英宗在面对王直等群臣的"伏阙恳留""坚请回銮""日跪伏草中请还"②等忠君爱国之意时,依然认为"虏贼逆天悖恩,已犯边境,杀掠军民,边将累请兵

---

① 《明英宗实录》卷 174,正统十四年正月己酉。
② (清)谷应泰:《明史纪事本末》卷 32,《土木之变》,北京:中华书局,1977 年,第 473 页。

救援,朕不得不亲率大兵以剿之"①。在明英宗看来,唯有出征才能保家卫国,才能震慑也先的嚣张势力,但明英宗不顾双方力量对比而盲目亲征违背了"天子有道,守在四裔。及其季也,保境固圉,毋生戎心"②的宗旨。

第二,与太监王振的怂恿有很大关系。明英宗九岁幼冲,长育于深宫,不谙世事,缺少独立意志和政治历练,不辨忠奸,为宦官篡权提供了机会。此时的宦官就是毫无军事经验的太监王振,王振"夺主上之大柄,怀奸狭诈,紊祖宗之宪章,每事不由朝廷,出语自称圣旨"③,俨然已成为实际统治者,而明英宗只是一个傀儡皇帝。明英宗和王振的关系,我们可以从这封敕书中窥见一斑,"朕惟旌德报功,帝王大典。忠臣报国,臣子至情,此恩义之兼隆,古今之通谊也尔"④。这道敕书反映了明英宗和王振关系的渊源,两人二十年朝夕在侧,已深结主知,远非"三杨"等内阁大臣可比。明英宗对王振十分宠信,称他为"先生"而不直呼其名,并对他言听计从。王振遂作威作福,劝说明英宗亲征,以图贪功冒进,正如丘濬在《大学衍义补》中所言:"有边事,边臣之福,无边事,朝廷之福。"⑤

由此,我们可以看出明英宗亲征思想并没有实事求是地反映出当时明朝国力衰微、北边防线严重收缩的实际情况。前朝明太祖与明成祖之所以能够积极开疆扩土,都是建立在明朝经济实力和军备强大的基础上。正统时期的明朝已经与永乐的强盛不可同日而语,明英宗并没有及时转变自己的思想,从国力和自身的

①　《明英宗实录》卷180,正统十四年秋七月壬辰。

②　(清)谷应泰:《明史纪事本末》卷32,《土木之变》,北京:中华书局,1977年,第475页。

③　《明英宗实录》卷191,景泰元年夏四月丙申。

④　《明英宗实录》卷137,正统十一年春正月庚辰。

⑤　(明)丘濬:《大学衍义补》卷156,《劫诱穷黩之失》,北京:京华出版社,1999年,第1368页。

情况加以分析,而是盲目地效仿前朝,势必出现自己被俘、王振被杀的恶果。

三、明英宗对南方各族"以抚为主"到"以剿为主"

正统年间,明英宗对南方民族以"恩抚"为主,抚之不顺,再加征讨,即使到万不得已的情况下发动军事力量,也要求边将"分别善恶,不可滥及无辜以招天谴"①。正统六年(1441 年)二月,趁明军攻打麓川之际,云南广南府州的阿罗、阿思等发动起义,明英宗委派官员前去招抚,并告诫他们,如果归还本土,则"悉宥前罪",如梗化不服,则"相机剿灭"②。另外,明英宗也认识到南方各族频频起事,不服统治的重要原因之一就是负担过于沉重,生活困苦。因此,正统九年(1444 年)七月,明英宗采纳广西总兵官安远侯柳溥的建议,宣布"宽边民之徭役,免征折粮银两"③。

天顺元年(1457 年),明英宗重登帝位,对南方各少数民族的政策则由"以抚为主"改为"以剿为主"。天顺元年(1457 年)五月,广西峒族首领蓝𦺭等聚集夷众万余发动叛乱,势力咄咄逼人,直达南宁境内。明英宗下令总兵官朱瑛,"严督所在官军士兵,设法扑灭,毋令滋蔓"④。后来,广西断藤峡一带的瑶族在侯大苟的领导下,发动大规模的起义,明英宗调集大军,下令"务尽殄灭,以息民患"⑤。

明英宗对南方少数民族由正统年间的"以抚为主"到天顺年间的"以剿为主",其主要原因有以下两点:

第一,正统年间的"以抚为主"政策适得其反,不仅没有安抚住南方的民族起义,相反南方各族人民趁此机会,养精蓄锐,发展

①　《明英宗实录》卷 81,正统六年秋七月己酉。
②　《明英宗实录》卷 76,正统六年二月壬午。
③　《明英宗实录》卷 118,正统九年秋七月丁巳。
④　《明英宗实录》卷 278,天顺元年五月丙子。
⑤　《明英宗实录》卷 336,天顺六年春正月壬子。

自己的武装势力。比如广西瑶民断藤峡起义之所以最后发展成为规模大、范围广、危害性强的起义，他们"攻劫柳州府之柳城，南宁府之武缘等县，所至杀虏居民，烧毁廨宇，其酋首至有称王者"①，主要原因是利用了明英宗的"以抚为主"的策略，趁机发展自身势力，最终导致明廷出现"失今不治，异日必为大患"②的忧虑。

第二，天顺年间，明英宗有时间和精力对南方民族实行剿杀。到天顺年间，北方强敌蒙古瓦剌势力衰微，内部四分五裂，无法大规模出击中原，于是明英宗能够腾出手来专门对付南方的民族起义。南北民族政策的紧密关联性，使明朝对南方民族的"抚"与"剿"是视北方民族情况而定，这与明朝"重北轻南"的民族防御格局是一致的。

第二节 关于是否征讨麓川的思想交锋

麓川在今云南一带，与缅甸相接，势力最强盛时，"地在云南之西南，东接景东府，东南接车里，南至八伯媳妇，西南至缅国，西连戛里，西北连西天、古剌，北接西蕃，东北接永昌"③。元时在麓川设立土司，思氏土司是当时云南最大的封建领主，到了元朝末年已形成割据势力。洪武年间，明太祖对西南边远民族地区采取羁縻和有限剿抚的手段，多次平定思氏土司叛乱，设置麓川平缅宣慰使司，思氏土司也主动称臣纳贡，双方修好。到了明英宗正统初年，思氏土司势力强大后，又发动了大规模的叛乱。

正统元年（1436 年）十一月，思任发"称兵扰边"，袭扰云南孟

---

① 《明英宗实录》卷282，天顺元年九月甲子。
② 《明英宗实录》卷282，天顺元年九月戊辰。
③ 王有立主编：《中华文史丛书》卷70，钱古训：《百夷传》，华文书局股份有限公司刊印，清嘉庆刊本，第11 页。

定府、大侯州地区，"掠杀人民，焚毁甸寨"①。

正统二年（1437年），思任发趁缅甸发生危机之际，出兵占据孟养，向四周大举扩张。当时明英宗为集中精力防御不断强大的瓦剌，主要对思任发采取抚谕之策，多次派人前往招抚，希望思任发能够遵守规定，释放被掠夺的人民，归还被侵占的土地。同时明英宗还免除了麓川土司所欠差银两千五百两，以示宽容，但未收成效。

正统三年（1438年）六月，思任发在云南西部一带，"侵占地方，虐掳百姓，抢象马，害官吏，掠官船"②，势力猖獗，引起了明英宗朝臣的密切关注。

正统四年（1439年）正月，明英宗被迫命云南守将沐晟统兵进讨，但出师不利。五月又派沐昂等率兵镇压，明军再败，两次失败，使明廷朝野大为震动。

正统五年（1440年）七月，思任发为缓和与明朝的矛盾，获取喘息之机，派人向明朝进贡，陈述自己起兵的理由。明廷要他"归所侵掠，或亲身或遣子侄及亲信头目赴京朝贡"③，但是思任发对此不予理睬。

自古以来，中原王朝对夷狄之患，无非就是征和守两种手段。明英宗时北方的瓦剌等部势力正盛，对明朝的威胁不断增大，如果倾力征讨麓川，势必使明朝南北难顾，因此是否对麓川用兵以及怎么用兵是当时的敏感问题，也是重大的朝政问题，为此引发了一场旷日持久的是否用兵征讨麓川的大讨论。主张继续实行羁縻政策的主和派代表人物有刘球、杨士奇、何文渊、任福等；主张武力征剿的主战派代表人物有王骥、王振、张英、沐昂、沐晟等，双方各执一词，争辩不休，现将两方争论观点列观如下：

---

① 《明英宗实录》卷24，正统元年十一月甲辰。
② 《明英宗实录》卷43，正统三年六月己未。
③ 《明英宗实录》卷72，正统五年冬十月辛卯。

一、主和派

在主和派的代表中,立场最鲜明的是翰林院侍讲大学士刘球,他曾在正统六年(1441年)和正统八年(1443年)两次上疏,建言罢兵麓川,以防北方蒙古为主。其代表作是正统八年(1443年)冒死向明英宗提交的《谏伐麓川疏》,其分析入情入理,最为翔实、最有代表性。

天子之驭夷狄,必宽囿于其小,而谨防于其大,所以适缓急之宜,为天下久安计也。故周伐崇不克,即退修德教以待其降。至于猃狁,则命南仲城朔方以备之。汉征南粤不利,即为罢兵赐书以通好。至于匈奴,虽已和亲,犹募民拔居塞下,入粟实边,复命魏尚宁云中以拒之。以成周、西汉之力,破灭崇越,易如振槁。皆释而不诛,准汲汲猃狁、匈奴之备,何也?盖不穷兵于小敌以伤生灵,惟防患于大寇以安中国也。今麓川残寇思任发,本依山负谷、羁縻纳贡之夷,边将失驭致勤大兵。虽未歼厥渠魁,亦多杀其群丑。皇上念此小夷,僻居南徼,灭之不为武,释之不为怯。特降玺书原其罪恶,使得自新,是即周汉修教赐书之意也。奈何边将不能宣达圣意,欲屯十二万兵于云南以急共降,不降则攻之,而不虑王师不可轻出,夷性不可骤驯,地险不可用众,客兵不可久淹,是皆兵法所忌也。况江南近年水旱相仍,军民俱困,若复动众,恐致纷扰。臣窃以为终宜缓诛如周、汉之于崇越也。至如北虏,犹古猃狁、匈奴世为边患,今虽少抑,然部曲尚强,戎马尚众,未可保其终不寇边,居安思危,此维其时。乃欲移甘肃宁将以事南征,恐沿边将士意谓朝廷必以北虏为不足虑,遂生怠心,弛其边防,卒然有警,恐致失措。窃以为宜防其忠如周、汉之于猃狁、匈奴也。伏望皇上罢大举之议,惟令不臣推举谋将,辅以才识大臣,仍举内外文武之臣,无分见任谪降,但有才干者十数人,随往云南。量调见操官军分屯金齿等处要害之地,如赵充国屯田湟中以降叛羌故事,且耕且练,广其储蓄,习其水土,固结木邦诸夷以为我援。一则乘间觇寇甩虚实,不时进攻,一则因便谕以祸福,抚其向化。明加赏罚,责以成功,如此将不烦大兵,而寇自可服。至于西北边境及令无事,宜敕诸将及参赞文臣巡视,塞垣当筑者筑之,沟涧当浚者浚之,城堡烽堠当增修者皆修之。仍勤训练、广储蓄、利器械、严守望。凡备边之事,悉令修举以防不虞,是诚国家万万年太平计也。①

从刘球的上疏中,我们可以看到刘球的建议是经过深思熟虑的,其分析中肯明确,切中要害,其主要观点有如下几点:

第一,刘球从历史上的民族关系寻找理论依据。他列举了周代不讨伐力量弱小的崇、玁狁、南粤,而把兵力放在攻击匈奴上,究其原因是天子对于夷狄的政策应该是宽容弱小而谨防强大。而明英宗却把负责北方边务的守将调往麓川,刘球认为这种捉襟见肘的做法,会带来严重恶果,"舍门庭之近,图边徼之远,非计之得也"②。对于刘球的正确建议,由于宦官王振专政,欲"示威荒服",所以没有上报明英宗。

第二,刘球认为不应过分夸大麓川土司叛乱造成的危害。在刘球看来,思任发的叛乱只是为了抢占地盘,并没有取代大明王朝中央政权的政治野心,因此没有再打的必要和价值了,"灭之不为武,释之不为怯","夷性不可骤驯,地险不可用众,客兵不可久淹,是皆兵法所忌也"。

第三,刘球从现实状况来看,出兵攻打得不偿失,会付出惨重的代价。刘球分析了攻打的危害,即"军民俱困,若复动众,恐致

① 《明英宗实录》卷75,正统六年春正月戊午。
② (清)谷应泰:《明史纪事本末》卷30,《麓川之役》,北京:中华书局,1977年,第456页。

— 69 —

纷扰",战争不仅仅造成人民生灵涂炭,流离失所,还会加剧西南地区各族人民的负担,对明朝国力是一场巨大的消耗。

第四,刘球还提出具体的解决之策,指出管理麓川的方式和手段。首先,选贤任能。其次,屯兵守备,"且耕且练",化剑为犁,加强武备。再次,以夷制夷,于金齿一线屯田,结木邦,乘便进攻。最后,多加施恩,"抚其向化",使少数民族得到感化。

第五,刘球还委婉地提出边患的主要根源不在思任发的叛乱,而在边将控驭失当,因此不应该将擒杀思任发作为解决麓川问题的根本之计。

此外,主和派杨士奇作为大学士和兵部尚书,在儒家传统教义的指导下,主张对麓川思氏土司务广德化,"舜德格苗,不劳征伐"①,多加施恩,使其得到感化。在他看来,"自古圣帝明王皆不轻用者,恐害及无辜,有伤天地之和气也"②,因此力主采用比较稳妥的招抚谋求和解。杨士奇对发动战役的后果以及胜败得失等各种可能均做了比较实际的估计,并认为轻启战端可能遭受重大损失,发动大规模战役容易牵动全国的局势。最后,杨士奇还指出,明方将臣随意杀人,会引起"激变",因此要对欺凌杀害少数民族行为的云南地方官吏严加管束。

正统六年(1441 年)正月,明英宗令定西伯蒋贵为征蛮大将军,准备再次征讨麓川。刑部侍郎何文渊借此反对出兵。首先,何文渊认为麓川一弹丸之地,"疆里不过数百,人民不满万余"③,不必兴师动众。其次,何文渊提出加强防备,派军驻屯于金齿,

---

① (清)谷应泰:《明史纪事本末》卷 30,《麓川之役》,北京:中华书局,1977 年,第 455 页。

② (明)陈子龙:《皇明经世文编》卷 15,杨士奇:《论遣将征剿麓川疏》,北京:中华书局,1962 年。

③ (清)谷应泰:《明史纪事本末》卷 30,《麓川之役》,北京:中华书局,1977 年,第 455 页。

"且耕且守"①即可。最后,何文渊总结历史经验教训,主张崇古效祖,宣扬德化,希望用中原传统的仁义礼智信来教化、感化少数民族,恩怀天下,使之感恩戴德,"稽首来王"②。而张辅、王骥、王振却以为,何文渊所言"示弱外邦,抑且贻患边境"③,根本不予采纳,坚决主张征伐。

二、主战派

主战派主要由三方面人物构成:

一是明朝最高统治者明英宗和把持朝政的太监王振。明英宗本人在"立不世功"思想的驱使下,一再拒绝了杨士奇等人的建议。王振为固位,邀功邀宠,表面上"欲示威荒服",实际上要树立个人权威,故调数省之兵,大举征讨麓川。这场讨论随着明英宗"麓川之征已有成命,难允所言"④而结束,做出了武力征讨麓川的决策。

二是长期镇守云南边疆的云南总兵官沐晟、沐昂等边将。沐氏家族自奉明廷之命世代镇守云南后,与麓川思氏家族有过长达八十余年的交往,对民族情况了如指掌,能够深切地感受到麓川势力的猖獗,以及日益加深的西南边疆危机。同时他们认为由于夷情诘诈,云南自身的军事力量不足以剿灭之,故提出"必欲攻取,非十二万人不可"⑤,要求举全国之力征讨麓川。

三是兵部尚书大理寺卿王骥,太师英国公张辅等官员。他们从国家统一的大局出发,了解西南边疆对国家安危的重要性,在

---

① (清)谷应泰:《明史纪事本末》卷 30,《麓川之役》,北京:中华书局,1977 年,第 455 页。

② (清)谷应泰:《明史纪事本末》卷 30,《麓川之役》,北京:中华书局,1977 年,第 455 页。

③ 《明英宗实录》卷 75,正统六年春正月辛亥。

④ 《明英宗实录》卷 75,正统六年春正月戊午。

⑤ 《明英宗实录》卷 73,正统五年十一月丁卯。

反思和总结历史上处理民族关系经验教训的基础上,以高度的责任感和使命感,认为思氏家族势力的发展壮大会影响大明王朝的统治,因而多主用兵,力挺大军征讨,并认为"思任发世职六十余年,屡抗王师,释此不诛,恐木邦、车里、八百、缅甸等觇视窥觊,示弱小夷,非策"①。

对于主战派主张讨伐的共同原因,我们可以总结以下三点:

第一,从传统的夷夏观来看,自古以来中央王朝对边疆少数民族的治理就是招抚并用,当安抚的手段无济于事时,征讨便是唯一之举。封建时代的政治家对少数民族的认识存在偏颇,认为他们野蛮、愚昧、贪而好利,基于这种认识,边疆问题一直困扰着中央王朝,他们希冀通过武力一举征灭。故历史上有汉武帝征伐匈奴,唐朝攻打南诏,明初的太祖、成祖北征漠北等都是用武力来解决边疆民族危机。所以当麓川土司势力拥兵自重时,朝廷大将多主张武力征伐,以示惩罚,并要直逼要害,斩草除根。

第二,从现实状况来看,他们已经意识到麓川势力的扩张与嚣张气焰,长此以往,则容易形成分割势力。麓川虽然只有弹丸之地,但思氏作为滇西半个世纪的操控着,任其发展势必会影响国家统一大局。因此,在沐家兄弟征麓川大败的情况下,为了保证滇西的稳定,非得派出大兵铲除后患不可。明人王世贞言及麓川之役,也持此观点,"麓川之所以骛肆,为弃交趾也,若再败于麓川而竟不诛,则土官之弱者,不二十年而为强者有矣。强者不诛而益强,则中国之在西南者,亦非我有矣。其所以失在中国之政不修,而骥等之用兵未尽善也,不然颍川、新城之大兵,甚于麓川倍矣,何以不为天下累也?"②因此,对于企图独霸一方的思氏势

————

① (清)谷应泰:《明史纪事本末》卷30,《麓川之役》,北京:中华书局,1977年,第455页。

② (明)王世贞:《弇山堂别集》卷23,《史乘考误四》,北京:中华书局,1985年,第419页。

力,完全有必要大张挞伐。

第三,主战派认为征伐麓川可以显示大明王朝的国威和军威,对有叛乱之心的其他少数民族,比如周边缅甸、木邦、八百等地,起到震慑和警示作用,正如王振所言要"示威荒服"。

在这场争论中,主战派获胜。随即,正统六年(1441 年)二月甲戌,明英宗遣官祭告天地宗庙社稷山川①,命王骥等督军十五万远征,大规模征讨麓川的军事行动正式展开。从正统六年(1441年)至正统十三年(1448 年),王骥先后三次征麓川,最后考虑大军连年征战不平,无法彻底消灭麓川军,于是与思禄为约,与其在金沙江立石为界,誓曰:"石烂江枯,尔乃得渡。"②思禄亦恐惧后听命,明朝班师,持续八年之久的麓川之役结束了。后云南总兵官都督同知沐瓒等将思任发之孙思命发解送至京师,成化二年(1466 年)明宪宗将其安置于沿海登州卫,"月给米二石"③,其余后裔在孟养世为土司,从此麓川势力基本土崩瓦解。

麓川之役对明朝和麓川双方都产生了深远影响。首先,麓川之役对明朝的影响有利有弊。从利的方面来说,麓川之役消除了麓川思氏潜在分裂中国的野心,保证了西南边疆的安稳和祖国的统一。从弊的方面来说,战争带给人类的灾难是无穷的,三次征伐麓川的后果,正如高岱所言"轻病而重疗"。从长远来看,刘球"灭一麓川而生二麓川"④的观点不幸被言中,由于明政府是利用缅甸、木邦等土司来攻击麓川土司,导致矛盾加剧,最终造成西南地区的分裂。更为现实的问题是,明英宗把本应对付北方蒙古瓦刺的军队抽调到南方作战,使北方军备防御空虚,这种拆东墙补西墙的做法,最终酿成了"土木之变"的惨剧。

---

① 《明英宗实录》卷 76,正统六年二月甲戌。

② (清)谷应泰:《明史纪事本末》卷 30,《麓川之役》,北京:中华书局,1977 年,第 459 页。

③ 《明宪宗实录》卷 30,成化二年五月丙申。

④ (清)张廷玉:《明史·刘球传》卷 162,北京:中华书局,1974 年,第 4405 页。

麓川之役对麓川当地的政治和经济生活产生了重大影响。从政治方面来说，彻底瓦解了思氏土司对麓川地区的控制和专权，此后五百余年，麓川与中原王朝一直和平友好相处。从经济方面来说，作为战区的麓川受到炮火和军队的蹂躏，特别是王骥采取"纵其大掠三日"①"将附降渔户解作生擒"②等做法，致使云南西部傣族地区遭到了极大的破坏，土地长期荒芜。尤其是云贵之地沿途驻军往往为祸一方，骚扰当地汉夷百姓，"不知利害，不加存恤，凡一经过，扛抬私货，动役百人，甚至不足则剥衣服，役妇女，日夜不休，以致逃窜流离，十去七八"③，给普通人民带来了深重的负担。麓川之役后，明廷加强了对平川沃土的麓川一代的管理，推行了明初的军屯制度，调遣了大量内地汉族士兵和民众到麓川，他们三分守城，七分耕种，与当地民族共同开发西南边疆。明初，麓川民众耕作，不用牛耕，惟"妇人用锼锄之，事稼穑，地利不能尽"④，生产、生活等经济状况十分落后，到了明中后期，已经出现了"男耕女织""用犁耕栽插"的现象。此外，随着大批汉匠的到来，促进了当地手工业和商业的繁荣，到了明孝宗时期，"蛮莫等处，乃水陆会通之地，夷方器用，咸自此出，货利之盛，非他方比，又有江西、云南、大理逋逃之民多赴之"⑤。

从以上所述可以看出，对麓川是否用兵的讨论中，我们对主战派和主和派有以下几点认识：

第一，任何思想或者政策都必须建立在对当时实际情况的了解和把握的基础上。反对征讨麓川的主和派何文渊是刑部右侍郎，刘球是翰林院侍讲，他们都是深居庙堂的文臣和儒士，不曾到

---

① 《明英宗实录》卷175，正统十四年二月乙巳。
② 《明英宗实录》卷179，正统十四年六月丁卯。
③ 《明英宗实录》卷80，正统六年六月丙子。
④ 王有立主编：《中华文史丛书》卷70，钱古训：《百夷传》，华文书局股份有限公司刊印，清嘉庆刊本，第25页。
⑤ 《明孝宗实录》卷153，弘治十二年八月辛亥。

过边疆前线,不晓得麓川对于西南乃至中国的重要性,遇到问题多空发议论,只会恪守祖训、崇古效祖、按旧章办事。而武官和边疆大吏因常年驻守边境,与少数民族接触较多,他们的民族思想往往从实际出发,侧重于解决实际问题。当时,麓川的势力已经很嚣张了,据《百夷传》记载,"其下称思伦发曰昭,犹中国称君长也。所居麓川之地曰者阑,犹中国称京师也。其属则置叨孟以总统政事,兼领军民。昭录领万余人,昭纲领千余人,昭伯领百人,领一伍者为昭哈斯,领一什者为昭准,皆属于叨孟。又有昭录令,遇有征调,也与叨孟统军以行,……大小各有分地,任其徭赋"①。麓川俨然以一个独立王国行事,因此主战派更有话语权,更能对症下药。

第二,主战派的思想与明英宗的思想相吻合,得到最高统治者的支持。"在中国古代社会,臣民的思想如果与最高统治者的思想相吻合,就比较容易付诸行动,如果他们的认识与最高统治者的思想认识不合拍,则很难成为主流思想,也就很难付诸实践。"②明英宗面对边疆形势异常严峻的局面,也希望通过"示威四夷"来提高个人威信,巩固自己的地位,因此痛下决心大军征讨。因此,有明英宗的支持,主战派的想法自然便能够付诸实践了。

第三,关于民族思想的争论,崔明德教授曾言:"如果能以国家、民族和人民的利益为重,无论双方斗争得多么激烈,观点多么对立,都是十分正常的,而且也是有益的。主要争论的双方能够针对问题、实事求是地切磋与辩驳,就能达到坚持真理、修正错误、共同提高的目的,即使暂时不能达成共识,也能够找出分歧的症状之所在,否则,如果处于个人或集团之私利,一切争论都无助于问题的解决,而且能将正常的争论牵扯到党争之中,甚至会将

---

① 王有立主编:《中华文史丛书》卷70,钱古训:《百夷传》,华文书局股份有限公司刊印,清嘉庆刊本,第14～15页。

② 崔明德、马晓丽:《隋唐民族思想史》,北京:人民出版社,2010年,第128页。

争论引入歧途。"①这场思想交锋最初是就事论事,摆事实、讲道理,主战派和主和派都是从维护国家的长治久安考虑问题。但后来就演变为权臣斗争,这种思想交锋往往超出了正常范围,与政治斗争、派别之争及利益之争交织在一起。好大喜功的宦官王振,以辅佐成王的周公自居,表面上希望炫耀兵威,实际目的是要树立个人威信,借以震慑朝中的异己力量。刘球苦口婆心主和,触怒了王振等宦官集团,王振借故将刘球"逮下诏狱,属指挥马顺杀球"②,开了宦官篡权干涉内政的先例,使内阁失去了议政决策的能力。

第三节　王阳明的民族思想

王阳明又称王守仁,字伯安,浙江余姚人,弘治十二年(1499年)进士,明朝著名的思想家、军事家,其在"立德""立功""立言"等方面均有突出成就。正德三年(1508年)王阳明被贬居到贵州龙场三年,后来又被朝廷派往广西镇压少数民族起义,在这一过程中,与贵州、广西的壮、瑶等少数民族频繁接触,为他丰富的民族思想的形成提供了真实的素材,主要内容包括"以夏变夷""以蛮制蛮,土流参治""可抚则抚,可捕则捕"三大部分。

一、"以夏变夷"

"以夏变夷"是王阳明民族思想的核心。

正德三年(1508年),王阳明因得罪宦官刘瑾被贬到"万山丛棘,蛇虺魍魉,蛊毒瘴疠"③的贵州龙场作驿丞。初来乍到,王阳明

---

①　崔明德、马晓丽:《隋唐民族思想史》,北京:人民出版社,2010 年,第 10 页。
②　(清)张廷玉:《明史·刘球传》卷 162,北京:中华书局,1974 年,第 4406 页。
③　(明)王阳明:《王阳明全集》卷 33,《年谱一》,《自成化壬辰生至正德戊寅征赣》,上海:上海古籍出版社,2006 年,第 1228 页。

在自然环境和人文环境都不佳的状态下,居住在这里的苗、彝、仡佬、布依等少数民族给予他很多帮助。在龙场与当地少数民族生活的三年中,王阳明积极参与当地的民俗文化活动,耳闻目睹了少数民族的生活习惯、社会心态以及与中原王朝的关系,对当地少数民族关系和民族构成有了深刻的认识。

王阳明在少数民族居住地区创办学校,认为"用夏变夷,宜为学校"①。作为"集孔、孟以后诸儒之成"②的王阳明在龙场开始潜心研究朱程理学,终于领悟"格物致知"的根本意图,首次提出了"知行合一"的思想,之后便在龙岗山洞开始收徒讲学。随着弟子不断增加,规模不断增大,又在贵州龙场创建龙岗书院,利用空暇时间让少数民族弟子入书院学习,讲学化夷,训诲诸夷,培育了大批少数民族知识分子,提高了贵州少数民族的文化素质。如果说王阳明在贵州办学校是为了回报当地少数民族对他的帮助,那么在广西创办的书院,则属于"制夷狄"的方法之一。嘉靖六年(1527年)十二月,王阳明初至广西,针对广西地处边地、民族杂居、民风"尤称强悍"③的特点,提出"境接诸蛮之界,最宜用夏变夷,而时当梗化之余,尤当敷文来远"④,"敷文"即"宣扬至仁,诞敷文德"。王阳明建立敷文学校后,亲临书院讲学,宣扬孔孟之经道冠礼,灌输纲常伦理道德,以仁德来感化少数民族。在他看来,"用夏变夷",效果甚好,天天"拘集该府县学诸生,为之勤勤开诲,

①　(明)王阳明:《王阳明全集》卷18,《别录十》,《案行广西提学道兴举思田学校》,上海:上海古籍出版社,2006年,第631页。

②　(明)王阳明:《王阳明全集》卷40,《和平县重修王文成公祠碑记》,上海:上海古籍出版社,2006年,第1532页。

③　(清)张廷玉:《明史·广西土司传》卷317,北京:中华书局,1974年,第8201页。

④　(明)王阳明:《王阳明全集》卷18,《别录十》,《批广西布按二司请建讲堂》,上海:上海古籍出版社,2006年,第626页。

务在兴起圣贤之学,一洗习染之陋"①,从思想文化上根除壮瑶等少数民族的反抗斗争,巩固明王朝的统治。

那么,如何解读王阳明"以夏变夷"思想呢? 王阳明这一思想形成的条件是什么呢? 我们认为有如下几点值得重视:

第一,对传统夷夏观的继承。"以夏变夷"是中国传统民族思想的重要组成部分,是"夷夏之辨"思想的一体两面的重要内容之一。一方面我国古代思想家强调"华夏"与"夷狄"的对立;另一方面他们认为"远人不服,则修文德以来之"②,认为少数民族叛服无常,其根源就是不知礼仪,要通过汉族先进的文化去感召周边的少数民族,使其知礼仪,以此来提升少数民族的文明程度。这一思想历经汉、唐的发展,成为汉族政治家、思想家治理少数民族地区的主要理论之一。从王阳明改造贵州等地少数民族的具体措施和他的有关言论来看,这些思想观念已经深深地烙印在他的脑海中,并成为这一思想的实践者。王阳明身为明朝重臣,官至南京兵部尚书,从明王朝统治者的立场出发,"盖蛮夷之性,譬犹禽兽麋鹿"③,为避免广西土司生乱和壮瑶等少数民族造反,他认为唯有创办书院,方可"以淑人心"④。

第二,王阳明"以夏变夷"思想的前提是"夷"具有后天向着真善美的方向改变的属性。王阳明从其儒家心学"性善论"出发,认为少数民族由于地理环境的差异导致他们的认知能力和认识视野与中原的汉民族有巨大的差异,但只要认真学习华夏先进的礼仪,通过不断的教化,也可以成为圣人和人们敬仰的典范。因

---

① (明)王阳明:《王阳明全集》卷18,《别录十》,《牌行委官季本设教南宁》,上海:上海古籍出版社,2006 年,第 635 页。

② 《论语·季氏》。

③ (明)王阳明:《王阳明全集》卷14,《别录六》,《处置平复地方以图久安疏》,上海:上海古籍出版社,2006 年,第 480 页。

④ (明)王阳明:《王阳明全集》卷30,《续编五》,《批苍梧道创建敷文书院呈》,上海:上海古籍出版社,2006 年,第 1123 页。

此,在龙岗书院,他和诸生一起修身养性,并订立了四条标准,"一曰立志,二曰勤学,三曰改过,四曰责善"①。王阳明的这一认识还反映在当地宣慰司安贵荣让王阳明题写的《象祠记》中,"人性之善,天下无不可化之人。使知人之不善,虽若象焉,犹可以改。而君子之修德,及其至也,虽若象之不仁,而犹可以化之也"②。可见,王阳明是以文化为标准来区分"华""夷",是开放性的"华夷之辨"。

第三,王阳明实施"以夏变夷"的教化思想有其现实的基础。王阳明意识到如果不采取羁縻之道的教化措施,而实行武力镇压或者整齐划一进行"改土归流",会激起更大的民怨,甚至广西、云贵一带的近邻交趾会趁内讧侵扰明朝,引起更大的祸患。因此,王阳明决定采取"因俗化导",用儒家文化的德行感化少数民族,增加他们对中央政权的认同感和归属感,并以此体现朝廷"恩德"的力量。

王阳明这一思想具有鲜明的时代价值,提倡用先进的文化和文明改变落后地区的思想,代表了人类的进步和社会发展的方向。虽然说传播汉族先进文化,是出于"以夏变夷"的目的,但在客观上产生了积极的效果,不仅使民族地区的教育得以逐步发展起来,还促进了汉族和少数民族地区的融合,尤为重要的是增加了民族认同感,这是中华民族得以发展的重要条件。

二、"以蛮制蛮,土流兼治"

"以蛮制蛮,土流兼治"是王阳明民族思想的重要内容。

这一思想主要表现在嘉靖七年(1528 年),王阳明平定了广

---

① （明）王阳明:《王阳明全集》卷26,《续编一》,《教条示龙场诸生》,上海:上海古籍出版社,2006 年,第 974 页。

② （明）王阳明:《王阳明全集》卷23,《外集五》,《象祠记》,上海:上海古籍出版社,2006 年,第 894 页。

西思恩土府和田州土府为争权夺利而发动的动乱之后，面临着如何善后才能使这一地区长治久安的问题。王阳明在查勘了田州的地理形势及其民情后，向皇帝上疏，"田州切邻交趾，其间深山绝谷，皆瑶壮之所盘踞，动以千百，必须仍存土官，则可籍其兵，以为中土屏蔽若尽杀其人，改土为流，则边鄙之患，我自当之"①。

王明阳提出"以蛮制蛮"观点有充分的理论依据，这一理论有如下三点作为支撑：

第一，"以蛮制蛮"是历代中央王朝对周边少数民族的治理方式之一。汉代晁错就提出了"以蛮夷攻蛮夷"的观点，认为这样做的好处是可以"不烦华夏之兵，使其同类自相攻击"②。王阳明也承袭"以蛮制蛮"思想，尊重南方少数民族的风俗，因时因势地采取了"匜其情，不违其俗；循其故，不异其宜"的政策。

第二，"以蛮制蛮"思想的产生是建立在对当地情况了解的基础上。明朝中叶，土司地区生产力发展，处于上升阶段，土官有一定的权威。王阳明在处理田、思叛乱时，地方土官称"本府原系土官，自改立流官，开图立里，土俗不便，奈缘小人冥顽，不谙汉法，屡次扰乱不定，更望俯顺夷情，仍复目甲，使得办纳粮差，实为万幸"③。王阳明也认识到了思、田等地是明王朝南疆的军事重镇，明王朝可以依赖土民来保卫边疆。

第三，"以蛮制蛮"思想吸取了之前因"改流"而造成危害的经验教训。王阳明在上疏中提到，"思恩自设流官以来，十八九年之间，反者五六起，前后征剿，曾无休息，不知调集军兵若干，费用粮饷若干，杀伤良民若干，朝廷曾不能得其分寸之益，而反为之忧劳征发，浚良民之膏血，而涂诸无用之地，此流官之无益，亦断然

---

　　① （明）王阳明：《王阳明全集》卷14，《别录六》，《赴任谢恩遂陈肤见疏》，上海：上海古籍出版社，2006年，第465~466页。

　　② （汉）班固：《汉书·晁错传》卷49，北京：中华书局，1962年，第2281页。

　　③ （明）王阳明：《王阳明全集》卷13，《别录六》，《奏报田州思恩平复疏》，上海：上海古籍出版社，2006年，第468页。

可睹矣"①。

王阳明意识到土官土司割据一方的危害,即"十余年后,其众日聚,其力日强,则其志日广,亦将渐有纵肆并兼之患"②,因此为了牵制和约束土官的权力,使他们不能肆意行事,"必特设流官知府以节之"③,以维护边疆安全和国家统一。王阳明在流官的选择和运用上有自己创新的想法,表现了其智慧和远见。首先,在王阳明看来,选拔流官的标准是,"非得忠实、勇果、通达、坦易之才,未易以定其乱。有其才矣,使不谙其土俗,则亦未易以得其本心。得其心矣,使不耐其水土,亦不能以久居其地,以成其功。故用人于边方,必兼是三者而后可"④。所以王阳明推举才能出众、熟悉当地民情的李乔木出任田州同知。其次,王阳明还对流官知府在属地管理方面做出了具体的规定,"虽不治以中土之经界,而纳其岁办租税之入,使之知有所归效;虽不莅以中土之等威,而操其袭授调发之权,使之知有所统摄;虽不绳以中土之礼教,而制其朝会贡献之期,使之知有所尊奉;虽不严以中土之法禁,而申其冤抑不平之鸣,使之知有所赴诉"⑤。最后,王阳明在流官知府处,设土目一人,通达土情,以防"上下之情,亦有捍格"⑥。

---

①　(明)王阳明:《王阳明全集》卷14,《别录六》,《赴任谢恩遂陈肤见疏》,上海:上海古籍出版社,2006年,第465页。
②　(明)王阳明:《王阳明全集》卷14,《别录六》,《处置平复地方以图永安疏》,上海:上海古籍出版社,2006年,第481页。
③　(明)王阳明:《王阳明全集》卷14,《别录六》,《处置平复地方以图永安疏》,上海:上海古籍出版社,2006年,第481页。
④　(明)王阳明:《王阳明全集》卷15,《别录七》,《地方缺官荐才赞理疏》,上海:上海古籍出版社,2006年,第498页。
⑤　(明)王阳明:《王阳明全集》卷14,《别录六》,《处置平复地方以图永安疏》,上海:上海古籍出版社,2006年,第481页。
⑥　(明)王阳明:《王阳明全集》卷30,《续编五》,《委土目蔡德政统率各土目牌》,上海:上海古籍出版社,2006年,第1104页。

三、"可抚则抚,可捕则捕"

"可抚则抚,可捕则捕"是王阳明对少数民族起义的态度和基本原则。

在王阳明看来,安抚民众是统治少数民族地区的绝好策略。嘉靖初年,广西田州知府岑猛与思恩土知府发生争权夺利的战争,王阳明作为两广总督兼巡抚,来广西平乱,在内阁主张用兵的情况下,王阳明主张招抚。他认为,"看得各处盗贼,全在抚处得宜,绥柔有道,使之畏威怀德,岁改月化,自然不敢为恶,乃为善策"①。王阳明采取"抚"的原因是什么呢? 我们可以总结为以下四点:

第一,受诸子百家中孙子与荀子思想的影响。王阳明认真学习兵法,"凡兵家秘书,莫不精究"②。比如王阳明认为的"兵凶战危,圣人不得已而用之者也"③,与《孙子兵法》的"首曰'未战',次曰'拙速',此曰'不战,屈人兵'"思想一脉相承。王阳明所说的"用兵之法,伐谋为先"来自《孙子·谋攻篇》中"上兵伐谋,其次伐交,其次伐兵,其下攻城"思想。其"处夷之道,攻心为上"之说,则继承了孟子"以力服人者,非心服也。力不赡也,以德服人者,中心悦而诚服也"④的思想。

第二,王阳明权衡利弊,清醒地认识到征战的危害和安抚的恩惠。由于连年战火,广西思、田等地已经"官府民居,悉已烧毁破荡。虽葺屋寻丈之庐,亦遭翻挖发掘,曾无完土。荒村僻坞,不

---

① (明)王阳明:《王阳明全集》卷18,《别录十》,《批岭西道抚处盗贼呈》,上海:上海古籍出版社,2006 年,第 629 页。

② (明)王阳明:《王阳明全集》卷33,《年谱一》,《自成化壬辰生至正德戊寅征赣》,上海:上海古籍出版社,2006 年,第 1224 页。

③ (明)王阳明:《王阳明全集》卷32,《补录》,《武经七书评》,上海:上海古籍出版社,2006 年,第 1185 页。

④ 《孟子·公孙丑下》。

遗片瓦尺椽。伤心惨目,诚不忍见"①,"男不得耕,女不得织,数千里内骚然涂炭者两年于兹"②。社会生产遭到极大的破坏,人民流离失所,不宜再发生战争。王阳明还举例说明,如果再穷兵黩武,则必带来多费粮饷,不足以振扬威武、信服诸夷等"十患"。相反如果"罢兵而行抚,抚之有十善",这"十善"中最主要的是"活数万无辜之死命""百姓无椎脂刻髓之苦"、戍兵"免于疾病死亡脱锋镝之惨""省夫马之役、贫民解于倒悬"③等,在这样的情况下,王阳明决定"罢兵而行抚"。

第三,王阳明认为这只是夷狄内部的争权夺利,没有反叛和推翻明王朝之意。王阳明来到广西后,经过调查了解到思恩、田州起兵的真相"已非一朝一夕之故"④,其深层原因是"两广之役,起于土官仇杀,比之寇贼之攻劫郡县,荼毒生灵者,势尚差缓,若处置得宜,事亦可集"⑤。根据这些实际情况,王阳明提出了"宜抚不宜剿"的治乱方针,"修我军政,布我威德,抚我人民,使内治外攘,而我有余力,则近悦远怀,而彼将自服"⑥。因此,他到达南宁后,即与土司头目卢苏、王受谈判,为表诚意,王阳明首先下令撤除守兵,卢苏、王受非常感激,立即撤除守备,率领其众归附明王朝,这样王阳明用非暴力之策平息思、田动乱。

第四,王阳明从封建统治者的内部找到少数民族叛乱的根本

---

① (明)王阳明:《王阳明全集》卷14,《别录六》,《地方紧急用人疏》,上海:上海古籍出版社,2006年,第477页。

② (明)王阳明:《王阳明全集》卷14,《别录六》,《奏报田州思恩平复疏》,上海:上海古籍出版社,2006年,第471页。

③ (明)王阳明:《王阳明全集》卷14,《别录六》,《奏报田州思恩平复疏》,上海:上海古籍出版社,2006年,第473页。

④ (明)王阳明:《王阳明全集》卷14,《别录六》,《赴任谢恩遂陈肤见疏》,上海:上海古籍出版社,2006年,第463页。

⑤ (明)王阳明:《王阳明全集》卷14,《别录六》,《辞免重任乞恩养病疏》,上海:上海古籍出版社,2006年,第461页。

⑥ (明)王阳明:《王阳明全集》卷24,《别录六》,《赴任谢恩遂陈肤见疏》,上海:上海古籍出版社,2006年,第463页。

原因。王阳明分析和了解广西思、田起义的来龙去脉之后,认为:"思、田之事,本亦无大紧要,只为从前张皇太过,后来遂不可轻易收拾。所谓天下本无事,在人自扰之耳"①,深层次地指出明代少数民族起义的根源是封建吏治腐败。以兼济天下为己任、立志于做圣贤的王阳明自然希望明廷能够振乾纲,以维护社会的安定。

从实践效果来看,王阳明的安抚工作在思、田事件中大告成功,兵不血刃地保存了"数万无辜之众",稳定了南疆的局势,在客观上也有利于社会经济的恢复和发展。

王阳明对广州思、田起义采取"安抚"政策的同时,对八寨断藤峡的少数民族则采取了军事剿灭的镇压手段来对待。王阳明在上疏中表明了镇压的决心和魄力,"两征不已至于三,三征不已至于四,务在殄灭,以绝祸根"②。王阳明这一思想形成的原因主要源于以下几点:

首先,与他少年时期的经历有关。在青少年时期就已立下安邦治国、抵御外侮大志的王阳明,对军事发生浓厚的兴趣。成化二十二年(1486 年),15 岁的王阳明"出游居庸关,即慨然有经略四方之志,询诸夷种落,悉闻备御策,逐胡儿骑射,胡人不敢犯,经月始返"③。20 岁以后,王阳明"益好言兵,且善射"④。弘治十二年(1499 年)中进士,观政工部,外敌猖獗,朝廷下诏求言,王阳明复命上边务事,提出抵抗外族入侵的"便宜八事"以备采择:"一曰蓄材以备急;二曰舍短以用长;三曰简师以省费;四曰屯田以足食;五曰行法以振威;六曰敷恩以激怒;七曰捐小以全大;八曰严

---

① (明)王阳明:《王阳明全集》卷 21,《外集三》,《与黄宗贤》,上海:上海古籍出版社,2006 年,第 831 页。

② (明)王阳明:《王阳明全集》卷 15,《别录七》,《八寨断藤峡捷音疏》,上海:上海古籍出版社,2006 年,第 505 页。

③ (明)王阳明:《王阳明全集》卷 33,《年谱一》,《自成化壬辰生至正德戊寅征赣》,上海:上海古籍出版社,2006 年,第 1222 页。

④ (清)张廷玉:《明史·王守仁传》卷 195,北京:中华书局,1974 年,第 5160 页。

守以乘弊。"①王阳明所陈述的每一点都切中时弊,显示了他非凡的军事见解。

其次,与他"知行合一"的思想一致。王阳明致力于社会政治活动,不纠缠于言语的论辩,不赞成朱程理学的"知先行后"的空谈风气,所以王阳明的民族思想来源于实践调查,并且有了新思想后,积极实践于生活中。王阳明处于明朝由盛转衰的危机时期,日渐剧烈的社会变迁和腐朽的统治,使得农民起义尤其是少数民族起义频繁爆发,严重威胁明王朝的长治久安。而王阳明作为明朝命官,身负儒家思想治国平天下的使命感和责任感,殚精竭虑地为拯救社会危机而操劳,发挥自己的军事才能,镇压农民起义。

最后,与当时民族矛盾的尖锐有很大关系。王阳明深深地感到断藤峡民族起义形势十分严重,意识到斗争的复杂性和镇压的困难,王阳明还分析总结了此次起义的四大特点:一是持续时间长。自嘉靖以来,明朝吏治日趋腐败,南方各族人民生活极为困苦,这一地区的民族矛盾不断激化,由于明政府征剿不力,已经延续一百多年,"则虽调十数万之众,以一二年为期,亦未易平荡了事"②。面对严峻的时态,他认为这次起义,不可只靠德化来解决,必须用征伐以剿灭之。二是规模大。起义人数达数万之众,王阳明在书中写道:"惟八寨之贼,每寨有众千余,……八寨为之一呼,则群贼皆应声而聚,故群贼之于八寨,犹车轮之有轴、树木之有本,若八寨不除,则群贼决无衰息之期也。"③而且地形复杂,"四山环合,同据一险,无事则分路出劫,有警急奔入其巢,数千之众皆

---

① (明)王阳明:《王阳明全集》卷9,《别录一》,《陈言边务疏》,上海:上海古籍出版社,2006年,第285~286页。

② (明)王阳明:《王阳明全集》卷15,《别录七》,《征剿捻恶瑶贼疏》,上海:上海古籍出版社,2006年,第493~494页。

③ (明)王阳明:《王阳明全集》卷15,《别录七》,《处置八寨断藤峡以图永安疏》,上海:上海古籍出版社,2006年,第511页。

不纠而聚,不约而同,不谋而合,故名虽为八寨,实则一寨"①。他们相互配合,依靠险要地形,多次打退明军的围剿,增加剿灭的难度。三是范围日趋扩大。八寨的地域东连柳州三都、迁江北四,西至东兰等州,北接庆远、忻城东欧、八仙,南达思恩、宾州、上林等地,方圆五百余里,是壮族聚居之地,亦有瑶、汉等其他民族,以断藤峡地区为活动中心,上与八寨,下与仙台、花相等地农民起义相呼应,形成燎原之势。四是危害性大。王阳明首先分析了当时八寨壮瑶农民起义的情况,"各贼之恶,委已数穷贯满,神怒人怨,难复逭诛"②。时任史部侍郎的霍韬也有过这样的表达:"广西有八寨诸贼,犹人有心腹疾也。八寨不平,则两广无安枕期也。"③

那么,王阳明采取什么手段成功地镇压了少数民族的起义呢? 主要有以下两点:第一,欲擒故纵。为了麻痹八寨、断藤峡壮瑶起义者的警惕性,使之产生懈怠之感,王阳明表面上撤销了集于南宁的官兵,暗中却秘密部署部队,然后发动突然袭击,四面攻围,导致壮、瑶起义者仓皇应战,伤亡惨重。第二,以夷攻夷。王阳明认为广西思、田头目卢苏、王受一定会"共竭效死之报,自备资粮,争先首敌,遂破贼险"④。因此,决定利用广西少数民族武装"狼兵"镇压八寨、断藤峡起义,以此来达到夷狄互相牵制,无力对付中央的目的。

作为一名成熟的政治家,王阳明在镇压八寨、断藤峡壮瑶人民起义后,用长远的发展的眼光看待此问题,为朝廷制订出一套加强统治的措施,以防止壮瑶等少数民族的反抗活动。

① (明)王阳明:《王阳明全集》卷15,《别录七》,《处置八寨断藤峡以图永安疏》,上海:上海古籍出版社,2006年,第511页。

② (明)王阳明:《王阳明全集》卷15,《别录七》,《征剿捻恶瑶贼疏》,上海:上海古籍出版社,2006年,第493~494页。

③ (明)王阳明:《王阳明全集》卷39,《世德纪·附录》,霍韬:《地方疏》,上海:上海古籍出版社,2006年,第1465页。

④ (明)王阳明:《王阳明全集》卷15,《别录七》,《八寨断藤峡捷音疏》,上海:上海古籍出版社,2006年,第507页。

第一,加强了边城守卫。在永安州增筑城堡,并选派有作战经验的土管率领士兵在此屯田防守,"所谓谋成而敌自败,城完而寇自解,险设而贼自摧,威震而奸自伏,正宜及今为之,而亦事势之不可已焉"①。

第二,将南丹卫从宾州移至八寨之周安堡,拨"各贼占据之田"②给官军耕种驻守,又在其周围别筑营堡与南丹卫官军相犄角,如此一来"各贼之脉络断,咽喉绝,自将沮丧,震慑其势,莫敢轻动。稍有反侧者,据险出兵而扑之"③,并且将地平广博而富饶的凤化县,移于三里,与新设于周安的南丹卫相呼应。

第三,割南宁府宣化县十里,用这种方式分割了叛乱集中的地区,弱化了整体实力,加强了中央的集权统治。

王阳明在抚思田、破八寨、袭断藤峡的过程中积累了大量的军事理论和实战经验,可谓战无不胜,攻无不克,为朝廷立下了赫赫战功,《明史》赞曰:"终明之世,文臣用兵制胜,未有如守仁者也。"④

---

① (明)王阳明:《王阳明全集》卷15,《别录七》,《处置八寨断藤峡以图永安疏》,上海:上海古籍出版社,2006年,第518～519页。

② (明)王阳明:《王阳明全集》卷15,《别录七》,《处置八寨断藤峡以图永安疏》,上海:上海古籍出版社,2006年,第512页。

③ (明)王阳明:《王阳明全集》卷15,《别录七》,《处置八寨断藤峡以图永安疏》,上海:上海古籍出版社,2006年,第512页。

④ (清)张廷玉:《明史·王守仁传》卷195,北京:中华书局,1974年,第5170页。

第三章　明孝宗时期的民族思想

第一节　明孝宗的民族思想

明孝宗朱祐樘,明朝第九位皇帝,明宪宗第三子,是明代中叶较为励精图治的贤君。明孝宗继位后面临严峻的边患形势:北部的宿敌蒙古鞑靼部再次强盛,并不断扰明;西部的土鲁番咄咄逼人,并对哈密有所企图;军备自"正统以后,边备渐弛"[1],至成化时,武备尤废,边军逃亡者十有八九,且又是老弱病残,不堪守战;马政大坏,马匹"倒死数多"[2],兵部分发的马匹也"多不堪骑战"[3]。明孝宗的民族思想正是在这种剑拔弩张的民族关系和颓废的边备中形成的。

一、改善北部边防积弱的现状

明孝宗对敌我双方实力做了对比之后,坚守不出,从未主动出击,但这种苟安思想并不是没有作为。明孝宗言:"朕方图新理政,乐闻说言,除祖宗成宪定规不可纷更,其余事关军民利病,切于治体,但有可行者,诸臣悉心开具以闻。"[4]可见,明孝宗希望大臣们建言献策,以改变国家积弱的现状。在民族关系方面,明孝

---

① 《明孝宗实录》卷24,弘治二年三月丙寅。
② 《明孝宗实录》卷186,弘治十五年四月丙辰。
③ 《明孝宗实录》卷213,弘治十七年六月癸未。
④ (清)谷应泰:《明史纪事本末》卷42,《弘治君臣》,北京:中华书局,1977 年,第624 页。

宗采纳大臣的边备意见,针对北部边防空虚的种种弊端,陆续采取了一些有效措施。

第一,改善军队的经济待遇。明孝宗鉴于北部边军士卒不能及时换装以及长期军饷不给的窘迫境况,要求兵部尽快补充军队的兵饷和粮草。成化二十三年(1487年)十月,明孝宗赐蓟州、陕西、辽东、大同、山西、代州、宣府、偏头、宁夏、紫荆、延绥、居庸、甘肃等地,每人赏二两边银,"计六十一万五千三百二十余两"①。另外,还分发军衣、粮食等必备的物资,保障兵将的基本生活需求。

第二,整饬军队,提高战斗力。首先,完善武举法,定为三年一试,并确定武举考试内容为骑射、步射、策论,优者列职任官。其次,针对"各营军每多私役,官拨营作,负累尤堪。卫所差遣,需索百端,军不聊生"②的局面,下诏:"今后如役占军士五名以下降一级,五名以上者降二级。"③再次,操练团营。批准马文升实行新型操练制度,倡议"五日一操,以二日走阵下营,以三日演武"④,对各营官军提出更高的要求,必须做到"器械必须整齐,武艺必须精熟"⑤,并打破资格的限制,提拔出生于边防的武职官员。最后,修筑城垣、隘口、墩台以增强防御力量和囤积军粮的能力,从而提高守备实力。

第三,整顿马政。马政是对官用马匹的牧养、训练、使用和采购等的管理,明孝宗意识到马政对于改善处理民族关系和提高军备的重要性,着手对马政进行整顿。首先,整顿被侵占和非法垦种的牧马草场。弘治二年(1489年),明孝宗派官员到南北直隶、陕西、辽东等地,勘探了牧马草场的被占情况,下令"树封墩植

① 《明孝宗实录》卷5,成化二十三年十月癸巳。
② 《明孝宗实录》卷222,弘治十八年三月己酉。
③ 《明孝宗实录》卷15,弘治元年六月戊申。
④ (清)张廷玉:《明史·兵志一》卷89,北京:中华书局,1974年,第2118页。
⑤ 《明孝宗实录》卷15,弘治元年六月戊申。

榆柳立界至,以专牧放"①。但并没有达到预期的效果,侵占者未退还,垦耕者也未退耕。其次,整顿种马。弘治六年(1493年),太仆少卿彭礼奏,"马驹岁课无穷,而民间户丁生长有限,以有限之丁养无穷之驹,民困何由而苏?"②请定种马额,明孝宗同意后,下诏执行,"乃定两京太仆种马、儿马二万五千、骒马四之"③,并行二年纳驹制度,人民的负担有了相对减轻。最后,整顿官军骑操战马。建立了印信文簿,明确喂养责任,降低了倒死数字,提高了使用率。

第四,整顿盐法。自明太祖洪武四年(1371年)为了解决"九边"粮食供给问题,实行开中盐法,将盐的专卖权让予商人,实行了"召商输粮而与之盐"④的"开中制",专以备边,从此"盐法边计,相辅而行"⑤。但到了弘治年间,吏治腐败,外戚宦官占窝,垄断开中,盐法大坏,贩卖私盐盛行。明孝宗为了扭转安危,对盐法进行整顿。首先,明孝宗登基伊始,即派刑部右侍郎彭韶前往全国最大的两淮盐场,并做了如下要求:一是亲历各场,查盘清理,禁革奸毙。二是严肃盐法,奖赏分明,严禁贩运私盐和越界买卖。三是严查每年所收盐课,私盐没收归官府所有,不许容情。四是不许私人占领林场、草场,并资助贫苦灶丁。其次,允许余盐合法化。明孝宗曾想完全恢复开中之法,派户部主事杨奇经理边储,将"召商于各关边卫地方上纳"⑥,但是效果很不理想。于是,弘治二年(1489年),余盐之议开始盛行,明孝宗又派李嗣到两淮通过余盐补正课的办法来增加边储,李嗣采取了一系列的措施,"令商人买余盐补官引,而免其劝借,且停各边开中,俟逋课完日,官为

---

① 《明孝宗实录》卷29,弘治二年八月辛卯。
② 《明孝宗实录》卷78,弘治六年七月丁酉。
③ (清)张廷玉:《明史·兵志四》卷92,北京:中华书局,1974年,第2272页。
④ (清)张廷玉:《明史·食货志四》卷80,北京:中华书局,1974年,第1935页。
⑤ (清)张廷玉:《明史·食货志四》卷80,北京:中华书局,1974年,第1935页。
⑥ 《明孝宗实录》卷8,成化二十三年十二月壬午。

卖盐,三分价直,二充边储,而留其一,以补商人未交盐价"①。最后,叶淇盐法变革。弘治五年(1492 年),户部尚书叶淇向明孝宗献计献策,"招商纳银运司,类解太仓,分给各边"②,令淮商以银代粟,实行开中折色制,规定每引输银三四钱不等,提高了商人的积极性,"盐课骤增至百万,悉输之运司,边储由此萧然矣"③,在一定程度上满足了边备军需。

明孝宗尽心改变明北部边防的空虚局面,控制和削弱了蒙古诸部的进攻,但因国力衰弱,边防积弊太深,明孝宗的改革并未从根本上改变明朝的边防。

二、对土鲁番由"闭关绝贡"到"出兵征伐"

在武功方面,虽然明孝宗并未劳师远征,但他也曾三次击败土鲁番,收复嘉峪关以西的土地,经营哈密。成化九年(1473 年),土鲁番侵掠并吞并了火州、柳城,"国日强"④,他利用哈密无人继嗣,王母弩温答失里主政之机,发兵攻破哈密,执其王母,夺朝廷金印,哈密民众有的逃至肃州城,有的遂随土鲁番而去。为了防止事态继续恶化,明孝宗采取两方面的应对措施,一面派人往谕土鲁番速檀阿力,"令其悔过自新,退还哈密境土"⑤,力求和平兴复哈密。一面派人敕谕赤斥蒙古等卫出兵,"会兵并力,以相卫翼",又令甘肃总兵等"张扬威武,相机以行"⑥,加大武力威慑的力度。弘治元年(1488 年),明孝宗封罕慎为忠顺王,十一月,土鲁番阿黑麻将罕慎诱杀,再次占据哈密,屡抗天命。弘治三年(1491 年),明孝宗迫不得已,正式下旨,"厚其赐赉,或拘留使臣,

---

① (清)张廷玉:《明史・食货志四》卷 80,北京:中华书局,1974 年,第 1939 页。
② (清)张廷玉:《明史・食货志四》卷 80,北京:中华书局,1974 年,第 1939 页。
③ (清)张廷玉:《明史・叶淇传》卷 185,北京:中华书局,1974 年,第 4895 页。
④ (清)张廷玉:《明史・西域一》卷 329,北京:中华书局,1974 年,第 8529 页。
⑤ 《明孝宗实录》卷 115,成化九年夏四月丙寅。
⑥ 《明孝宗实录》卷 115,成化九年夏四月丙寅。

却其贡物,敕责令悔罪"①,对土鲁番实行"闭关绝贡"政策,以此来达到不战而屈人之兵的目的。闭关政策实施以后,土鲁番就陷入了举步维艰、民不聊生的境地,让原本商业发达的土鲁番境内陷入了萧条的局面。最终弘治四年(1491年),土鲁番正式归还哈密的土地、印信。弘治五年(1492年),明孝宗立原忠顺王脱脱的表亲陕巴为忠顺王,哈密卫重新回归到大明的掌控之中。

后期,随着土鲁番的东山再起,哈密再次陷落,民众逃散,西部边陲局势再次严峻起来。弘治八年(1495年),在经过了朝臣的无数次争吵后,明孝宗终于下定了决心,命甘肃巡抚许进征讨土鲁番,先是联络甘肃境内的蒙古部落提供帮助,明孝宗敕谕哈密卫首领,"选所部精兵,密授方略",并派遣密探打听牙兰动静,"如果有机可乘,别无声息,星驰传报。甘肃守臣,统领大军压境,振扬威武,以为尔等声援。尔等俱听其节制,各帅本卫番兵,分路进攻,务齐心毕力,期于成功"②。十二月初一,明军进抵哈密,四面攻城,在大雪中发起了猛烈袭击,仅用一天时间,哈密全境收复,土鲁番军队溃逃。

明孝宗对土鲁番由经济上的"闭关绝贡"到军事上的"出兵征伐",原因有三点:

第一,具备了作战的经济实力。明朝自正统以后,内部统治日益腐败,弊端丛生,国库亏空,北部边防更是危机不断,在内忧外困之下,无人敢言战。因此经济和军事势力决定了明孝宗没有办法跟土鲁番决战来争夺哈密。经过明孝宗多年的励精图治,经济有所恢复,钱粮准备充足,军队经过兵部尚书马文升的整顿,战斗力大大提升,完全具备了作战的实力。

第二,"闭关绝贡"只是权宜之计或缓兵之计,无法从根本上解决民族问题,而且"绝贡"切断了土鲁番对明朝生活必需品的依

---

① (清)张廷玉:《明史·西域一》卷329,北京:中华书局,1974年,第8517页。
② 《明孝宗实录》卷102,弘治八年七月甲午。

赖,更加激起了土鲁番的反击和仇恨,矛盾的加剧使明孝宗不得不考虑武力征伐。

第三,"出兵征伐"不但震慑了土鲁番自身,更震慑了周边各民族,"诸番始知畏"①,足以证明军事威慑是必要的。

弘治十年(1497 年),在屡次遭受明军打击后,土鲁番正式交还被俘虏的陕巴,以及被掠夺的忠顺王金印,并派遣使者入京请罪,软硬兼施下,明孝宗终于赢得了哈密争夺战的胜利。次年,明孝宗重新册封陕巴为忠顺王,并帮助其修筑城池,安抚民众,使哈密地区迎来了久违的和平。

综上所述,我们看出一心想"中兴"的明孝宗,在处理与周边少数民族的关系时,常常表现出心有余而力不足的尴尬,除了与明朝中期国势衰微的大背景有关外,也与明孝宗个人的经历和所受到的教育有密切的关系。明孝宗受儒家思想的影响,自幼熟读经史,养成"仁孝恭俭"的品格。继位后明孝宗仍然手不释卷,经常阅读《孝经》《尚书》《朱熹家礼》《大明律》等,稍有疑问立即请教儒臣,人们称赞他是明朝最为遵循儒家伦理规范的皇帝。弘治十年(1497 年),明孝宗下诏"以后土官应袭子弟,悉令入学,渐染风化,以格顽冥。如不入学者,不准承袭"②,对土司子弟进行优待,鼓励土司子弟入国子监学习并免去入学考试。总之,明孝宗受"敬天法祖"思想以及错综复杂社会现实的影响,致使他不能大刀阔斧地革除前朝积弊,而只能在一定程度上做适当的改变。

第二节　王鏊的民族思想

明孝宗统治年间,力主中兴,广纳言路,"置亮弼之辅,召敢言

---

① (清)张廷玉:《明史·西域一》卷 329,北京:中华书局,1974 年,第 8519 页。
② (清)张廷玉:《明史·湖广土司》卷 310,北京:中华书局,1974 年,第 7997 页。

之臣,求方正之士,绝璧悻之门"①。弘治十四年(1501年),小王子"以十万骑从花马池、盐池入,散掠固原、宁夏境,三辅震动,戕杀残酷"②。面对北虏的入侵,明孝宗希望朝臣们勇于建言献策。于是,大臣王鏊的奏疏《上边议八事》便应运而生。王鏊字济之,号守溪,学者称震泽先生,吴县(今江苏苏州)人。成化十一年(1475年)进士,授编修,弘治时历侍讲学士,充讲官,擢吏部右侍郎,正德初进户部尚书、文渊阁大学士。王鏊的民族思想主要体现在他的奏疏《上边议八事》中,其"御敌八事"条条切中时弊,基本上体现了他的治边思想,具体分析如下:

第一,"定庙算"。在王鏊看来,要想国家安定,需要居安思危,有备无患。王鏊认为,有作为的帝王当在国家无战事时未雨绸缪,唯有此,当真有战争来临时,才会临危不惧。否则,平时高枕无忧,遇警就会手足无措。因此王鏊认为解决边患首先要解决的是内政,改革"嬖幸乱政,功罪不明,委而不专,法令不行,将不用命,边围空虚,民不见德"③的弊端,只有把功夫用到平时,加强自身的军备,才是上策。

第二,"重主将"。王鏊认为"将位贵殊,位不殊则混无统,权不专则散而不一"④,因此,应该设立总制,统一"事权"。当时,在边防线上的大员,内臣则有太监,武臣则有总兵,文臣则有都御史,若要调兵遣将,往往因意见分歧而作罢。而如果设立总制,沿边诸将通通听其节制,庶几事权归一,命令就不致受到阻挠,"无或阻挠,命出则出,命止则止,大同有急,宣府不得不援,延绥有急,大同不得不赴"⑤。只有这样,方可克服将不专任,权不专使,

---

① (清)谷应泰:《明史纪事本末》卷42,《弘治君臣》,北京:中华书局,1977年,第626页。
② (清)张廷玉:《明史·鞑靼传》卷327,北京:中华书局,1974年,第8477页。
③ 《明孝宗实录》卷170,弘治十四年正月丙子。
④ 《明孝宗实录》卷170,弘治十四年正月丙子。
⑤ 《明孝宗实录》卷170,弘治十四年正月丙子。

各将领相互掣肘的弊政。明孝宗采纳了王鏊的建议,弘治十五年(1479年),任命秦纮为首任三边总制,后杨一清又三任三边总制。三边总制的设置,号令统一,军纪严明,大大提高了边防的建设。

第三,"严法令"。王鏊建议军事大权全部交给总制,平时不听从命令以及临阵退缩者,立即斩首,以儆效尤。同时在"严法令"中,王鏊还强调了奖罚分明,"赏一人使人人皆劝,罚一人使人人皆惧"①,如果赏不当功,罚不当罪,就会起到相反的作用。所以王鏊强调,关键时刻"杀一人而生者亿千万人矣"②,只有赏罚分明,军队的士气和战斗力才可以提高。

第四,"恤边民"。王鏊分析了明朝的边政已败坏至极,城墙残破,尸横遍野,沿边人民终年守候在边境而没有保障,陷于苦难的深渊,再加上边将酷吏的盘剥,更使苦难有增无减,虽然有屯田,却不可充盈家粮。王鏊认为如若不加以抚恤民众,就不会得到边民的拥护和支持。因此,王鏊建议对边民,"宜给之兵械,丰其粮饷,厚其赏赐,其官舍应募,有功即加以官,且许其讲功论赏,其余者事己兵休,许以复业还农,不著其名于籍,则应募者必众"③。王鏊认为应该给士兵分发兵器和粮饷,如果是官府应招作战,有功就加封官职,加厚赏赐。战事停止时,恢复其本业,从事农桑,不列军籍,不世袭。王鏊还引用了古代名将李牧在镇守边境的时候,每日以椎杀牛用来犒劳将士,士兵都踊跃请求作战杀敌为例子增加自己的说服力。同时,王鏊还提议对边防死难的家属给予厚恤,"量为给赏,禄其子孙,其被掳之地,亦宜放免税粮一二年,庶人无内顾之忧,家有望外之喜"④,不可让他们孤苦伶仃,

① 《明孝宗实录》卷170,弘治十四年正月丙子。
② 《明孝宗实录》卷170,弘治十四年正月丙子。
③ 《明孝宗实录》卷170,弘治十四年正月丙子。
④ 《明孝宗实录》卷170,弘治十四年正月丙子。

无依无靠。

第五，"广招募"。王鳌认为招募士兵尽量用边兵，因为京兵"山川非所谙也，寒暑非所习也此"[①]，而边兵本就生长在边境，边境的山川险易，天气的冰霜雪地，是他们素来所熟悉的，也是他们所能忍受的。

第六，"用间"。王鳌认为，"伐谋"比"伐交"更容易取得成功，王鳌通过考察了解到和硕、小王子部"外虽相合、内实相忌"[②]。王鳌认为可以利用这一点，针对敌人内部制造混乱，挑拨他们的关系，造成更大的矛盾，我方可以坐收渔翁之利。

第七，"分兵"。在王鳌看来，"善用兵者，以少为多，不善用兵者，以多为少"[③]，他分析当今边境士兵加上应招入幕的民众有数万，应挑选其中勇敢的士兵，将其分为三或五部分，每日勤加练习，如若有敌虏来犯，就以其中的一支军队为先锋，一军断后，一军重点进攻敌虏的中坚力量，另一军急速袭击敌虏的军营。如此这般，"则我之所攻者，专彼之所备者"[④]，保证万无一失。

第八，"出奇"。王鳌认为："自古用兵未有不用奇兵，而能胜者也"[⑤]，即出奇制胜。他举例古有杨洪之采用此法在大同取胜，今有王越在红盐池亦用此术。现在敌营安扎在河套地区，难以与之抗衡，王鳌认为应该使用奇兵或用奇计，所以他招募敢死队士兵万人，令勇猛的将领如马仪、刘宁分别带领，等到敌虏来寇边时，固守战场，私下却密令此军，"星行掩袭，则我兵可以大胜，即不能胜，虏亦当惩艾"[⑥]。

综上所述，王鳌的《上议边八事》有理有据，所提出的改革意

---

① 《明孝宗实录》卷170，弘治十四年正月丙子。
② 《明孝宗实录》卷170，弘治十四年正月丙子。
③ 《明孝宗实录》卷170，弘治十四年正月丙子。
④ 《明孝宗实录》卷170，弘治十四年正月丙子。
⑤ 《明孝宗实录》卷170，弘治十四年正月丙子。
⑥ 《明孝宗实录》卷170，弘治十四年正月丙子。

见也是切合实际的。但由于他的建议不符合明孝宗的苟安思想，而清除军政腐败又必然要触动某些权要的利益，从而遭到极大的阻挠，明孝宗只批示"命所司知之"①，并没有按照王鏊的建议执行。

第三节　丘濬的民族思想

丘濬字仲深，号深庵、玉峰，别号海山老人，琼州琼台（今属海南）人。明代著名政治家、理学家、史学家、经济学家和文学家，海南四大才子之一，明成化、弘治年间的重臣，曾担任户部尚书兼武英殿大学士，明代史学家称他为"中兴贤辅""当代通儒"。丘濬生活的明朝中期正是明王朝由盛向衰、国力日渐式微的转变期，边防危机加剧，尤其是正统十四年（1449 年）发生的"土木之变"，给丘濬强烈震撼，以经世济民为己任的丘濬不得不思考民族出路问题。于是丘濬在南宋真德秀《大学衍义》的基础上，补其书中《大学》"八条目"的"治国平天下"之缺，发挥了儒家"经世致用"和"内圣外王"的特点，倾其毕生经历，写成了《大学衍义补》。《大学衍义补》全书 160 卷，以"治国平天下"为纲，下分十二目，可谓大百科全书式的治国方略，开启了明清时期"经世致用"的社会思潮。其中关于民族关系方面主要是"严武备"和"驭夷狄"，丘濬通过对这两个方面的阐述，认真总结了历代军事与边防得失以及前人的思想言论，体现了丘濬自己丰富的军事与民族思想，我们总结为"严内夏外夷之限"和"守备为主，不以攻为主"两大思想。

一、"严内夏外夷之限"

"严内夏外夷之限"是丘濬民族思想的核心。丘濬认为"天地

---

① 《明孝宗实录》卷 170，弘治十四年正月丙子。

间有大界限,华夷是也"①,丘濬把华夏与夷狄的地理范围做了区分,华夏民族居于内地,夷狄居于四方,并且认为这种格局是由天造地设的山川形势来界别的,是天经地义、不以人的意志为转移的。可见,丘濬是以分布区域的不同来区分、认识华夏民族和其他周边少数民族。丘濬在处理民族关系时,其策略无不体现了其"严内夏外夷之限"的思想,主要表现在以下几点:

首先,反对夷狄移民中原。在丘濬看来,"召异地内附,无异自决其防"②。丘濬历史知识渊博,善于从久远的历史经验中客观地思考民族关系,所以总是把历朝历代最典型人物的成败得失作为自己的理论依据。丘濬举例说明汉宣帝时迁徙羌于三辅,汉武帝时迁徙匈奴于云中两河,最终导致了"五胡乱华"之祸。丘濬敏锐地看到明初已经有大量蒙古人移居中国,其后历朝亦屡有编外夷入籍,丘濬便指出:"以今日论之,国初平定,凡蒙古色目人,散处诸州者,多已更易姓名,杂处民间,如一二稊稗生于丘陇禾稻之中,久之固已相忘相化,而亦不易于别识之也。"③的确,很多非汉族姓的少数民族进入中原后,纷纷改姓易名,与汉族慢慢融合,丘濬担心长此以往会重蹈"五胡乱华"的覆辙。因此,丘濬强调夷夏应各安本分,防止蛮夷族类进犯华夏族,侵犯疆土破坏礼制。

其次,反对重用胡将和胡兵。在丘濬看来,虽然"帝王用人不系世类"④,历史上也曾有汉朝的今日磾、唐朝的阿史那努被重用,但这都是偶然因素,用人应该"循其常,从其多,不可以其一二而

① (明)丘濬:《大学衍义补》卷144,《内夏外夷之限(下)》,北京:京华出版社,1999年,第1250页。

② (明)丘濬:《大学衍义补》卷144,《内夏外夷之限(下)》,北京:京华出版社,1999年,第1250页。

③ (明)丘濬:《大学衍义补》卷144,《内夏外夷之限(下)》,北京:京华出版社,1999年,第1254页。

④ (明)丘濬:《大学衍义补》卷144,《内夏外夷之限(下)》,北京:京华出版社,1999年,第1256页。

废其千百,以其偶然而遂不信其常然耳"①。丘濬认为不能因为少数的胡将为中原王朝立下汗马功劳,就放松对其戒备,即使汉化程度比较深的胡将,也很难保证他们对中原王朝的忠心。在他看来,"一旦而有风尘之警,疆场之变,我之势力强,气方壮,根本方固,彼固不敢有异志,不幸而我弱敌强,我负彼胜,则彼将持两端,观成败,以为去留,此等之事,不能无也"②,故他主张对于胡将不可尽用,亦不可重用,要于任用之中寓制驭之意。对于有功勋的少数民族首领委以显任,但在重要职位的任用上,必须进行限制,防止他们专权。至于借胡兵,他则坚决反对,"夫夷狄,豺狼也,不可与共事。有之未必成功,无之未必败事。方吾有事,借助其力,虽若可以快一时之意,然后日之害,不能保其必无也。自高祖其举之后,后世中国之君往往借兵蛮夷。然得其利也无几,而受其害也亦多矣。彼恃其有劳于我,邀求无已,予之则无有已期,不予则遂成衅隙。卒之为中国之蠹,生民之扰。较之所借助者奚翅什百。甚者宗社因之而亡,唐于突厥、回纥,宋于女真、鞑靼,可鉴也已。呜呼,君子做事谋始,可不戒哉"③。丘濬的顾虑不是没有一点根据,考究史实,则可知后患无穷,唐借回纥以平内乱,夷并沿途抢掠,民生大困;宋借金兵灭辽,借蒙古兵灭金,最后却为蒙古所灭。

最后,反对"世儒"对蒙古族建立的元朝的认可。丘濬认为,"鞑靼远在朔漠不毛之地,衣皮而不布帛,茹肉而不菽粟,无宫室之居,无彝伦之理,其去禽兽也者几希。一旦恣其狼虎之毒,戕我中国之主,据我帝王所自立之地,统我华夏衣冠礼仪之民,彼自称曰皇帝,吾亦从而皇帝之,生其时者,在其陷阱之中,刀锯之下,固

① (明)丘濬:《大学衍义补》卷144,《内夏外夷之限(下)》,北京:京华出版社,1999年,第1256页。

② (明)丘濬:《大学衍义补》卷144,《内夏外夷之限(下)》,北京:京华出版社,1999年,第1256页。

③ 李焯然:《丘濬评传》,南京:南京大学出版社,2005年,第178页。

无如之何也已矣。后世之史臣，又背吾孔子之家法，而忘我圣人《春秋》之大戒，世道之责将焉赖哉"①。丘濬评判了史家完全忘却了华夷的界限，认为这是有违天意和圣教的。

传统华夷观早在春秋时期就已经出现，经过上千年的发展，到了明朝中期，丘濬进一步提出了"严内夏外夷之限"，原因是什么呢？

第一，受先秦《禹贡》五服论的影响。《禹贡》中强调"甸、侯、绥为中国，要、荒已为夷狄"②，战国时期把"东夷""南蛮""北狄""西戎"，与中原华夏合称"五方之民"。到了两汉，这种观念随着"大一统"国家的稳固而得到强化，在汉族统治者"诛四夷，防夷狄"之论盛行之时，江统的《徙戎论》出笼，他对夷夏对立的论述无所不用其极，"夫夷蛮戎狄，谓之四夷，九服之制，地在要荒。春秋之义，内诸夏而外夷狄。以其言语不通，贽币不同，法俗诡异，种类乖殊；或居绝域之外，山河之表，崎岖川谷阻险之地，与中国壤断土隔，不相侵涉"③。正是基于这种认识，江统提出徙戎于其旧土的主张，认为"戎晋不杂，并得其所，上合往古即叙之义，下为盛世永久之规。纵有猾夏之心，风尘之警，则绝远中国，隔阂山河，虽为寇暴，所害不广"④，这实际上已明确表明，其徙戎之主要目的在于严华夏之防，使戎不得"猾夏"。丘濬从小勤奋好学，史载"家贫无书，尝走数百里借书，必得乃已"⑤，熟读儒家经典和历史文化典籍，其中夷夏之大防的思想无不对丘濬的夷夏观产生深远的影响。

第二，受明初方孝孺的影响。明初，许多士大夫强调华夷之

---

① 李焯然：《丘濬评传》，南京：南京大学出版社，2005年，第218页。
② （明）丘濬：《大学衍义补》卷143，《内夏外夷之限（上）》，北京：京华出版社，1999年，第1237页。
③ （唐）房玄龄：《晋书·江统传》卷56，北京：中华书局，1974年，第1529页。
④ （唐）房玄龄：《晋书·江统传》卷56，北京：中华书局，1974年，第1532页。
⑤ （清）张廷玉：《明史·丘濬传》卷181，北京：中华书局，1974年，第4808页。

防，其代表就是特别强调正统问题的方孝孺，他把中国历史朝代之相承分为"正统""附统"和"变统"三大类，汉唐宋"仁义而王，道德而治者"为正统，"夷狄而僭中国，女后而据天位"为变统，蒙古族建立的元朝统治中原，即为变统。同样作为明代大儒，方孝孺的正统论不可能不给丘濬很大的启发。

第三，受其所生活的时代背景影响。丘濬的宦海生涯主要是在英宗、宪宗年间，他目睹了明朝中期吏治腐败、边备废弛、边患严峻的现象。正统十四年（1449 年）爆发了耻辱的"土木之变"，五十万大军全军覆没。异族亡国的恐惧和阴影重新出现在明人的心中，随之而起的便是反夷情绪日渐高涨，丘濬的"严内夏外夷之限"思想便有了肥沃的土壤和现实根基。

二、"守备为本，不以攻战为先"

"守备为本，不以攻战为先"①被丘濬当作御夷狄的万世之法。在丘濬看来，治理夷狄的佳策，是礼让羁縻，主张"谨事四夷"，慎用武力。

丘濬在《大学衍义补》中周详地阐述了自己对战、守、攻的观点，"昔人谓战、守、和皆应敌之具，而非制敌之本。制敌之本，乃在夫可以战、可以守、可以和。……盖尽吾所以治中国者，则战之中有守、有和，守之中有和、有战，和之中亦有战、有守，如环无端，迭相为用。其变不同，则其所以应之者亦不一。……然就其三者而言之，上策莫如守，守而彼侵轶要求不已，然后量彼己，审势，或与之战，或与之和。所以战者，以固吾守，非利其有而侵之，所以和者，以安吾守，非畏其疆而屈之。是故战而彼吾服，吾亦不忘战而一于守；和而彼孚，吾亦不忘战而一于守。战也、守也、和也，皆应敌之具而所以用之以制敌者，在因其势、随其机、应其变，可以

---

① （明）丘濬：《大学衍义补》卷 150，《守边固圉之略（上）》，北京：京华出版社，1999 年，第 1301 页。

战,可以无战,可以和,可以无和。……然要其归,止于守吾之封疆而已。是则三者之中,则又以守为本焉"①。

因此,丘濬对发动战争的统治者颇有微词。他批判汉武帝不懂得"有华即有夷,有阴即有阳,岂有尽灭绝之理"②,认为汉武帝征战匈奴,"虽能制胜,快意于一时,然中国之人民死锋镝、膏野草,亦多矣"③。丘濬批评了明英宗冒险亲征,成为瓦剌战俘,大失明朝国威、军威。对明宪宗草率发动的数次"搜套"战争,丘濬也持反对态度,并认为轻启边衅的将领,虽有战功,亦应予以重罚,以儆效尤。

丘濬这一军事边防思想,体现出难得的民本思想,其思想的来源,我们主要从以下三个方面来阐述。

第一,受传统"兼爱"思想的影响。"兼爱"是墨家学派的主要观点,丘濬继承这一思想,他认为"天地之大德曰生。而其所以生者,以人为贵",丘濬进一步阐述,"所谓民者,岂止中国之民哉?凡天地所覆载,具形体有知识者,皆吾赤子也。圣人一视同仁,兼爱夫内外远近之民,惟恐一人之或失其所,苟限区域而为之爱恶,于遐外之民,必欲剿戮灭绝之,岂父母之心哉?"④可见丘濬把"兼爱华夷之民"看作是天之大道,"天德好生而立君以养民,夷狄入吾境,贼吾民,不得已驱而出之,使吾民不罹其害,可也。彼不犯吾边,乃无故兴兵出塞,求而击之,其曲直有在矣?夫圣人体天地

---

① (明)丘濬:《大学衍义补》卷147,《征讨绥和之义(下)》,北京:京华出版社,1999 年,第1283 页。
② (明)丘濬:《大学衍义补》卷156,《劫诱穷黩之失》,北京:京华出版社,1999 年,第1358 页。
③ (明)丘濬:《大学衍义补》卷156,《劫诱穷黩之失》,北京:京华出版社,1999 年,第1357 页。
④ (明)丘濬:《大学衍义补》卷156,《劫诱穷黩之失》,北京:京华出版社,1999 年,第1360 页。

以为心,兼爱华夷之民,使之各止其所,而不相侵害,天之道也"①。

第二,受前朝思想的影响。在漫长的古代,中国对周边少数民族是否采用武力,逐渐形成了"多事四夷"和"守在四夷"两种观点。"多事四夷"是指对边陲用武力征服为主的治边思想,从而在四夷地区建立比较稳固的政治统治,以汉代王舜和唐玄宗为代表,认为只有大规模出击才能使边疆稳定;"守在四夷"是指通过增强汉民族的实力,通过"德"来怀柔,让四夷对中原汉族自觉地归顺和降服,并且认为在国家积弱、军备松弛的情况下,征伐四夷只能是自取其辱,以唐代魏徵和北宋田锡、司马光为代表。田锡有完整、系统地阐述此理论的《守在四夷论》,强调"仁""德"在处理民族关系中的重要性,司马光更是提出了"怀柔优于征伐"的思想,并认为征战的"多事四夷"导致海内枯竭和民不聊生。明初统一全国过程中,明太祖坚持凡战前必招抚,只有招抚不力才付诸武力,即使在战争中也反复强调:"克城之日,毋掳掠,毋焚荡,毋妄杀人。"②正是在这种强大的政治攻势下,部分蒙古贵族和百姓纷纷归顺。明朝建立后,明初大儒桂彦良认为,"天子有道,守在四夷,言以德怀之,以威服之,使四夷之臣,各守其地,此为最上者也。若汉武之穷兵黩武,徒耗中国而无益。隋炀之伐高丽,而中国起蠹。以唐太宗之明智,后亦悔伐高丽之非。是皆可以为鉴,非守在四夷之道也"③。因此作为大儒的丘濬不可能不受到前朝和明朝思想家的影响。

第三,与他所处时代的政治军事环境有关。丘濬分析当时形

---

① (明)丘濬:《大学衍义补》卷156,《劫诱穷黩之失》,北京:京华出版社,1999年,第1358页。

② 《明太祖实录》卷32,洪武元年五月辛卯。

③ (明)陈子龙:《皇明经世文编》卷7,桂彦良:《上太平治要十二条》,北京:中华书局,1962年。

势,"所以梗吾治者,其大在蛮夷,其小在寇贼"①,丘濬把强大的蛮夷当作明朝的心腹大患,此时的蛮夷主要指北方蒙古瓦剌,刚发生的"土木之变"使丘濬进一步认识到明朝边备的虚弱。因此,目前只能加强守备,扬长避短,以逸待劳,"内修者,外攘之本也"②。

还需要指出的是,丘濬并不是一味地防守和退缩,他同时也强调战争的重要性。他较之前人的高明之处在于他深刻地看到了军事战争贵在有备无患,因此,要求统治者"固封疆,备边境,完要塞,谨关梁,塞蹊径"③,丘濬在《大学衍义补》中阐述了这一思想,并提出了一系列有针对性的对策。具体而言,主要有以下几点:

首先,居安思危,有备无患。丘濬认为:"备边有其要,不在于临时,而在于平日;御边有其道,不在于自用,而在于用人。"④他认为帝王既然知道中国之害在夷狄,就应该尽心于边疆的防守,要进行实地考察,对于"山川之险易、营垒之远近、戍卒之多寡、糗粮之有无、敌人之向背、将领之壮怯",要了然于胸,如此才能准确知道,"某处当设为营堡,某堡当加军守备,某墩台可废,某蹊隧可塞,某可宜屯种,某处宜牧蓄"⑤。

其次,固守京师是根本。丘濬借鉴历史教训,认为靖康之耻的发生与当时不重视范仲淹的提议,而放松京城戒备有很大的关系。因此丘濬提议,趁国家没有大的战事,修备京师外围的工事,

① (明)丘濬:《大学衍义补》卷143,《内夏外夷之限(上)》,北京:京华出版社,1999年,第1236页。
② (明)丘濬:《大学衍义补》卷148,《修攘制御之策(上)》,北京:京华出版社,1999年,第1285页。
③ (明)丘濬:《大学衍义补》卷150,《守边固圉之略(上)》,北京:京华出版社,1999年,第1301页。
④ (明)丘濬:《大学衍义补》卷150,《守边固圉之略(上)》,北京:京华出版社,1999年,第1306页。
⑤ (明)丘濬:《大学衍义补》卷149,《修攘制御之策(下)》,北京:京华出版社,1999年,第1297页。

以防止"土木之变"悲剧的再次发生。

再次,修筑长城。丘濬看来,"若夫封疆之固,边境之备,是其所防者,内恐盗贼之窃发,外恐夷狄之侵陵。虽以无事之时,亦必岁岁为先事之备。于要塞也则完之,以扼其要冲;于关梁也则谨之,以严其出入。然非但于人马可行之地而致其备,则凡野兽往来之径,仅可容足者,亦无不致其谨焉"①。虽然丘濬认为秦始皇修长城劳民伤财,怨声载道,但不能因噎废食,对人民来说,暂时可能劳累,但可以一劳永逸。

复次,慎选边才。丘濬对此强调三点:一是储才在平时。丘濬认为,"国家之储才,如人家之蓄器物,闲时求而收之,急时出而用之,则无缺绝之患矣。人才有文武二途,文才随取而随用,取即有之,惟武才不常用,然亦不常有也,须多方以求之,诸路以来之,积之于无用之地,以侯夫一时之需,然后仓急不至于乏人用也"②;二是选将的办法要突破官职的限制,只要有谋略、有胆气、善骑射都可以得到重用;三是禁用监军和宦官,丘濬要求树立君主和将领的权威,认为有"人君必能将将,然后将效其力,将必能将兵,然后兵尽其技"③。

最后,重整兵屯。明中叶,边屯被破坏,即使是内地的卫所屯田也基本破坏,尤其是成化年间,卫所屯田为官僚豪军侵占盗卖,军丁、军户被迫逃亡。丘濬认为屯田刻不容缓,他在《大学衍义补》中多次提到整顿兵屯的建议和措施,主张七分守城,三分耕种,且耕且守,自食其力。为了激励将士守边,丘濬主张"悯其苦

① (明)丘濬:《大学衍义补》卷150,《守边固圉之略(上)》,北京:京华出版社,1999年,第1302页。
② (明)丘濬:《大学衍义补》卷130,《将帅之任(中)》,北京:京华出版社,1999年,第1127页。
③ (明)丘濬:《大学衍义补》卷130,《将帅之任(中)》,北京:京华出版社,1999年,第1117页。

而知其劳,时加优恤,比诸内地乐而逸者,有过而无不及"①。如此,才能人心归一,军威大振。

　　丘濬自幼博览群书,熟悉历史上处理民族关系的经验和教训,能从古代贤者著作中得到启发和智慧,因而其民族思想比较系统,也具体而细微地反映了时代的需要,有裨国政。但丘濬的思想有其迂腐的一面,比如"严内夏外夷之限"限制了中原王朝和少数民族的经济文化交流,丘濬只看到了汉族和少数民族对立、区别的一面,没有看到其统一、联系和友好互助的一面。而且其思想的理论基础有些脆弱,其"夷夏之辨"的理论在明朝时期有些落伍,尤其是在经历过蒙古族贵族建立的元朝统一中原后,"大一统""华夷一家"已经成为很多政治家所追求的目标。所以丘濬再次提"严内夏外夷之限",限制少数民族进入中原就有些不识时务和曲高和寡,得不到广泛的支持,因而在当时并没有得到认同。

第四节　关于哈密卫弃与守的思想交锋

　　哈密地理位置十分重要,史称"东接甘肃,西距土尔番,其北有山,与瓦剌相界,横亘古代东西交通要道,为西北诸胡往来之衢要"②。洪武二十四年(1391 年),明太祖派军攻破哈密城。永乐四年(1406 年),明成祖加强了对哈密的管理,"设哈密卫,给印章,以其头目马哈麻火者等为指挥、千百户、镇抚,辜思诚、哈只马哈麻为经历,周安为忠顺王长史,刘行为纪善,以辅脱脱复命,脱脱凡部下头目可为指挥、千百户、镇抚者,具名来闻,授之以职"③。哈密正式成为明朝管辖的一个卫所,起到了明朝西北屏藩的

---

　　① (明)丘濬:《大学衍义补》卷 152,《列屯遣戍之制》,北京:京华出版社,1999 年,第 1326 页。
　　② (明)严从简:《殊域周咨录》卷 12,《哈密》,北京:中华书局,2000 年,第 412 页。
　　③ 《明太宗实录》卷 52,永乐四年三月丁巳。

作用。

明朝中期哈密问题的出现,主要是由于土鲁番对哈密的强占和掠夺引起的,土鲁番不是明朝的属国,但力量较强盛,又因距哈密较近,为了霸占贡路的控制权,不断向东扩张进行经济掠夺,使哈密"三绝"于明朝。成化九年(1473 年),土鲁番政权第一次倾覆哈密卫,明廷上下群情激愤,舆论基本上处于一边倒的情形,主张武力收复哈密。到了正德年间忠顺王拜牙归附土鲁番后,朝臣争议更加激烈,其中一部分赞成放弃哈密,一部分主张收复哈密,形成了主弃派和主守派。到嘉靖八年(1529 年),为时达半个多世纪的"弃守哈密"争议结束,主守派不得不面对现实,终以"置哈密不问,土鲁番许之通贡"①,放弃哈密。

一、主弃派

主要代表人物有余子俊、胡世宁、王琼、桂萼、许进等,他们认为,在当前的形势下,应弃守哈密。主弃派的观点,概括起来主要有以下几点:

第一,守之无益。在主弃派看来,哈密没有收复的必要。其一,兴复哈密徒增财政军费负担。自从罕慎以来,忠顺王三次被土鲁番抓去,并"视之为奇货,以为中国不可一日无哈密也。今日索金币,明日求进贡,今日送金印,明日还城池,假令自今不复言哈密事,彼当何为乎?"②可见,哈密成为土鲁番要挟明廷的砝码,正如胡世宁所认为不放弃哈密,只会"疲我中国,耗财劳师"③。况且哈密属于关西七卫之一,明朝与其只是一种羁縻关系,为关外卫消耗自己的力量得不偿失。其二,无人能守。胡世宁认为,哈

---

① (清)张廷玉:《明史·西域一》卷 329,北京:中华书局,1974 年,第 8526 页。

② (明)陈子龙:《皇明经世文编》卷 232,许进:《甘肃略论》,北京:中华书局,1962 年。

③ (清)张廷玉:《明史·胡世宁传》卷 199,北京:中华书局,1974 年,第 5262 页。

密卫统治下有回族、畏吾儿、哈剌灰，他们种族不和，人心涣散，回族部族原来就属于土鲁番，与土鲁番同心，哈剌灰、畏吾儿二族逃往肃州已久，部落已经散落，只剩下五六百人，即使收复哈密，得到城印也无人能守。余子俊就认为，"罕慎其国甥也，使之权国，亦恐同类不服"①。而且明朝夺过哈密之后无法驻扎大量军队，也无法对所在地进行有效的直接管理，只能放弃。其三，哈密卫已经失去了守护的价值。许进列举了放弃哈密的原因之一，就是"往建哈密，以其能制诸夷为藩蔽也，今不能矣，立之何益？是故盛衰之会殊，强弱之形异。哈密者，昔为要区，而今为散地"②。经过土鲁番的攻掠，哈密已经部众散落，残破不堪，"哈密夷众流亡之余，存者无几，纵使得其城池及印，卒难兴复"③，已失去"西陲屏藩"的作用。

　　第二，从双方军事力量对比来看，明国势军力衰弱，无力与强大的土鲁番争夺哈密。桂萼考虑到哈密卫残破的现状和陕西行都司的实际困难，提出收复哈密的"五不可"，其中有"两不可"指出了明与土鲁番势力的差距："今哈密之地必欲复兴，其势有五不可。城池颓坏、地土荒芜、农器子种不备，辄难修理，一不可也。……甘肃之地已为穷边，近来又荒歉，在官仓廪空虚，在民十室九空。甘肃西路虽新设游击三千人，马号为三千，其实不满二千，俱各卫新选之人。其势不足以慑土鲁，而庇护哈密，四不可也"④，在桂萼看来，兴复哈密已成为难以实现的事实。余子俊也指出了收复哈密的困难和不可行，"以羁縻夷兵随我官兵远出，数千里之外，地无水草，战士赍粮，意外之患，大有可虑。况番兵素

---

① 《明宪宗实录》卷180，成化十四年七月壬午。
② （明）陈子龙：《皇明经世文编》卷232，许进：《甘肃略论》，北京：中华书局，1962年。
③ 《明宪宗实录》卷156，成化十二年八月甲午。
④ （明）陈子龙：《皇明经世文编》卷181，桂萼：《进哈密事宜疏》，北京：中华书局，1962年。

有嫌隙,使其半途叛还,或随营失律,置之则难以成功,绳之则难保不叛"①。

嘉靖八年(1529年),王琼向明世宗上了一道言辞恳切、分析入理的奏疏:

> 盖师不可以轻举,寇未可以横挑。其大者有五焉:我之军额空存,百无一补而兵不足;屯田满望,十有九荒而食不充,一也。屡挫而怯,久戍而疲,我之锐气未振。长驱而入,满载而还,彼之逆焰方张,二也。我失瓦剌之援,进无所资,彼合瓜州之力而退有所据,三也。河东、临洮诸府,甘肃之根本,而伤夷未苏,关外赤斤诸卫,甘肃之藩篱,而零落殆尽,四也。西南巢海上之虏,防守难撤。东北梗山后之戎,馈饷难通,五也。况哈密地界群虎之中,今若大发兵粮,远冒险阻,强驱垂亡之部落,复还久失之封疆,是送羊入虎耳。挈兵而归则彼难独立,留兵以守则我难久劳,皆必危之道,非自然之策也。窃谓莫危于战,莫安于守。忠顺王之绍封,势宜加慎。土鲁番之求贡,理可俯容。②

在这道奏疏中,王琼理智地对明朝与土鲁番双方实力对比、明朝所面临的不利条件都做了详尽而有说服力的分析,阐述了不能立即收复哈密的五条理由。最后王琼没有故步自封,而是主张恢复与土鲁番的通贡,承认土鲁番对哈密的统治,保证哈密稳定的外部环境,趁机提高明军实力。

第三,应该把精力主要用于北方的瓦剌和南方的倭寇。胡世宁任兵部尚书时,认为威胁当时明朝统治的是"南倭北寇",尤其是北方蒙古部落更是心腹大患。他进一步具体分析甘肃之忧不是土鲁番,因为南有亦不剌,北有瓦剌,这些才是明朝的劲敌,哈

---

① 《明宪宗实录》卷180,成化十四年七月壬午。
② 《明世宗实录》卷100,嘉靖八年四月戊子。

密兴复与否,则无关全局。成化十四年(1478年),有大臣提出要出兵夺回哈密时,朝臣以"北虏南蛮"久叛、军饷未调发作为理由,主张"缓图"哈密之事,认为抵御蒙古人的侵犯是北部边防的首要任务,如果蒙古对明朝的威胁未得到消除或缓解,明朝对西北地区的民族问题无法有效应对。

第四,弃地不足为耻。自古以来,圣明的帝王莫不"务广德而不务广地","如尧、舜、夏禹,圣之盛者也,地不过数千里,而明德格天,四门穆穆。武丁、成王,商、周之明主也,地东不过江、淮,西不过氐、羌,南不过荆蛮,北不过太原,而颂声并作,号为至治。及秦、汉拓土,穷兵远略,虽疆理益广,而干戈日寻,府库之资屡空,生灵肝脑涂地,校功比德,岂可同年而语哉"①。在此传统观点的影响下,胡世宁言:"先朝不惜弃大宁交趾,何有于哈密?"②明成祖时期,为了报答兀良哈在"靖难之役"中的功劳,把孤悬边外的大宁卫让给兀良哈,内缩战线,这为主弃派放弃哈密提供了借口和理由。

二、主守派

主守派认为,土鲁番侵入哈密威胁到明朝的统治,明朝在哈密封王设卫的目的受到了影响,力主收复。主要代表人物是霍韬、王越、杨一清等,而霍韬的观点最为详尽和周全,霍韬在奏疏中曰:

> 自土鲁番攻陷哈密,夺我金印,据我城池,历年经月,未见底定。是以都御史陈九畴建议欲使献还城池,须令闭关绝贡。盖谓西番仰给中国,惟通贡可交易货物。若绝不通贡,则彼欲茶不得,

---

① (宋)李焘:《续资治通鉴长编》卷50,北京:中华书局,1979年,第1096页。
② (清)谷应泰:《明史纪事本末》卷40,《兴复哈密》,北京:中华书局,1977年,第596页。

发肿病死矣;欲麝香不得,蛇蛊为毒而麦禾无收矣。是故闭关绝贡所以扼西番之咽喉而制其死命也。惟彼贡路不通,死命不救,遂常举兵入寇,扰我甘肃。边臣欲与求成,故昨复有通贡之请。奉旨若土鲁番有悔罪真正番交,还哈密城池人口,即许通贡。是我圣上因通贡之机,广迁善之路,此中国待夷狄之体也。今闻土鲁番求贡。尚书王琼译进番文一十余纸,俱裔夷小丑之语,无印信足征之词,则土鲁番未有悔罪之实可知也。未悔罪而遽许通贡,戎心益骄,后难驾驭而边患愈滋矣。此其可虞者一也。哈密城池虽称献还,乃无番文足据。不知后日作何兴复?或者遂有弃置不问之议。夫土鲁番之无道也,图哈密久矣。我遂弃置不问,彼愈得志。将劫我罕东,诱我赤斤,掠我瓜沙,外连北夷,内扰甘肃,而边患遂炽矣。可虞者二也。牙木兰者,土鲁番腹心也。拥帐三千称降于我,然在牙木兰则曰来降,在土鲁番书则曰不知彼去向。以事理观焉,岂有拥帐三千远来款塞而土鲁番不知者?安知彼非诈降以饵诱我耶?他日犯边,则曰我纳彼叛人,彼来报复也。又曰我不归彼叛人,故彼不归我哈密也。则哈密永无兴复之期矣。彼拥众难遣,而我之边患愈无休息。可虞者三也。牙木兰之降也,廪饩口食仰给于我,费已不小。犹曰羁縻之策不得已也。若土鲁番拥兵扣关,称取叛人,将驱牙木兰而与之耶?彼则诡曰降以投生也,今出则死而不肯去矣。将从而纳之耶?臣恐为内应而有肘腋之忧。土鲁番拥兵于外,牙木兰为变于内,甘肃危矣。可虞者四也。或曰今陕西饥荒,甘肃孤危,尚虑不保,虽弃哈密可也。臣则曰保哈密所以保甘肃也,保甘肃所以保陕西也。若曰哈密难守则弃哈密,岂甘肃难守而亦弃甘肃可乎?因弃甘肃遂弃临洮、宁夏可乎?西北二边与虏为邻,退尺寸则失寻丈,是故疆场弃守之议不可不慎也。圣明在上,莅中国抚四夷,追复帝王之盛,以增光祖宗,乃轻弃祖宗疆场可乎?或曰汉弃珠崖,宣德间弃交趾,不可耶?臣则曰北狄南蛮,体势则殊,珠崖、交趾,吾欲弃之,置之化外而已,彼不吾毒也。若西北二边则据险以守,我一失险,则虏必据之矣。虏人据险,中国大患无穷矣。宋人西失宁夏,北失幽燕,国遂不振。然宋人且以汉弃珠崖藉口,是其学术误天下也,可不戒乎! 且交趾自秦迄唐入中国,为衣冠文物之邦者千年矣,非上官州郡化外之夷之比也。杨士奇援汉弃珠崖例,欲举版图十郡之地弃而不顾,所谓若考作室,乃弗肯堂者也,又足法乎? 或曰哈密自成化九年失之,二十年收复;弘治六年失之,十一年收复;正德六年失之,而袭封忠顺王者且降于土鲁番矣。今虽收复还之,将恐无之与守。劳中国以事外夷,非计也。臣则曰保全哈密,岂则赤斤、罕东声教联络,西戎北狄并受制驭;若失哈密,则土鲁番酋并吞诸戎,势力日大,而我之边患日深矣。是故保哈密所以保中国。昔者,太宗皇帝之立哈密,因胡元遗孽力能自立,故遂立之。彼借虚名而我享实利。今哈密之嗣三绝矣,天之所废,谁能兴之? 议者必求哈密之后而立焉,亦见其固也。苟于诸夷中,求其雄杰足以守城池护金印戢诸夷修贡赋力能自立者,即可因而立之。固不必求胡元之孽而立也。或曰弘治六年,土鲁番酋要我封爵,求王哈密矣,然则此时何不因遂立之,乃求胡元遗孽而立,启数十年之纷纷耶? 臣则曰,土鲁番酋志吞哈密,并为一国则将遂霸西戎,而连北狄。此时若假之封爵,是虎而借之翼者。拆为两国而控制之可也。今宜速遣间谍告诸西戎曰:中国闭关绝贡,非尔诸戎之罪也。土鲁番不道,灭我哈密,蹂我疆场,将兴问罪之师焉。故先闭关,制其死命。尔诸戎无罪,不得通贡实土鲁番之故也。有并力弹心,共灭土鲁番者,即封为忠顺王,授以金印,以主西戎。及谕牙木兰曰:尔旧土鲁番之腹心也,今降则我中国之藩翊矣。尔力能立于哈密乎,即以封尔。三年之后,尔能和辑哈密,即授尔金印为忠顺王,长为中国屏卫。则主哈密者虽前元之裔,亦不失为中国之体矣。权以通变,宜以趋时,是固边将之任,关外之责。朝廷勿预知焉,而假以便宜之权可也。或曰今日忍弃哈密,得已也。甘肃连岁凶荒,军士楞腹,求死不赡。在甘肃且凛凛,何有于哈密!昔我太宗皇帝之供边也,悉以盐利。其制盐利也,盐一引输边粟二斗五升,富商大贾悉于三边自出财力,以招游民,自垦边地,以艺菽粟,自筑墩台,以立城堡,岁时无饥。天顺、成化年后,遂变其法。凡商人种盐悉输银于户部,边贾耕稼积粟于无用,遂散业而归乡土。墩台遂日颓坏,城堡遂日崩拆,游民遂日离散,边地遂日荒芜。生齿凋落,地方困敝,千里沃壤,莽然蓁墟。稻米一石直银五两,此皆盐法更变之故也。然则安边足用之长策,莫善于太宗之盐法矣。今宜敕问兵部曰,土鲁番叩关求贡,有何可验印信悔罪番文?牙木兰来降真伪并哈密城池有何料理?收复务出万全之策,勿堕狡戎之谋。再敕户部曰,甘肃边粮累年缺乏,若何而为目下赈救之方?若何而为经久饶赡之策?详画上闻,取裁圣断。臣愚且见中国尊安,区区裔夷向背,付之边臣一叱咤而定矣。不烦圣明转侧西顾之忧也。①

我们对霍韬的上疏进行梳理,其收复哈密的理由主要有以下几点:

第一,霍韬强调了哈密重要的地理位置。霍韬出于宏观战略角度思考,认为哈密卫不能被放弃。在霍韬看来,哈密"一以断北狄右臂,二以破西戎交党。外以联络戎夷而制其逆顺,内以藩屏甘肃而卫我边郡",并认为这是"古帝王置外夷安中夏之长策也"。他进一步指出:"保全哈密,则赤斤、罕东声势联络,西戎北狄,并受制驭。若失哈密,则土鲁番酋并吞诸戎,势力日大,而我之边患日深。是故保哈密所以保中国。"

第二,霍韬分析了失去哈密的危害。首先,唇亡齿寒。如果弃哈密不救,将产生严重的后果,就是赤斤蒙古、罕东、曲先、安

---

① 《明世宗实录》卷95,嘉靖七年十一月辛酉。

定、苦峪、沙州等卫为土鲁番所胁,"我边之藩篱尽撤,而甘肃之患方殷,设使河套之虏不退,关中供应愈难继矣"①。其次,从外交方略上来说,哈密若失去,就关闭和切断了通往西域各族的通道。最后,从哈密人民的角度来说,收复哈密是人心所归,在经过土鲁番对哈密的掠夺和强占之后,民不聊生,房舍尽毁,经济遭受破坏。

第三,霍韬反对了主弃派的两种观点。一是,霍韬反对主弃派援引汉失珠崖,宋失幽燕,明初失大宁、交趾等的例子。他认为南蛮北狄,情况殊然,珠崖、交趾本来就是蛮夷之地,并没有战略价值,"置之化外而已",不会对中原王朝带来多大的危害。而北宋正因为失去地理位置重要的幽燕,其后国势衰微,国遂不振,这是前车之鉴,我们应该借鉴,勿要重蹈覆辙。二是,针对朝臣称哈密难于镇守的观点。霍韬认为当初设置哈密的原因,是在明朝的西北角,用于给内陆郡县作屏障。现在很难镇守了,就计划放弃它,那如果甘肃很难镇守,难道也要放弃甘肃吗?

第四,霍韬提出了兴复哈密、镇守哈密的具体办法和措施。首先,霍韬认为在谁守哈密的问题上,要"权以通变,宜以趋时"。此前,明朝赐封的几任忠顺王,多数系平庸懦弱之辈,现在只需在西域各个少数民族中寻求豪杰,给予金印,以主西戎,"俾和辑诸番,为我藩蔽,斯可矣"②,不必一定要立忠顺王后裔不可。其次,面对哈密墩台颓坏,城堡崩拆,游民离散,边地荒芜的状态,霍韬主张继续沿用祖宗之法。在霍韬看来,祖宗之法"莫善于太宗之盐法矣",因此他主张在哈密采取盐引,"盐一引输边粟二斗五升,富商大贾悉于三边自出财力,以招游民,自垦边地,以艺菽粟,自筑墩台,以立城堡,岁时无饥"。最后,在主张兴复哈密时,为了对付日益强大的土鲁番,主守派都提到一个办法就是通过闭关绝贡

---

① 《明宪宗实录》卷118,成化九年秋七月壬辰。
② 《明世宗实录》卷95,嘉靖七年十一月辛酉。

的方式来收买土鲁番,因为缎匹、铁、茶等物,都是土鲁番不可或缺的生活用品,而这些全仰仗于中原地区的供给。

哈密的弃与守在明朝中后期历时将近半个世纪的讨论,最终随着哈密"自治"而宣告结束,主守派和主弃派在讨论中都有自己的原则立场和观点理由,我们可以做如下分析:

第一,眼前利益与长远利益的对立。主弃派认为哈密就是一个累赘,弃之便可一劳永逸,不再受其牵制之苦,也可与土鲁番友好相处,然而他们对于放弃哈密后的发展态势缺乏足够长远的思考和相应的应对措施。主守派则从长远角度进行思考,他们为土鲁番日益增长的势力而担忧,一旦放弃哈密,使土鲁番得手,则如虎添翼,会对明朝构成更大的威胁。因此,他们认为虽然坚守哈密的困难很大,但只要对土鲁番绝贡,采取有效的应对措施,收复哈密还是可行的。由此可以看出,主守派的终极目的还是希望通过军事行动,打击土鲁番,以永绝边患。

第二,务实与务虚的激辩。主守派认为"普天之下莫非王土",祖宗之地不可弃,并对哈密地理位置的战略性、失守哈密的危害性等方面进行了分析,其弊端在于过于强调理论层面,没有考虑明朝中期的国情实际。为了复兴哈密卫,明朝政府大量的人力、物力和财力倾斜于哈密卫,但却收效甚微,反而使陕西行都司危在旦夕,这种迂腐的抱残守缺的理念以及务虚不务实的态度是明朝长期受到哈密危机掣肘羁绊的根本原因。王琼等人能从实际出发,充分分析陕西行都司面临的实际困难,摒弃天国上朝、妄自尊大的错误思想,实行开明的边政策略,在明朝边政思想中有着较强的示范作用。

第三,从思想交锋到权臣之变。从讨论的方式上来看,前期双方都能摆事实、讲道理,但随着讨论的日趋紧张和激烈,这种思想交锋逐渐演变成权臣之间相互斗争的工具,虽然争论的焦点是哈密卫的弃守问题,但在实质上是内部党派东风压倒西风的斗争,特别是在明世宗时期尤为激烈。甘肃巡抚陈九畴、兵部尚书金献民等人与总制陕西三边军务兵部尚书王琼、桂萼等结党营私,展开针锋相对的对峙斗争。先有陈九畴等人对哈密"闭关绝贡"之说,后有桂萼、王琼等人以哈密失落皆因陈九畴击杀写亦虎仙、失拜烟答所致。以桂萼为首的一派,大兴"封疆大狱",促使封疆之议再起。刑部尚书胡世宁为救陈九畴等人,欲弃守哈密,并多次上疏陈述理由,并得到了明世宗的批准,使收复哈密的困难进一步加大。

第四章　明世宗和明穆宗
时期的民族思想

第一节　明世宗的民族思想

明世宗朱厚熜,明朝第十一位皇帝,在位期间一直受到"北虏南倭"的困扰,明世宗前期虽积极防务,整修边墙,筹集军饷,配备火器,调整边塞军队指挥系统等,但仍无法改变边防废弛的局面。嘉靖二十九年(1550 年)九月,时任吏部侍郎的王邦瑞对当时所面临的边备空虚、军制腐败等情况进行了描述:"今武备积驰,见籍止十四万余,而操练者不过五六万,支粮则有,调遣则无。比敌骑深入,战守俱称无军。即见在兵,率老弱疲惫、市井游贩之徒,衣甲器械取给临时。此其弊不在逃亡,而在占役;不在军士,而在将领。盖提督、坐营、号头、把总诸官,多世胄纨绔,平时占役营军,以空名支饷,临操则肆集市人,呼舞博笑而已。先年,尚书王琼、毛伯温、刘天和常有意振饬。然将领恶其害己,阴谋阻挠,军士又习于骄惰,竞倡流言,事复中止,酿害至今。乞大振乾纲,遣官精核。"①

由于明世宗迷恋道教,后期更是搬入西宫潜心修道,不理朝政,边疆问题越发突出。特别是嘉靖二十九年(1550 年)秋,俺答联合诸部威逼京师,发生了震惊朝野的"庚戌之变"。至此,明王

---

① (清)张廷玉:《明史·兵志一》卷89,北京:中华书局,1974 年,第2180 页。

朝的边防危机达到了极点。嘉靖二十九年（1550 年）十月，明世宗心血来潮，改变多年防守为主的战略，想效仿皇祖"长驱胡虏三千里"①，对鞑靼大举征伐，幸亏礼部尚书徐阶及时阻止，"议乃稍寝"②，挽回了一场不可避免的损失。可见，明朝中后期严峻边防形势的形成在某种程度上与明世宗民族思想的偏执有一定关系。

一、议复河套的摇摆不定

河套地区具有重要的战略地位，"射猎以为生，水草以为居，无仇敌之忧，有寇窃之利"③。自明英宗天顺年间，蒙古入据河套，并以此为据点，成为游牧的蒙古人南下攻掠汉族农业地区的前沿阵地，使明朝北部边疆再无安宁之日。到嘉靖初，蒙古小王子仍不时入寇，其后吉襄、俺答继之，"相率蹿诸边"④，势更猖獗，"套房"遂成为令明世宗要处理的最棘手的问题。

早在嘉靖十七年（1538 年）巡抚山西御史何赞就上疏请复河套，提出了两个策略，"一曰计以破之，二曰势以走之"⑤。嘉靖二十四年（1545 年），巡抚山西御史陈豪上疏，请求朝臣谋划万全之策，"期于必战，尽复套地。庶可弭其内之忧患，而边境无虞矣"⑥。但这些建议并没有引起明世宗的注意，最后不了了之。嘉靖二十五年（1546 年），总督陕西三边曾铣上疏，"请以锐卒六万"⑦收复河套，并认为这是一劳永逸、万世社稷所赖之策。但出乎意料的

---

① 《明世宗实录》卷 366，嘉靖二十九年十月癸未。

② （清）谷应泰：《明史纪事本末》卷 59，《庚戌之变》，北京：中华书局，1977 年，第 908 页。

③ 《明宪宗实录》卷 86，成化六年十二月癸酉。

④ （清）张廷玉：《明史·鞑靼传》卷 327，北京：中华书局，1974 年，第 8478 页。

⑤ （清）谷应泰：《明史纪事本末》卷 58，《议复河套》，北京：中华书局，1977 年，第 893 页。

⑥ （清）谷应泰：《明史纪事本末》卷 58，《议复河套》，北京：中华书局，1977 年，第 893 页。

⑦ （清）张廷玉：《明史·曾铣传》卷 204，北京：中华书局，1974 年，第 5387 页。

是,曾铣的复套之议引起了明世宗的注意,于是诏谕诸臣,感慨套寇久患中国,"连岁关陕横被荼毒,朕宵旰念之,而边臣无分主忧者。今铣能倡逐虏复套之谋,厥猷甚壮",下令曾铣与诸边臣,"悉心图议,务求长算,嗣上方略"①。

明世宗对复套之议由冷漠转向积极支持的原因有两方面。一方面,明世宗虚荣心的满足。随着鞑靼入犯边关日益频繁,明朝边将屡屡败绩,明世宗对鞑靼竟敢如此猖狂地触犯朝廷,十分愤恨,对自己文臣武将的无能,更是怨恨无比。在这种情况下,曾铣挺身而出,主动请求担当收复河套的重任,这使明世宗看到了希望,自然要给予支持。另一方面,明世宗内心好大喜功本性的暴露。明世宗一心想建功立业,然朝臣昏庸,使他有志难伸。曾铣曾言:"今我皇上文德武功,丕昭中外,敬天恤民,忙勤不息,每闻边警,宵旰靡宁,故嘉纳复套之奏。……是河套一复,非惟广地,置巩皇图,远达百王,近配二祖,惟我圣明有可致之资尔。"②这些话正中明世宗下怀。

但是,在朝廷上下为"复套"做积极准备时,优柔寡断的明世宗却中途变卦,对复套之事提出了疑问:"不知出师果有名否,及兵果有余力,食果有余积,预见成功可必否?昨王三平未论功赏,臣下有怏怏心,今欲行此大事,一铣何足言,恐百姓受无罪之杀,我欲不言此,非他欺罔比与害几家几民之命者,不同我内居上处,外事下情何知可否?卿等职任辅弼,果真知真见,当行拟行之。"③可见,明世宗认为朝臣对复套是考虑不周的,师出无名,又缺兵乏财。明世宗在议复河套问题上态度的变化,一方面与其反复无常的性格有关。以前虽然一再颁旨赞扬曾铣复套的雄心和勇气,但

---

① 《明世宗实录》卷318,嘉靖二十五年十二月庚子。

② (明)陈子龙:《皇明经世文编》卷237,曾铣:《曾襄愍公复套条议》,北京:中华书局,1962年。

③ 《明世宗实录》卷332,嘉靖二十七年正月癸未。

那毕竟是一时的心血来潮。另一方面与其担心错政致灾有关。嘉靖二十七年(1548年)正月,陕西官员上奏,当地出现山峰崩塌的灾异现象,明世宗经过占卜,得到的是"主兵火,有边警"的回答。"上天示警"在农耕社会中是一个绝对真理,地震、灾害、雷击等自然现象都被看成执政者失误造成的。于是,明世宗做出决定:"套虏非新近事,先朝但防守耳,铣无故轻狂倡议,虽奉谕旨,然既下诸臣集议,自当为国为民深思实虑,明以入告,如何忍心观望,一旦败事,将何救者,其夺与议官禄俸一月,兵部侍郎及该司官一年,铣令锦衣卫亟遣官校械系至京问,王以旂姑令兼都察院右佥都御史亟往代铣,尽忠督理,以赎前罪,此安危大计,科道官何寂无言,锦衣卫其悉逮至廷杖之,仍各罚俸四月。"①自此,朝臣再也没人敢言收复河套了。

从当时的实际情况看,明世宗本应将复套之议交予朝廷大臣进行详细讨论,即使一时不可行,创造条件在未来时刻推行,也未尝不可。可是,他未做仔细考虑就贸然支持,后又贸然反对,并杀害勇于任事的大臣,错失了解决"河套"问题的最佳时机,非有谋略有胸怀的明君所为。

二、数次绝贡的固执己见

明中叶,蒙古鞑靼部重新崛起,统一了蒙古各部,至俺答汗时势力强盛。嘉靖十一年(1532年),鞑靼各部要求与明朝互通贸易,这给明世宗提供了摆脱"边患"危机的机会,为改善明蒙关系带来了希望。可惜的是,明世宗数次绝贡,始终没有把握机会。

嘉靖二十年(1541年)秋,俺答汗派石天爵、肯切作为使者向明廷首次提出通贡的请求。石天爵告诉明守臣,"父諟阿郎在先朝常入贡,蒙赏赉,且许市易,汉达两利。近以贡道不通,每岁入

---

① 《明世宗实录》卷332,嘉靖二十七年正月癸未。

掠。因人畜多灾疾，卜之神官，谓入贡吉。天爵原中国人，掠居虏
中者，肯切系真夷，遣之同来。果许贡，当趣令一人归报，伊即约
束其下，令边民垦田塞中，夷众牧马塞外，永不相犯，当饮血为盟
誓。否，即徙帐北鄙，而纵精骑南掠去"①。可以看出，石天爵表达
的是蒙古族大众的真实想法，但固执的明世宗始终对俺答汗通贡
的要求不予相信，并要求兵部再议此事。群臣已经揣摩到明世宗
不愿通贡的心理，附议了明世宗的想法，遂明世宗以"假词求贡"
"虏情叵测"为由，绝彼通贡，遣返石天爵，扣留肯切。

嘉靖二十一年（1542 年）闰五月，石天爵等人再次由俺答遣
至都城求贡，不幸的是，大同巡抚龙大有竟然将石天爵捆绑，交予
朝廷。明世宗大悦，提拔龙大有为兵部侍郎，还害杀石天爵，传首
九边。临刑前，石天爵曰："虏酋小王子等九部咸住牧青山，艳中
国纱缎，计所以得之者，惟抢掠与贡市二端。抢虽获有人畜，而纱
缎绝少，且亦自有损失，计不如贡市完。因遣天爵等持令箭二枝、
牌一面为信，誓请贡市。一请不得则再请，再请不得则三请，三请
不得则纠众三十万，一循黄河东堨南下，一自太原向东南大城无
堡寨地方，而以劲兵屯大同三关待战。"②这次求贡石天爵也表达
了如果三请不成功之后，就会发动进攻的想法，明显带有威胁性。
但明世宗依然杀使绝贡，彻底激怒了俺答。是年六月，俺答率众
"掠朔州，抵广武，由太原南下，沁、汾、襄垣、长子皆被残"③。经过
一个月的饱掠而归，周边十几个卫所的民众遭到残害，生产遭到
破坏。

嘉靖二十五年（1546 年）五月，俺答汗第三次遣使堡儿塞等
三人，再次向明朝提出了通贡请求："虏自二十年石天爵诛后，信
使遂绝。是岁玉林卫百户杨威为零骑所掠，驱之种艺，虏乃为威

① 《明世宗实录》卷251，嘉靖二十年七月丁酉。
② 《明世宗实录》卷262，嘉靖二十一年闰五月戊辰。
③ （清）张廷玉：《明史·鞑靼传》卷327，北京：中华书局，1974 年，第 8479 页。

言:节年入抢,为中国害虽大,在虏亦鲜利,且言求贡市不可得。威自诡能集事,虏乃归威及同掠者数人,令先传意中国,然后令堡儿塞等款双庙山墩投番文,言俺答选有白骆驼九头、白马九匹、白牛九只,及金银锅各一,求进贡讲和,自后民种田塞内,虏牧马塞外,各守信誓,不许出入行窃,大段如曩时石天爵所称者。墩卒纳之,会总兵官巡边家丁董宝等狃石天爵前事,遂杀三人者,以首功报。"①此次求贡,俺答唯恐明世宗不信任,还带来了正式的番文,并立下誓约,永不再犯。但是,这又是一次杀使绝贡的事件,这次杀使的竟然是总兵官的家丁,更加激化了双方矛盾,新一轮大规模的抢掠随之而来。顽固不化的明世宗甚至对大臣发自肺腑的忠告也是置之不理,如兵部尚书翁万达曾积极上疏:

> 北敌,弘治前岁入贡,疆场稍宁。自虞台岭之战覆我师,渐轻中国,侵犯四十余年。石天爵之事,臣尝痛边臣失计。今复通款,即不许,当善相谕遣。诱而杀之,此何理也?请亟诛宝等,榜塞上,明告以朝廷德意,解其蓄怨构兵之谋。②

从上疏可以看出,翁万达是站在民族平等的立场上,分析俺答求贡是出于真心,并批判了明世宗数次绝贡的做法,认为长此以往,即使将来俺答仰慕我朝,心中也会有忧虑和积怨。翁万达是希望明世宗能够明白是非,理解其中的利害关系,但明世宗并没有采纳他的意见,依然不为所动。

七月,俺答汗第四次提出了通贡的请求,这充分表明俺答汗打开通贡之门的决心,明世宗依然否决,"虏氛甚恶,其令万达申令所辖诸将,整兵严备,相机出塞剿杀。辽东、陕西俱令严兵待

---

① 《明世宗实录》卷310,嘉靖二十五年五月戊辰。
② (清)张廷玉:《明史·翁万达传》卷198,北京:中华书局,1974年,第5248页。

战,京营人马,俟蓟镇再有警报启行"①。

嘉靖二十六年(1547年)二月,俺答汗第五次提出通贡之请,首先利用天意之说,"今虏中大神言:羊年利于取和",为这次的求贡增添了更加合理的色彩。接着俺答会集四大头目,一起协商双方求贡的具体细节和交易的内容,"若准,彼进黑头白马一匹、白骆驼七只、骟马三千匹,求朝廷白段一匹与大神褙袍麒麟蟒段等件,各头目穿用"。之后又表达了"边内种田,边外牧马,夷汉不相害,东起辽东,西至甘凉,俱不入犯"的美好愿望。最后又立下誓约:"今与中国约,若达子入边墙作贼,中国执以付彼,彼尽夺其人所蓄马,以偿中国,不服则杀之;若汉人出草地作贼,彼执以付中国治罪,不服亦杀之;永远为好,递年一二次入贡。若太师每许代奏,即传谕部落,禁其生事云。"②然而,这一切依然没有打动明世宗,未能够做出积极的回应,再次错过了保持边境安定的有利时机,下旨:"黠虏节年寇边,罪逆深重。边臣未能除凶报国,乃敢听信求贡诡言,辄骋浮词,代为闻奏,殊为渎罔。其令总督官申饬镇巡诸臣,协心殚力,通事人役违法启衅者,处以重典。"③明世宗又一次目光狭隘地阻止了一场和平的贸易交流。

嘉靖二十八年(1549年),俺答汗仍不放弃通贡的要求,这是俺答的第六次请求,也是"庚戌之变"前的最后求贡。俺答放言许贡则收兵,否则将犯京师,但依然遭到了明世宗的拒绝。俺答汗失去耐心,决定动用武力。翁万达把这一情况报奏给明世宗时,他的回答依然令人失望,"求贡诡言,屡诏阻隔,边臣不能遵奉,辄为奏渎,故不问。万达等务慎防守,毋致疏虞。其有家丁通事人等私通启衅者,廉实以闻,重治之"④。明世宗刚愎自用,一意孤

---

①　《明世宗实录》卷313,嘉靖二十五年七月戊辰。
②　《明世宗实录》卷322,嘉靖二十六年四月己酉。
③　《明世宗实录》卷322,嘉靖二十六年四月己酉。
④　《明世宗实录》卷347,嘉靖二十八年四月丁巳。

行,无情地对"违误者重治不贷"①,顽固绝贡。

由此我们可以总结俺答一而再,再而三求贡的艰辛历程,从嘉靖二十年开始,几乎无岁不求贡,每次求贡无不表达其诚心和人民的意愿,但明世宗一次次地杀使绝贡,最终把俺答汗逼上绝路,关系恶化,酿成了继"土木之变"后的第二次京师危机。嘉靖二十九年(1550年),俺答汗率军犯大同、宣府杀掠吏民无数,明世宗集结兵民守城,但皆怯战退缩,最后俺答汗军队攻安定门下,制造了震惊朝野的"庚戌之变",从此双方开始了持续二十余年的战争。对于这场奇耻大辱的"庚戌之变",《明世宗实录》中对其原因和结局有中肯而详细的论述,"虏自壬寅以来无岁不求贡市,其欲罢兵息民意颇诚恳。当时边臣通古今知大计,如总督翁万达辈,亦计以为宜因其款,顺而纳之,以为制御之策。乃庙堂不为之主议。既大言闭关以绝其意,又不修明战守之寔而为之备,反戮其使以挑之,至于戎马饮于郊圻,腥膻闻于城阙,乃诏廷臣议其许否,则彼以兵胁而求,我以计穷而应城下之盟,岂不辱哉!自此之后,议募兵,议增饷,軺轩使者旁午于道,又调各镇之卒以戍蓟镇而兵愈弱,为一切苟且之政以敛财供费而民愈困。乃执政者不深惟主辱臣死之义,犹泄泄沓沓,益恣其私,政以贿成,士由幸进,十余年间海内骚动,愁叹之声盈于闾里。犹赖主上威明,总揽乾纲,未至失坠,祖宗德泽,固结民心,幸靡有他不然天下之祸!"②

明世宗刚愎自用、执迷不悟地对蒙古本部的数次绝贡,违背了农业经济与游牧经济互相补充的历史规律。生活在蒙古草原的俺答部日常生活用品无不依赖资源丰富的中原农业社会,而明世宗的"绝贡"思想却阻断了这种正常交往。再加上嘉靖十五年(1536年),蒙古地区蝗灾蔓延,毁掉了大片牧场,使蒙古民族生活更加困难。经济的困竭和日用品的短缺,促使俺答数次求贡,

---

① 《明世宗实录》卷334,嘉靖二十七年三月辛丑。
② 《明世宗实录》卷364,嘉靖二十九年八月甲申。

在求贡不成的情况下,不得不采取抢掠的方式,而战争又加速了明廷和蒙古本部势力的消耗和削弱。正如王崇古所说:"虏连岁入侵,固多杀掠,乃虏亡失亦略相当。又我出兵捣巢赶马,虏亦苦之。"①由"绝贡"而导致的战争,对于明蒙双方都无任何益处。

明世宗顽固地拒绝与蒙古俺答汗的多次通贡,究其原因,主要有以下几点:

第一,明世宗根深蒂固的大汉族主义思想作祟。明世宗作为封建统治阶级的最高代言人,骨子里有严重的民族偏见,特别是在明中后期,在不断面临北方蒙古军事压力的情况下,"华夷之辩"空前高涨,明世宗宁可一再失败,也决不有损国威地与俺答通贡。

第二,明世宗这一思想的形成,与当时内阁统治集团的倾向性意见密不可分。当时严嵩专权,政治腐败,党争不断,置国家大事于不顾,形成了庞大腐败的官僚集团。对于俺答求贡,严嵩认为这是"以库府有限之财,填溪壑无穷之欲"②,使偏信于严嵩的明世宗在对待俺答汗求贡的问题上,不能制定出适宜的政策,少数边臣的正确意见得不到采纳。

第三,明世宗崇信道教,迷信道教的斋醮活动。明朝中后期,道教盛行,明世宗开始崇信道教,迷恋方术,广设醮坛,频频祷祀,"或连日夜,或间日一举,或一日再举"③。由此,其很多重大决定都需通过道教的"扶乩"和"斋醮"活动来决定,如他在禁中设醮,希图用"压虏符"的巫术打退蒙古族的进攻,而不是回到现实,制定正确的对付"北虏"的良策。

---

① 《明穆宗实录》卷54,隆庆五年二月庚子。

② (明)陈子龙:《皇明经世文编》卷219,严嵩:《议处甘肃夷贡》,北京:中华书局,1962年。

③ (清)谷应泰:《明史纪事本末》卷52,《世宗崇道教》,北京:中华书局,1977年,第783页。

三、开关马市的出尔反尔

"庚戌之变"后,俺答汗在嘉靖三十年(1551年)春天又多次派人到宣府、大同等地求贡互市,并送回明朝叛卒以示诚意,而且明朝君臣还未摆脱"庚戌之变"的阴影,对大举征讨俺答信心不足。于是,嘉靖三十年(1551年)正月,双方达成议和,明世宗下诏:"给西番诸族勘合"①,取代信牌金符制,成为西北诸番首领茶马贸易的有效凭证。三月,明世宗下诏,"尔等谓边臣译审虏情诚恳,准岁开马市二次,马价如议,给发文武二臣所司,各举以闻,各总镇官仍严缉奸细,无今私自交通,争利启衅,漏泄边情,违者重治不贷,余悉如拟。"②

四月,马市在大同开放,随即又开放宣府、延宁马市,使蒙、汉人民均获利益。对蒙古而言,马市的开放便于蒙古获取必要的生活物资,改善了基本生活状态,增强了抵御自然灾害的能力;而对于明朝而言,最直接的利益在于用通贡互市换取边境的和平,使得"边境父老咸谓百余年来所未有,⋯⋯马匹牛羊,彼之有也;获粟布帛,我之有也。各以所有余贸所不足,使虏中大小贫富,皆昭我之有,而我边镇之人,亦无不受其利焉"③。

但互惠互利的马市贸易却未持续很长时间。嘉靖三十一年(1552年)八月,俺答提出一些贫穷的牧民家中无马,想用牛羊来换取中原的菽粟。对于这一要求,遭到了明世宗的拒绝,认为这是无理要求,"虏乞求无厌,史道不思处置边备,乃为渎奏,其令即日回京"④。九月,明世宗下诏"罢各边马市"⑤,并明确表示,"各

---

① 《明世宗实录》卷369,嘉靖三十年正月丁未。
② 《明世宗实录》卷371,嘉靖三十年三月壬辰。
③ 《明世宗实录》卷376,嘉靖三十年八月壬戌。
④ 《明世宗实录》卷376,嘉靖三十年八月壬戌。
⑤ (清)张廷玉:《明史·世宗本纪二》卷18,北京:中华书局,1974年,第241页。

边开市悉令禁止，敢有效逆建言者斩"①，再次关闭了马市的大门。俺答看到马市再次被关闭，又开始了对明朝的侵扰，双方又回到从前的战争状态，明世宗又回到整修边防、闭关防守的老路上来了。明世宗关闭了仅开一年的马市，其原因有三：

首先，马市的关闭与明廷内迂腐大臣的阻挠有关。明世宗本来就把开放马市当作缓兵之计，而不是真正意识到马市开放的重要性。再加上迂腐的大臣对马市没有正确的认识，认为开马市是和亲的别名，是对天朝上国的侮辱，从而更加坚定了明世宗关闭马市的决心。最为典型的代表是兵部员外郎杨继盛就以"忠君爱国"名义，上疏言马市开放"十不可"②。"十不可"归纳起来，主要包括以下五点：一是互市意味着妥协求和，有损国家威严，"愧对列祖，难舒百姓"；二是天下皆知朝廷有北伐的成命，一旦议和，就失信于天下，朝廷的威望不再，从而导致"群起为盗"；三是议和互市会使边防武将失去战争和修武备的勇气和斗志；四是由于蒙古"变诈无常"、贪而好利，朝廷容易受其愚弄；五是"互市耗费巨大，长此以往，朝廷财乏"。

继而杨继盛又提出了开马市的"五谬"：

外开马市以羁縻之，而内宽吾力以修武备，夫虏至无厌也，万一不能尽如其意，势必败盟，则彼之入寇为有名，吾之不应其求为失信，市马小利，曾足以羁縻乎如曰修武备，以战守，则固无藉，此为矣，此其谬一也；有曰：方今急缺马，吾正欲市马，夫马不过为征虏计耳，如互市可无事，则又安用焉，况虏安肯以良马与，此其谬二也；有曰：暂许马市，以结其心，渐将通贡，可为永利矣，今称贡者，岂古所谓咸宾来王者乎？不过赂以重利，以苟自前耳，况市马我犹得以少偿其费，贡则彼徒手以取重利矣，此其谬三也；又曰：

---

① 《明世宗实录》卷389，嘉靖三十一年九月癸卯。
② 《明世宗实录》卷371，嘉靖三十年三月癸卯。

虏既利,必不失信,不知丑类日众其用日繁,市马之足尽供其众乎?不足则安肯守小信而自困,纵可羁縻,不过二三年耳,将何以善其后哉,此其谬四也;又曰:佳兵不祥,不可轻用,与其劳师动众征讨千里之外,而胜负难必,孰若暂开马市,休兵息民,而急修内治之为上乎?噫,是犹人身瘫疽,内攻而惮用药石可乎?损国威养寇患,坏天下之大事者,必自此始矣,此其谬五也。[1]

　　杨继盛上疏明世宗言互市的"十不可"和"五谬",代表了一大批士大夫的骄傲之心,本来支持开马市的仇鸾等人,在马市出现问题时推卸责任,消极应付,这就使明世宗更加被动,决定停开马市,以防后患。

　　其次,马市的中途夭折与蒙古南下扰边有直接关系。初开马市,由于时间仓促,蒙古物资依然不足,无从得食。而俺答也很难改掉蒙古民族掠夺的恶习,双方缺乏基本的尊重和信任,使得蒙古各部再度频繁扰边,无法做到真正的秋毫无犯。

　　最后,马市的关闭与明蒙交界处白莲教教徒的骚扰活动有关。明世宗清醒地看到,白莲教头目萧芹、乔源"出入虏地为奸"[2],持白莲教邪术,"咒人人死,喝城城颓,俺答为所恐动"[3]。这些异端教徒的活动在客观上阻碍了明蒙双方马市的正式交易。

第二节　曾铣的民族思想

　　曾铣字子重,江苏江都人,嘉靖八年(1529 年)进士,历任山东、山西御史巡抚,兵部侍郎。嘉靖二十五年(1546 年)四月曾铣临危受命,出任陕西三边总督,凭借胆识和擅长用兵,于塞门击败

---

① 《明世宗实录》卷371,嘉靖三十年三月癸卯。
② 《明世宗实录》卷376,嘉靖三十年八月壬申。
③ 《明世宗实录》卷374,嘉靖三十年六月壬戌。

俺答十万铁骑，成为嘉靖时期难得的将才。曾铣民族思想的内容主要体现在收复河套问题的多次上疏中。

河套地区水草丰美，可农可牧，形成一个几字形状，像一个套子，因此为"河套"。河套自古就已纳入中原王朝的政治版图，"即周之朔方，秦之河南地，汉之定襄郡，赫连勃勃赵元昊之所据以为国者也。唐三受降城在河套北黄河之外，元东胜州在受降城之东"①，因其自然条件优越，遂成为中原农业民族和北方游牧民族的必争之地。随着蒙古部落经济的发展对农产品、日用生活品等方面的需求，以及明初北部防线的不断内缩，河套地区逐渐成为蒙古南下扰明的腹地。宣德中期蒙古进入河套之后，逐渐视为他们的给养地。弘治年间，鞑靼部的达延汗统一了蒙古各部后，把河套据为自己的根据地，以此向周边不断袭扰，成为明朝北部边防的一大隐患，被明政府称为"套寇"。面对蒙古长期占据河套，屡屡犯边，明朝内部不断有人提出各种建议，在这一过程中逐渐形成了两派观点，一派要求"复套"，调遣军队将河套地区蒙古部落驱逐，以曾铣为代表；另一派要求加强边备，通过筑墙、台、墩、堡以遏制其对内地的袭击，以翁万达为代表。

曾铣就收复河套问题多次上疏明世宗，全面系统地阐述了收复河套的必要性和可能性，立场最坚定，观点最翔实，其理由有如下几点：

首先，曾铣强调了不收复河套和延迟收复河套的危害性。为了使复套之议能够实行，曾铣强调了蒙古部落占据河套，侵扰边郡近百年，"孝宗欲复而不能，武宗欲征而不果"②，是为中国大患，因此"套虏不除，则中国之害日炽，浸淫虚耗，将来之祸，有臣子所

---

① （清）谷应泰：《明史纪事本末》卷58，《议复河套》，北京：中华书局，1977年，第887页。

② （清）张廷玉：《明史·曾铣传》卷204，北京：中华书局，1974年，第5387页。

不忍言者,其势所宜复也"①,力图证明河套形势极为严峻,不能不复。同时,曾铣认为筑边不是治本之策,"不过数十年计耳。复套则驱斥凶残,临河作阵,乃国家万年久远之计"②,希望明世宗慎重考虑。曾铣还担心延迟收复河套,"套寇"势力会更加猖獗,给明朝造成更大的危害。事实的确如此,到嘉靖时,"小王子最富强,控弦十余万,多畜货贝,稍厌兵,乃徙幕东方,称土蛮,分诸部落在西北边者甚众。曰吉囊、曰俺答者,于小王子为从父行,据河套,雄黠喜兵,为诸部长,相率蹒诸边"③。嘉靖二十五年(1546 年)八月,"套寇"来势更猛,"套骑三万余入犯延安府,至三原、泾阳,杀掠人畜无算"④。曾铣分析和认清了"套虏"的彪悍个性,以及他们对河套地区的野心和渴望,希望出兵一举歼灭。可见,曾铣的担忧是有现实依据的。

其次,曾铣从历史上寻找"复套"的合理性。嘉靖二十五年(1546 年),曾铣上《请复河套疏》,言及河套的历史:"河套古朔地方,三代以来,悉隶中国。《诗》曰:'天子命我,城彼朔方。赫赫南仲,玁狁于襄。'"⑤嘉靖二十六年(1546 年)八月,曾铣再上《重论复河套疏》,再次强调收复河套是作为统治者统一国家的应有之义,"夫河套者,西北之枢,全陕之喉吭也。三代秦汉,并列中原,迨我皇明,尽入版图"⑥,强调了河套自古以来就为中原所经营,并且在明朝时已经纳入中国的版图。

---

① (明)陈子龙:《皇明经世文编》卷 237,曾铣:《议收复河套疏》,北京:中华书局,1962 年。

② (清)谷应泰:《明史纪事本末》卷 58,《议复河套》,北京:中华书局,1977 年,第 894 页。

③ (清)张廷玉:《明史·鞑靼传》卷 327,北京:中华书局,1974 年,第 8478 页。

④ (清)谷应泰:《明史纪事本末》卷 58,《议复河套》,北京:中华书局,1977 年,第 893 页。

⑤ (明)陈子龙:《皇明经世文编》卷 237,曾铣:《议收复河套疏》,北京:中华书局,1962 年。

⑥ (明)陈子龙:《皇明经世文编》卷 238,曾铣:《总题该官条议疏》,北京:中华书局,1962 年。

再次,曾铣提出了收复河套之法,阐明了"复套"的可行性。在曾铣看来,复套虽有穷兵黩武、劳民伤财之害,但"丑虏虽众,不过汉一县","复套之费,不过宣大一年之费",只要"振威扬武,歼彼丑寇,驱其余党,摈诸大漠,临河作障,天险为池",则"贼胆应裂,狼顾胁息,虽数百年不敢轻肆侵轶"①。为此,嘉靖二十六年(1547 年)十一月,曾铣提出了复套方略,条列为十八事,主要有"恢复河套、修筑边墙、选择将材(才)、选练士卒、买补赢马、进兵机宜、转运粮饷、申明赏罚、兼备舟车、多置火器、招降用间、审度时势、防守河套、营田储蓄及明职守、息讹言、宽文法、处孳畜"②。

最后,曾铣还对明世宗个人提出了要求。他认为作为一国之君,应该意志坚定、态度明确,"不以同异之说而疑,不以浩繁之费而止,不以重难之事而惮"③。如此,才能上下一心,君臣共同努力,以达到收复河套的目的,图"中兴之大烈"。

明世宗把曾铣的奏疏交兵部议复,但是兵部对他的上疏置之不理,认为"筑边、复套两俱不易,二者相较,复套尤难夫"④,只是发给曾铣银两。然而明世宗却很感激曾铣为之分忧,要求曾铣与诸边臣悉心图议。曾铣得到了明世宗的支持后,备受鼓舞,锐意兴复。但嘉靖二十七年(1548 年)春正月,曾铣受大学士严嵩的诬陷,"掩败不奏,克军饷巨万"⑤,再加上明世宗缺乏收复河套的信心和勇气,最后处曾铣以死刑。曾铣死后,"廷臣不敢言复套事矣"⑥,使得边防形势大坏,蒙古扰边之患日益严重,只能采取消极

---

①　(明)陈子龙:《皇明经世文编》卷 238,曾铣:《总题该官条议疏》,北京:中华书局,1962 年。

②　(清)谷应泰:《明史纪事本末》卷 58,《议复河套》,北京:中华书局,1977 年,第 895 页。

③　(明)陈子龙:《皇明经世文编》卷 237,曾铣:《议收复河套疏》,北京:中华书局,1962 年。

④　《明世宗实录》卷 318,嘉靖二十五年十二月庚子。

⑤　(清)张廷玉:《明史·曾铣传》卷 204,北京:中华书局,1974 年,第 5388 页。

⑥　(清)张廷玉:《明史·鞑靼传》卷 327,北京:中华书局,1974 年,第 8480 页。

防御的方式,固守城池以保无事,"其健者仅能自守而已"①。

客观地说,曾铣所上奏的河套方略,还算比较完备和切实可行,但实践证明,明军并没有真正收复河套,被称为"捣巢老手"的首任三边总督王越,数次率军奔袭,出边捣巢,虽然取得了红盐池、威宁海、贺兰山等大捷,曾一度驱赶了在河套的蒙古部落。但是从整个局势来看,这种一时的取胜无法从根本上阻止蒙古部落的入边抢掠,反而激起蒙古诸部更大的怨恨和大规模的报复活动,史称:"是时,虏自威宁被劫之后,恒来犯边报复前仇,军马钱粮,赏赐调度,略无虚日,而边吏每以失机奏报,犯罪降请者亦接踵不绝云。"②总之,明朝的几次"捣巢"和"搜套",都没有取得如期的效果,不仅没有摧毁套虏的根据地,而且明朝自身的损失也很大,实际上是两败俱伤。

明朝未能完成"搜套"并失去河套是与其政治、经济和军事上存在的弊病紧密相连的,其原因分析起来有如下几点:

第一,明朝君臣对"套寇"问题认识不清。明世宗及诸臣特别是兵部在河套之事上摇摆不定,曾铣的"复套"计划就会受到多方掣肘和干扰而失去指导意义,导致剿抚不当,意见无法达成统一。曾铣议复河套时,正值内阁首辅夏言和内阁重臣严嵩的首辅之争,他们把议复河套当成攻击对方的政治工具。严嵩为了一己私心,又揣摩了明世宗的心意,于是攻讦夏言支持曾铣的议复河套之事,认为"铣以好大喜功之心,而为穷民黩武之举"③。嘉靖二十七年(1548 年),俺答南下袭扰,严嵩趁机进谗言,认为罪魁祸首就是夏言和曾铣的"复套"计划,使俺答复仇,最终使得明世宗下令将曾铣、夏言杀掉,从此边防诸将无人敢言河套之事,只好消极防御,以保无事。

---

①　(清)张廷玉:《明史·兵志三》卷91,北京:中华书局,1974 年,第 2240 页。

②　《明宪宗实录》卷216,成化十七年六月丙寅。

③　《明世宗实录》卷332,嘉靖二十七年正月癸未。

　　第二，国力衰微，时无良将，军不任战。曾铣等人的复套主
张，是受汉、唐和明初国力强盛时的拓疆所影响，但他们没有认识
到边疆的开拓是以强盛的综合国力为后盾的。而明世宗统治时
期，政治腐败、宦官专权、国库亏空、边备废弛，明世宗所派遣的三
位征虏大将朱永、赵辅、刘聚，"皆畏怯不任战，卒以无功"[1]。而此
时蒙古鄂尔多斯部正稳固地定居在河套地区，大军频繁出入河
套，再加上明军的不作为，势力大增，在这种情况下收复河套更显
得不可能。在曾铣提出议复河套的方略时，时任兵部尚书的翁万
达坚定、理性地认为在当前的情况下，不宜也不可能收复河套。
翁万达于嘉靖二十六年（1547年）二月，领旨上《复河套议》，其主
要内容是："河套本中国故壤。成祖三犁王庭，残其部落，舍黄河，
卫东胜。后又撤东胜以就延绥，套地遂沦失。然正统、弘治间，我
未守，彼亦未取。乃因循画地守，捐天险，失沃野之利。弘治前，
我犹岁搜套，后乃任彼出入，盘踞其中，畜牧生养。譬之为家，成
业久矣，欲一举复之，毋乃不易乎！提军深入，山川之险易，途径
之迂直，水草之有无，皆未熟知。我马出塞三日已疲，彼骑一呼可
集。我军数万众，缓行持重则备益固，疾行趋利则辎重在后。即
得小利，归师尚艰。倘失向导，全军殆矣。彼迁徙远近靡常。一
战之后，彼或保聚，或佯遁，笳角时动，壁垒相持，已离复合，终不
渡河。我军于此，战耶、退耶，两相守耶？数万众出塞，亦必数万
众援之，又以骁将通粮道，是皆至难而不可任者也。夫驰击者彼
所长，守险者我所便。弓矢利驰击，火器利守险。舍火器守险，与
之驰击于黄沙白草间，大非计。议者欲整六万众，为三岁期。春
夏马瘦，彼弱，我利于征；秋冬马肥，彼强，我利于守。春搜套，秋
守边，三举彼必远遁，我乃拒河守。夫马肥瘦，我与敌共之。即彼
弱，然坐以待，惧其扰击我，及彼强，又惧其报复我。且六万之众，

---

　　[1]　（清）张廷玉:《明史·白圭传》卷172，北京:中华书局，1974年，第4596页。

千里袭人,一举失利,议论蜂起,乌能待三? 即三举三胜,彼败而守,终不渡河,版筑亦无日。"①翁完达认为出兵塞外不切实际,即敌强我弱,敌众我寡;孤军深入,地势不熟;以我步兵之所短,攻其骑兵弓矢之所长;边民抛家舍业,不得人心;劳师远征,供应难继等。如果一味地出兵收复河套,无异于以卵击石的冒险行动。

第三,"复套"计划违背了明初"固守疆域"的祖制。明朝初年由于巩固新政权的需要,确立了重点防御北方蒙古的总方针,明太祖曾语重心长地对子孙言:"吾用兵一世,指挥诸将未尝败北,致伤军士。正欲养锐以观胡变,夫何诸将日请深入沙漠,不免疲兵于和林,此盖轻信无谋以致伤生数万。尔等又入旷塞,提兵远行,设若遇敌,岂免凶危? 自古及今,胡虏为中国患久矣,历代守边之要,未尝不以先谋为急,故朕于北鄙之虑,尤加慎密。尔能听朕之训,明于事势,机无少懈,虽不能胜彼,亦不能为我边患,是良策也。善胜敌者,胜于无形,尔其慎哉!"②明太祖"守边"思想对后期统治者及大臣产生了思维定式。因此,保守防御、筑墙御敌的"守备"思想占了上风,很多边臣都认为"不若修墙、筑边为计完,而成功可期也"③。从王复到王锐、叶盛,最后由余子俊完成了这一时期修筑长城、城堡、墩台以及边墙之功。

第三节　明穆宗的民族思想

明穆宗朱载垕,明朝第十二位皇帝,明世宗第三子,即位后为改变明朝内忧外患的时局,依靠高拱、张居正等大臣的鼎力相助,实行了一系列革弊施新的政策。在民族关系方面,明穆宗修筑城

---

① (清)张廷玉:《明史·翁万达传》卷198,北京:中华书局,1974年,第5249~5250页。
② 《明太祖实录》卷253,洪武三十年六月庚寅。
③ (清)谷应泰:《明史纪事本末》卷58,《议复河套》,北京:中华书局,1977年,第894页。

墙、整饬边防,实现了明蒙之间具有里程碑意义的"隆庆和议",结束了北部边防金戈铁马的战争岁月,进入"数千里军民乐业,不用兵革"[1]的稳定时期。虽然这一成果的取得与内阁大臣有很大的关系,但无疑与最高领导者明穆宗的民族思想密切相关。

一、整顿北部边防

明穆宗即位时,北方边患形势依然严峻,特别是明世宗在位期间,发生了奇耻大辱的"庚戌之变",使明穆宗更加关心北部防务。隆庆元年(1567年)十月,"东西二边,寇虏荼毒",明穆宗令群臣讨论"防虏之策","一时之间,众言盈庭,群策毕举"[2]。最后,明穆宗采纳了张居正的"制御之方,自治为要"[3]的策略,开始加强和整顿北部边防,采取了以下几项措施:

首先,筑台修边。自古以来,在北方沿线修筑长城等防御工事,是中原地区政权防御北方游牧民族入侵的重要手段。明穆宗也意识到修边对于防御蒙古入侵的重要性。隆庆二年(1568年),明穆宗"督臣谭纶、帅臣戚继光治塞垣,夹垣为台,高数丈,矢石相及,环蓟而台者三千,垣周二千余里"[4]。隆庆三年(1569年),张居正、谭纶开始在蓟、昌二镇修筑空心敌台,但因耗费巨大,引来朝臣异议,但明穆宗始终力挺谭纶,并言:"修筑墩台已有明旨,纶宜坚持初议,尽心督理,毋惑人言,如有造言阻挠者,奏闻重治。"[5]在明穆宗的支持下,谭纶、张居正等要臣利用两年时间,筑成三千座空心敌台,明朝的北部边防有所改观。

其次,阅兵鼓气。阅兵是鼓舞战士士气,凝聚人心的最佳方

---

① （清)张廷玉:《明史·王崇古传》卷222,北京:中华书局,1974年,第5843页。
② 《明穆宗实录》卷13,隆庆元年十月甲辰。
③ （明)陈子龙:《皇明经世文编》卷324,张居正:《陈六事疏》,北京:中华书局,1962年。
④ 顾祖禹:《读史方舆纪要》,北京:中华书局,2005年,第492页。
⑤ 《明穆宗实录》卷36,隆庆三年八月戊午。

式。明穆宗认为,阅兵"一以试将官之能否,一以观军士之勇俭。有技艺精熟者,分别赏贵,老弱不堪者,即行汰易"①。于是,在隆庆三年(1569年)九月,明朝在京师北郊举行了已停止九十四年之久的大阅,振奋了民心、军心,加强了自正统以来积弱的京营的战斗力。在明穆宗大阅的影响下,边远地区"咸知朝廷锐意武事,喁喁然亦思所以自效"②。

再次,练兵御敌。隆庆二年(1568年)二月,穆宗出巡拜谒天寿山皇陵,查勘了京郊地势,深感京城防卫的重要性。明穆宗对随行的辅臣们说:"朕躬谒我祖考陵寝,始知边镇去京切近如此。兹蓟州总督官来朝,言近日虏情如何?今边事久坏,无为朕实心整理者,但逞辞说、弄虚文,将来岂不误事。卿等其即以朕意传谕,宣、蓟二镇官军来护从者可量赏否,卿等及户、兵二部臣议拟以闻。"③对于明穆宗的询问,兵部回复曰:"京师、陵寝均为腹心重地,去虏营密迩。蓟镇藩屏于东,宣镇股肱于西,为左右辅。使二镇守臣实心干济,固可恃以无恐,而迩来人心玩愒,或文武自相参商,或官属自相矛盾,或怵于法网之太密,或牵于议论之太多,坐是日弛一日,诚如圣谕属者。虽据总督诸臣报称无警,而衣裓之防,正在今日。即当移檄二镇守臣,多方侦伺,务令预得虏情,早为经略,用纾皇上宵旰之怀。其徒为文具,偾事殃民,仍蹈故智者,罪无赦。"④明穆宗下旨命各边总督镇巡等官按照计划务实举行,如有懈怠者,"参奏重治"⑤。在练兵活动中,由于蒙古俺答部最强,并且经常进犯京师周边地区,加之土蛮也经常骚扰京畿,为拱卫畿辅,明穆宗将练兵的重点放在蓟镇和宣府两处。胡凡指出:"正是由于穆宗抓练兵这一大事,信任并重用如戚继光和谭纶

①《明穆宗实录》卷23,隆庆二年八月丙午。
②《明穆宗实录》卷37,隆庆三年九月甲申。
③《明穆宗实录》卷17,隆庆二年二月己酉。
④《明穆宗实录》卷17,隆庆二年二月己酉。
⑤《明穆宗实录》卷14,隆庆元年十一月辛酉。

等人,将蓟镇之兵练成劲旅,拥有了强大的军事实力,在北边防务中屡败强敌,因而也就保卫了京师的安全。"①

最后,捣巢作战。明世宗末年,通过强军计划和补给的增加,明军逐渐摆脱了军事颓势的窘境,多次成功实施对近边蒙古部落的"捣巢"。到隆庆年间,为了及时瓦解蒙古骑兵对塞内发动的军事袭击和抢掠,发动了多次具有战略性的"捣巢"。但隆庆年间举行捣巢行动,与以往明代的战争不同,此时明军之出塞,更多的是用先发制人的手段,给对方制造混乱和破坏。如隆庆二年(1568年)三月,大同总兵孙吴引兵出边,与参将方琦、游击张铎、坐营刘经,袭击虏于乱子山,"斩首三十四级,获马七十五匹以归"②。"捣巢"活动一直持续到"隆庆和议",之后明蒙之间一直处于友好和平的阶段。

二、隆庆和议

"隆庆和议"指隆庆五年(1571年)三月,蒙古鞑靼部首领俺答汗在经过多次求贡封王的请求下,终被明穆宗册封为顺义王,并答应通贡互市,史称"隆庆和议",这在明蒙双方历史上占有重要地位。

对于"隆庆和议"的实现,作为最高统治者的明穆宗起到了最终决策的作用,他高屋建瓴地把握时机,果断地在朝议中做出正确抉择。当俺答之孙把汉那吉来降时,明廷议论纷纷,莫衷一是,主张"接纳"把汉那吉的高拱、张居正、王崇古等人认为,"此事关系至重,制虏之机实在于此"③,把这一事件看成是改善民族关系、谋求边疆长治久安的契机。而御史叶梦熊等人则表示坚决反对,

①　胡凡:《论明穆宗对北部边防的整顿》,《中国边疆史地研究》,1998 年第 2 期。
②　《明穆宗实录》卷 18,隆庆二年三月丁巳。
③　(明)陈子龙:《皇明经世文编》卷 326,张居正:《答王鉴川策俺答之始》,北京:中华书局,1962 年。

认为"敌情叵测",并以宋朝接纳郭药师、张毅投降事为喻,说接纳把汉那吉"将致结仇激祸"①,更有甚者,认为收容生祸,不如将把汉那吉等人全部杀掉,以绝后患。在朝廷议论不决的情况下,明穆宗坚决支持张居正和高拱等人的主张,慑服了反对派,接待了把汗那吉,厚赐贡品并遣送回蒙古。当俺答见到把汉那吉一切安好,且受到中原皇帝如此厚爱,感激涕零,"南向脱胡帽,崩角稽首无已。盖虏拜天则脱帽,敬之至也。而求封贡乃益切"②。可见,明穆宗的做法赢得了俺答的感激,为后期"隆庆和议"的实现铺上了和平之路。

当俺答向明廷提出了封王互市的要求时,"朝议复哗",支持与反对者势均力敌、旗鼓相当,一时争执不下。明穆宗终于首肯:"虏酋既输诚哀恳,且愿执叛来献,具见恭顺,其赏把汉那吉彩段四表里,布百匹,遣之归,封贡事,令总督镇巡官详议覆奏。"③封贡互市的主张最终得到了实现。明穆宗不仅封俺答为顺义王,其子弟与诸部落首领也各封相应的官职,并宣谕俺答汗:"因尔孙来归,命边臣护视,以礼遣还。尔怀戢朕恩,称臣奉贡,俘献叛逆,悃诚用章。远稽前代,近览本朝,款塞称藩,厥有旧典,是用锡尔王封,并及子侄部落皆有常秩。尔当坚守臣节,约束尔众,毋为边患。朕亦敕边吏同好弃恶。尔毋食盟,自干天罚。"④这便是历史上著名的"隆庆和议"。

"隆庆和议"在明蒙关系史上具有重大的意义,概括起来,主要有以下几点:

第一,从政治上来说,中央集权统治得到进一步巩固。俺答

---

① 《明穆宗实录》卷50,隆庆四年十月丙辰。
② (明)高拱:《高拱全集》(上),《款敌纪事》,郑州:中州古籍出版社,2006年,第586页。
③ 《明穆宗实录》卷51,隆庆四年十一月丁丑。
④ (明)王士琦:《三云筹俎考》卷2,《封贡考》,薄音湖、王雄点校:《明代蒙古汉籍史料汇编》(第二辑),呼和浩特:内蒙古人民出版社,2006年,第408页。

汗曾言把汉那吉接受汗位后,也会因"受天朝恩厚,不敢不服"①,表达了蒙古民族对明政府的倾心向化。

第二,从经济上来说,"隆庆和议"促进了蒙、汉两族人民经济、文化的交流。随着和平交往的不断发展,大量汉人进入蒙古地区,中原先进的文化和生产技术得以广泛传播,为促进当地社会生产的发展作出了积极的贡献,他们开矿产,冶炼金属,带动了当地手工业的发展。特别是贡市关系恢复后,蒙古人获得了急需的布匹、米谷、铁锅、农具等物品,生活得到很大程度的改善。双边贸易繁荣,"九边生齿日繁,守备日固,田野日辟,商贾日通,边民始知有生之乐"②。在互市过程中,边境地区的经济迅速发展起来,呈现出一派繁荣景象,而边境的繁荣又进一步促进了边防的巩固。俺答兴建的板升城日益繁荣,成为蒙古地区重要的商业城市。

第三,从军事上来说,"隆庆和议"结束了蒙古各部与中原王朝近二百年兵戈交战的对立局面。和议实现前,由于战事频仍,明廷用于北部边防的军费连年增加,和议实现后,军费开支大幅下降,"岁省费十七"③。自此,"三陲晏然,曾无一尘之扰,边氓释戈而荷锄,关城熄烽而安枕"④,"不独明塞息五十年之烽燧,且为本朝开二百年之太平"⑤。

第四,从文化习俗上来说,明蒙双方在长期和平交往中,在思想文化和生活习俗上,彼此熏染渗透,使长城沿线的边人,"大都五分类夷,五分有京师气习"⑥,文化的融合也呈现出明显的趋势,

---

①　《明穆宗实录》卷51,隆庆四年十一月丁丑。

②　(清)张廷玉:《明史·方逢时传》卷222,北京:中华书局,1974 年,第5846 页。

③　(清)张廷玉:《明史·王崇古传》卷222,北京:中华书局,1974 年,第5843 页。

④　《明穆宗实录》卷59,隆庆五年七月戊寅。

⑤　《明穆宗实录》卷51,隆庆四年十一月丁丑。

⑥　(明)陈子龙:《皇明经世文编》卷350,戚继光:《陈边情及守操战车》,北京:中华书局,1962 年。

很多蒙古人"今乃服吾服,食吾食,城郭以居"①。其影响一直延续到明末乃至有清一代,是其后统一的多民族国家的形成与北部边疆巩固发展的重要因素。

明穆宗即位以后北边防务进一步得到巩固,并实现了明蒙关系史上具有里程碑意义的"隆庆和议",仔细分析明穆宗取得这些成果的深刻原因,我们认为有如下三点因素:

第一,明穆宗开明的民族思想使他在历史关键节点能够抓住机遇。这点可以从明穆宗对俺答汗的敕书中加以体会,"朕惟天地以好生为德,自古圣帝明王代天理物,莫不上体天心,下从民欲,包含遍覆,视华夷为一家,恒欲其并生并存于宇内也,……迨朕缵承丕绪,于兹五年,钦天宪祖,爱养生灵,胡越一体,并包兼育,……朕代天覆帱万国,无分彼此,照临所及,悉我黎元,仁恩惟均,无或尔遗"②。明穆宗"胡越一体"的思想相对于其父亲明世宗对俺答汗的怀疑和数次"绝贡"来说是开明和成熟的,为"隆庆和议"的实现提供了思想基础。

第二,明穆宗对北部边防的重视程度超过历代帝王。首先,明穆宗对修筑边墙的经费给予明确规定,"以十分为率,户部给十分之七,兵部给十分之三,永为定例"③。其次,面对东西二边寇虏的威胁,明穆宗多次敕谕内阁首辅徐阶等人,"卿等宜会文武群臣,务实详议以闻"④。最后,明穆宗隆庆二年(1568 年)亲自出巡天寿山,勘察地形,并开始了自成化年间中断九十四年的大阅等,都说明了其对边防的重视。

第三,明穆宗对阁臣任人唯信、用人不疑,形成了难能可贵的君臣和谐的氛围。明穆宗能够听取各方意见,不固执己见,对"俺

---

① (明)陈子龙:《皇明经世文编》卷 327,张居正:《答宣大巡抚》,北京:中华书局,1962 年。

② 《明穆宗实录》卷 55,隆庆五年三月己丑。

③ 《明穆宗实录》卷 10,隆庆元年七月乙未。

④ 《明穆宗实录》卷 13,隆庆元年十月甲辰。

答封贡"的主和派建议给予支持，"此事情重大，边臣必知之悉，既边臣说干得，卿等同心干理，便多费些钱粮也罢"①。明穆宗无论对内阁大臣高拱、张居正还是从南方调来的谭纶、戚继光都一视同仁，给予支持和信任，排除异议，让他们放开手脚，施展才华。

第四节　高拱的民族思想

高拱字肃卿，号中玄，谥文襄，河南新郑人。嘉靖二十年（1541 年）进士，曾任裕王（明穆宗即位之前称裕王）讲读，官至内阁首辅，是明嘉靖、隆庆时期著名政治家、改革家和军事家。在高拱主政、参政时期，明朝正面临着"南倭北虏、东蛮西夷"的民族问题，其时"国家九边皆邻敌，在山西宣大则有俺答诸部，在陕西三边则有吉能诸部，在蓟辽则有土蛮诸部。西驰东骛，扰我疆场，迄无宁岁"②。为此，高拱殚精竭虑，大力推行军事改革和边政整顿，促成了西北"俺答封贡"的实现，并逐步形成了内容丰富且完整的民族思想。高拱的民族思想主要体现在其传世著作中，其中关于民族关系、边防思想的主要是《政府答书》和《边略》。《政府答书》是高拱于隆庆元年前后，写给沿边督抚、重臣王崇古、李成梁、谭纶等人的公文书信，主要包括庚午防秋、款处北边、捷宣东塞、安绥广东、詟服贵番等内容，反映了高拱的兵略军事、民族思想以及政务改革的内容。《边略》记载了高拱在隆庆四年（1570 年）至隆庆六年（1572 年）给明穆宗关于兵制改革的上疏以及写给边防大臣的书信，主要包括《防边纪事》《挞伐纪事》《靖彝纪事》《款敌纪事》《绥广纪事》等。从高拱的著作中归纳出他的民族思想主要

---

① （明）刘应箕：《款塞始末》，薄音湖、王雄点校：《明代蒙古汉籍史料汇编》（第二辑），呼和浩特：内蒙古大学出版社，2006 年，第 91 页。

② （明）高拱：《高拱全集》（上），《边略》卷二，《挞伐纪事》，郑州：中州古籍出版社，2006 年，第 567 页。

包括"以一家待之""实心修举""因俗而治"和"以战守和"四个方面的内容。

一、"以一家待之"

"以一家待之"是高拱民族思想的核心。"以一家待之"源于先秦以来逐步形成和发展的"大一统"思想,在这一思想的影响下,高拱在处理明蒙关系时,多次流露出"以一家待之"的思想,可谓抓住了事情的实质和根本。由于明王朝杀害了俺答派来的众多使臣,失信于蒙古,从而造成双方关系敌对和恶化。而高拱的"以一家待之"则是借此消除彼此之间的信任危机,我们可以从他处理把汉那吉来降和"俺答求贡"事件上的遣返、收叛、封贡和开市四个环节的处理上来分析高拱"以一家待之"的思想。

隆庆四年(1570 年)九月十九日,俺答汗之孙把汉那吉因家庭内部纠纷,率妻孥来降。高拱十分重视此事,认为这是千载难逢的良机,把把汉那吉作为处理明蒙关系的筹码和棋子,即"执此以为扰制之具"①,告诉宣大总督王崇古"处之须要得策"②,要厚待、宽容、示恩于他,不能视为人质。高拱为了消除俺答的顾虑,对俺答说:"今以后汝是我中国之臣,汝之部落皆我中国赤子,既是一家,汝孙可听其归,不为彼此也。"③当朝廷封把汉那吉为三品官,赐红袍、金带等将其送回时,高拱又传话给俺答:"那吉是我天朝官人,不比寻常,着俺答好生看待,不许作践他。"④与此同时,高拱还封与那吉同降的奶公阿力哥为千户,在准备送还把汉那吉

---

① (明)高拱:《高拱全集》(上),《答政府书》,《与宣大王总督书一》,郑州:中州古籍出版社,2006 年,第 491 页。
② (明)高拱:《高拱全集》(上),《边略》卷四,《款敌纪事》,郑州:中州古籍出版社,2006 年,第 582 页。
③ (明)高拱:《高拱全集》(上),《边略》卷四,《款敌纪事》,郑州:中州古籍出版社,2006 年,第 583 页。
④ (明)高拱:《高拱全集》(上),《边略》卷四,《款敌纪事》,郑州:中州古籍出版社,2006 年,第 586 页。

时,担心他受到伤害,进行了周详的部署:"阿力哥似当留之,盖彼乃我千户,若遣之还,恐老俺甘心此人,……卒使不保,亦非天理人心矣。若老俺既得封贡,成一家矣,于此时而遣之,往来明言,不许害他,庶乎其可也。"①经过高拱的周密部署,巧用谋略,有效缓和了明蒙之间的紧张形势,平息了可能会发生的战乱。

在俺答要求封贡互市这一事件上,更体现了高拱"以一家待之"的思想。高拱言:"开市一节,闻前此吾民欺哄敌人,得利甚多。彼亦必知之,当渐起争心,非可继之道也。今须明禁,俾少有利焉足矣,不得如前所为。如此即顺义闻之,亦当感悦,谓我以一家待之也。"②显然,高拱吸收了以前的经验教训,主张公平贸易,但却遭到朝廷中保守派的反对,他们主张采用强硬的军事手段来解决。理由有二:其一,不能违背祖制,前朝明世宗曾经有禁开马市的明令;其二,如果答应俺答的请求,就是重蹈宋金议和的覆辙,这是有辱国威的。

面对不同意见和强大的舆论压力,作为内阁首辅的高拱毅然挺身而出,从理论上加以批驳。针对第一种观点,高拱认为,"昔嘉靖十九年,北虏遣使求贡,不过贪求赏赉与互市之利耳,而边吏仓卒不知所策,庙堂当事之臣惮于主计,直却其请,斩使绝之,以致黠虏怨愤,……此则往岁失计之明验也"③。高拱认为,现在我们这些"庙堂当事之臣"就应该吸取经验教训,不要再胆小怕事,墨守成规,不敢承担风险。针对第二种观点,高拱力排众议说:"天下之事,以己求人,其机在人;以人求己,其机在己。宋人不得已而求和于敌,其机在敌,故曰'讲和'。今彼求贡于我,则其机在

① (明)高拱:《高拱全集》(上),《边略》卷四,《款敌纪事》,郑州:中州古籍出版社,2006 年,第 587 页。
② (明)高拱:《高拱全集》(上),《边略》卷四,《款敌纪事》,郑州:中州古籍出版社,2006 年,第 591 页。
③ (明)高拱:《高拱全集》(上),《纶扉稿》卷一,《虏众内附,边患稍宁,乞及时大修边政以永图治安疏》,郑州:中州古籍出版社,2006 年,第 166 页。

我,直许之而已,赏之而已,……事理有在,机会可惜。"①高拱进一步阐述,"今所为纷纷者,动以宋氏讲和为辞。不知宋弱虏强,宋求于虏,故为讲和,今虏纳贡称臣,南向稽颡,而吾直受之,是臣伏之也,何谓'和'"。他还说:"使事本是而皆以为非,是何愚者之多也? 使事本非而皆以为是,是何智者之多也?"②在高拱看来,与俺答的封贡议和与宋朝向辽、金求和有着本质的不同。此次议和,主动权在我方,因此议封贡,不会有失国体。高拱有理有据的论述,得到了明穆宗的认可,最后将叶梦熊调走,以息异议,下旨"优抚",予以赏赐。

高拱还从历史和现实两个方面摆事实、讲道理阐述了封贡议和的合理性。

从历史上来看,一方面高拱令总书官拿出旧藏明成祖封瓦剌和鞑靼诸王为忠顺、忠义王的档案,请兵部尚书以及持有不同意见的当事之臣查看,"其间敕谕之谆详,赉锡之隆厚,纤悉皆备,……人乃始知祖宗亦有此事"③,以此证明贡市是有其历史根据的。另一方面高拱吸取明朝过去沉痛的教训,更果断、更理智地处理把汉来降问题。"若遂与之,则示弱损威不成? 中国桃松寨之事可鉴,必不可也。若遂杀之,则绝彼系念,而徒重其恨,石天爵之事可鉴,必不可也。"④高拱以桃松寨和石天爵之事为鉴,指出正是由于过去种种失误,才导致俺答诸部不再相信明朝,自此变本加厉地侵扰中原,促使民族关系进一步恶化。同时,高拱因势利导,认为过去俺答扰明的根本原因是求贡遭拒,得不到最基

---

① (明)高拱:《高拱全集》(上),《边略》卷四,《款敌纪事》,郑州:中州古籍出版社,2006年,第592页。

② (明)高拱:《高拱全集》(上),《边略》卷四,《款敌纪事》,郑州:中州古籍出版社,2006年,第589页。

③ (明)高拱:《高拱全集》(上),《边略》卷四,《款敌纪事》,郑州:中州古籍出版社,2006年,第589页。

④ (明)高拱:《高拱全集》(上),《边略》卷四,《款敌纪事》,郑州:中州古籍出版社,2006年,第582页。

本的生活必需品,所以战争掠夺成为俺答不得已而为之的办法,现在只要我们与其封贡互市,自然就会结束战争,百姓过上安稳的日子。

从现实考虑,一方面高拱深刻认识到"华夷交困,兵连祸结"的恶果,认为战争会带来很大的危害。高拱指出俺答大举入犯,"三十余年,迄无宁日,遂使边境之民肝脑涂地,父子夫妻不能相保,膏腴之地弃而不耕,屯田荒芜,盐法阻坏,不止边臣重苦莫支,而帑储竭于供亿,士马罢于调遣,中原亦弊矣"[①],明确地指出连年的交战所造成的民不聊生、国家财政枯竭的恶果。另一方面高拱从正面指出封贡互市有三点好处,一是封贡"可以息境土之蹂践,可以免生灵之荼毒,可以省内之帑供亿,可以停士马之调遣,而中外替得以安"[②]。高拱真心希冀蒙汉成为一家人,不遗余力地促成封贡及蒙汉间民间互市的成功,使边疆长治久安。二是高拱认为,"国家时当全盛,自可以镇驭四夷,况彼输诚叩首,称臣请贡,较之往岁呼关要索者,万倍不同。彼既屈服于我,我若拒而不受,则不惟阻其向顺之意,且又见短示弱,将谓我畏之而不敢臣,非所以广明主威德于海内也。故直受而封锡之,则可以示舆图之无外,可以见桀犷之咸宾,可以全天朝之尊,可以伸中华之气,即使九夷八蛮闻之,亦可以坚其畏威归化之心"[③]。在高拱看来,只有这样才能体现天朝大国的恩威,以达到实现"大一统"的宏伟目标。三是在高拱看来,封贡互市真正的本意是抓住和好的有利时机,修举边务,这体现了高拱高瞻远瞩的战略眼光。

---

① 《明穆宗实录》卷59,隆庆五年七月戊寅。

② (明)高拱:《高拱全集》(上),《边略》卷四,《款敌纪事》,郑州:中州古籍出版社,2006 年,第596 页。

③ (明)高拱:《高拱全集》(上),《边略》卷四,《款敌纪事》,郑州:中州古籍出版社,2006 年,第596 页。

二、"实心修举"

"隆庆和议"实现后,高拱为了谋求边境的永安,丝毫没有放松对边备的整顿,对明世宗建言:"吾所为力挚成封贡者,意固有在也。今封贡已成,乃不明吾意,则封贡其谓何? ……今虏既效顺,受吾封爵,则边境必且无事。正欲趁此闲暇之时,积我钱粮,修我险隘,练我兵马,整我器械,开我屯田,理我盐法。出中国什一之富,以收胡马之利;招中国携贰之人,以散勾引之党。虽黠虏叛服无常,必无终不渝盟之理。然一年不犯,则有一年之成功;两年无警,则有两年之实效。但得三五年宁静,必然安顿可定,布置可周,兵食可充,根本可固,而常胜之机在我。"①

通过这一疏文可以有层次地分析高拱的"吾意",主要包括以下三个方面的内容:

其一,高拱的高明之处在于并没有把明蒙关系仅仅停留在通贡互市后短暂的和平局面,而是用发展的眼光看问题,告诫边将勿要贪恋安逸,而要居安思危,抓住难得的和平机会,整顿边防,做到有备无患。

其二,高拱细致入微地在整顿的具体内容上,提出"巡边八事"制度,即积钱粮、修险隘、练兵马、整器械、开屯田、理盐法、收胡马、散叛党八项措施。这八项措施全面而系统地涵盖了明王朝对北方游牧民族的防御体系,其目的就是真正实现隆庆朝富国、强兵、安邦的理想,并且高拱已经把"八事"上升为国家战略的高度。

其三,高拱以高瞻远瞩的眼光看到,暂时的安全其实缺乏实力的保障,没有实力的和平是不牢靠的。高拱认为只有真正实现兵强马壮时,或羁縻,或兴师,才能进退自如,最终实现长久的和

---

① (明)高拱:《高拱全集》(上),《纶扉稿》卷一,《虏众内附,边患稍宁,乞及时大修边政以永图治安疏》,郑州:中州古籍出版社,2006 年,第 167 页。

平。高拱真心希望边臣不要失去忧患意识，要未雨绸缪，防患于未然，抓住这一有利时机，大修边政，争取边塞的长期安定。

三、"因俗而治"

高拱"因俗而治"思想主要体现在他处理贵州水西"安氏之乱"事件上。"安氏之乱"是指隆庆四年（1570 年）初，贵州水西土司宣慰使安国亨与安智在黔西朵泥桥发生的宗族械斗事件。安智为了报复安国亨，向当时贵州巡抚赵锦汇报，诬告安国亨要叛逆，准备谋反。于是，赵锦动兵征剿，但安国亨通过里应外合、诱敌深入，大败明军。面对这种情况，高拱认识到，安氏叛乱有别于其他民族起义。在高拱看来，"安国亨本为群奸拨置，宣淫暴虐，遂仇杀安信，以致信母疏穷、兄安智怀恨报复，相仇杀无已"①。因此，高拱认为"安氏之乱"只是土司内部的"家事"，而不是对中央的谋反，应谨慎处之，不能盲目地搞一刀切，而随意发动大军剿杀，否则"终则激成之，以实己之前说"②。于是，高拱推荐阮文中为贵州巡抚前往贵州，勘定实情，经查实，果然如高拱所言，但阮文中狃于浮议，未敢如实汇报，依然请兵出征。此时，高拱又给阮文中写信："夫天下之事，有必当明正其罪者，有罪未必真人臣所当自为处分，而不可于君父之前过言之者。若中原之民敢行称乱，此则所当上告天子，发兵征讨，灭此而后朝食者也。若民彝异类，顺逆殊途。虽有衅隙，本非叛逆之实，则人臣当自为处分，而不可过言于君父之前，何者？君父，天下之主，威在必伸，一有叛逆，便当扑灭，可但已乎？而乃事非其真，钉入其罪，过以言之，则

---

① （明）高拱：《高拱全集》（上），《边略》卷三，《靖彝纪事》，郑州：中州古籍出版社，2006 年，第 574 页。

② （明）高拱：《高拱全集》（上），《边略》卷三，《靖彝纪事》，郑州：中州古籍出版社，2006 年，第 575 页。

将如何处也?"①高拱告诫阮文中应该尊重彝族的特殊风俗,并分析了"安氏之乱"与中原之民称乱的不同,说明安氏没有叛逆之实,没有必要发兵镇压,如一意孤行,就会激怒安国亨,弄假成真。

阮文中到达水西后,安国亨请降,面对安国亨的恳切求情和阮文中的请兵征剿,高拱十分矛盾,"欲从之,则非计;欲无从,则失威"②。为了进一步勘察实情,隆庆五年(1571 年)三月,高拱又派遣吏科给事贾三近前往贵州妥善处置,"果无叛逆实,则只治其本罪;果有叛逆实,即发兵屠戮未晚"③。同时,高拱又写信安抚阮文中,"彼(安国亨)若负罪是实,非敢负国,则闻科官,至必幸其有归顺之路,而服罪愈恳,吾乃只以其本罪处之。若负国是实,而所谓服罪者,只以虚言款我,则即发兵发粮,屠戮之未晚也"④。安国亨惊闻朝廷派遣吏科来调查实情,十分欣喜,"吾生矣,夫吾岂叛逆者哉! 然所以不出听理者,恐军门诱我出,杀我也。今既有旨勘,则吾系听勘人,军门必不敢杀我,吾乃可出听理,明吾非叛逆也"⑤,便自出听审,答应了之前阮文中提出的五项条件,"一、责令国亨献出拨置人犯;一、照彝俗赔偿安信等人命;一、允许分地安置疏穷母子;一、削夺宣慰使职衔,与男权替;一、从重罚,以惩其恶"⑥。最后,安国亨输银四万一千两以抵本罪,叛乱被平息。

从高拱处理"安氏之乱"的事件可以看出,高拱民族思想的本

① (明)高拱:《高拱全集》(上),《边略》卷三,《靖彝纪事》,郑州:中州古籍出版社,2006 年,第 575 页。
② (明)高拱:《高拱全集》(上),《边略》卷三,《靖彝纪事》,郑州:中州古籍出版社,2006 年,第 576 页。
③ (明)高拱:《高拱全集》(上),《边略》卷三,《靖彝纪事》,郑州:中州古籍出版社,2006 年,第 576 页。
④ (明)高拱:《高拱全集》(上),《边略》卷三,《靖彝纪事》,郑州:中州古籍出版社,2006 年,第 577 页。
⑤ (明)高拱:《高拱全集》(上),《边略》卷三,《靖彝纪事》,郑州:中州古籍出版社,2006 年,第 577 页。
⑥ (明)高拱:《高拱全集》(上),《边略》卷三,《靖彝纪事》,郑州:中州古籍出版社,2006 年,第 577 页。

质就是求真求实。高拱对安国亨叛乱的性质并没有道听途说,而是据实定策,派遣阮文中和贾三近前往调查,核准实情,认为"安氏之乱"只是安氏宗族内部仇杀而已,并非要犯上作乱取代中央王朝。高拱据此来制定民族政策,所遵循的原则就是"因俗而治",以抚为主,改变原来动辄用兵、盲目征伐的处置方略,而对安国亨动之以情、晓之以理,充分尊重了"彝俗"。高拱认为只有这样,才能既不失国家之威,又不兴师动众,既惩罚了参与叛乱的安国亨、安智,又不夺其世袭特权。

高拱圆满而成功地处理"安氏之乱",具有重大的历史意义,避免了不必要的战争,使社会稳定,百万生灵免遭涂炭。正如高拱所言:"且释一门之隙,而可以免数省兵粮调度之劳;宥一酋之死,而因以免众姓玉石俱焚之烈。不惟桀骜恬势者为之逡巡,而旁观倖利者悉以敛戢。生灵宁谧,边圉奠安。"①同时进一步促进了各民族的友好交流,维护了团结的局面,"自是境土谧宁,生民安业,兵无征戍之苦,官免奔命之劳,上下恬熙,与中华埒矣"②。

四、"以战固守"

"以战固守"这一思想主要体现在对辽东的治理上。辽东因其重要的战略地位被称为"九边之首",主要生活着女真和蒙古的土蛮诸部。嘉靖中期以后,东北边患严峻,"独土蛮獗强,犹昔建州诸彝与之声势相倚,时为边患"③。面对土蛮的强势来袭,高拱毫无示弱,"以战固守",在给戚继光的书信中详细地阐述了这一思想。

---

① （明）高拱:《高拱全集》(上),《边略》卷三,《靖彝纪事》,郑州:中州古籍出版社,2006 年,第 578 页。

② （明）高拱:《高拱全集》(上),《边略》卷三,《靖彝纪事》,郑州:中州古籍出版社,2006 年,第 580 页。

③ （明）高拱:《高拱全集》(上),《边略》卷二,《挞伐纪事》,郑州:中州古籍出版社,2006 年,第 567 页。

今岁蓟镇事体,较诸往时关系尤为重大。何也?西虏新附,而东虏尚然内窥,若遂得志,则有以阴启西虏骄心,虽得贡市,不足为罕也。必须大加一挫,则不惟此虏寒心,而西虏亦皆知畏,贡市乃可永焉。况西虏不动,则东虏无援。吾无西忧,则得以专力于东,以防秋之全力,专用于失援之虏。若再不得一胜,则天下之事更无可为,岂惟将军之辱,而愚亦无面目立于庙堂矣。此意正欲一达而使者至,故特附告。①

在高拱看来,对辽东用兵并力求大捷是一件两全其美的事,既可以挫败土蛮部的傲气和嚣张气焰,又示威于俺答,使其不敢有发动战争的想法和念头。

隆庆五年(1571年)二月,高拱罢免辽东巡抚李秋,破格重用熟谙边事的边才张学颜为右佥都御史、辽东巡抚,使其与骁勇善战的总兵李成梁相互配合,一攻一守,共同御敌。高拱认为张学颜"卓荦倜傥,人未之识也,置诸盘错,利器当见"②,值得重用。事实的确如此,张学颜到任后,"请振恤,实军伍,招流移,治甲仗,市战马,信赏罚"③,多次击溃土蛮各部和女真头领汪住等精兵的大举入侵,取得了数十年来从未有过的辽左大捷,这与高拱的周密部署和精心筹划分不开,明穆宗多次敕谕高拱"运筹制敌,功当首论"④。

辽左大捷之后,高拱时刻保持清醒的头脑,劝告将士戒骄戒躁,严加防范。高拱认为,辽左大捷,国威大振,但绝不可骄傲轻

---

① (明)高拱:《高拱全集》(上),《政府答书》,《答戚总兵书》,郑州:中州古籍出版社,2006年,第505页。

② (清)张廷玉:《明史·张学颜传》卷222,北京:中华书局,1974年,第5854页。

③ (清)张廷玉:《明史·张学颜传》卷222,北京:中华书局,1974年,第5854页。

④ (明)高拱:《高拱全集》(上),《纶扉稿》卷一,《恭缴圣谕辞免加恩疏》,郑州:中州古籍出版社,2006年,第169页。

敌。为此,他致书张学颜:"今土蛮谋犯,既云露形,则防备宜周,仍期一捷,斯国威益振。盖土蛮自谓强于东房,故敢乘吾战胜解严而窥伺之,以为吾气且骄,吾力且疲,而因遂可以得志也。今须整肃人马,愈加奋励。彼出吾不意,而吾亦出彼不意,大加挫刃,则西北诸酋皆落胆矣。"①后又致书李成梁,言:"今土蛮谋犯,亦既露形,须再得一大挫,则国威益振,是在将军奋力耳。然须慎重,计出万全乃可。"②

由此可以看出,在辽东战局问题上,高拱把"义"与"力"完美地结合起来,"以义用其力,以力成其义",是其"寓战于守,寓守于战"战略战术的体现。

综上所述,高拱的民族思想对边防军备的整顿和边防形势改善方面取得了立竿见影的效果,对明朝中后期的民族思想产生了巨大的影响,在中国民族关系史上占有重要的地位,具有鲜明的时代价值,主要表现在以下两个方面:

一方面,高拱的民族思想顺应了历史发展的潮流,合乎民意,这主要表现在"俺答封贡"事宜上。嘉靖年间,随着蒙古社会经济的发展以及人口的增多,蒙古首领俺答汗多次主动提出要与明朝进行互市,十分希望和明朝重新建立通贡互市关系,这是历史发展的大趋势。明世宗数次绝贡杀使,无奈之下,俺答通过抢掠获取所需的各种物资,致使明蒙关系恶化,百姓都承受着残酷的战争苦难。在这一背景下,高拱已经看到战乃人心所背,和乃人心所向,为顺应历史发展的趋势,高拱力排众议,因势利导,多次上奏明穆宗,明确表明自己的态度,力求同意俺答的封贡之请,明蒙之间从此出现了一个新的开端。

---

① (明)高拱:《高拱全集》(上),《政府书答》,《答辽东张巡抚书二》,郑州:中州古籍出版社,2006年,第504页。

② (明)高拱:《高拱全集》(上),《政府书答》,《答李总兵书》,郑州:中州古籍出版社,2006年,第505页。

另一方面,对后任首辅张居正的改革产生深远的影响。高拱和张居正都是隆庆朝的内阁大臣,两人自国子监认识后,有着相同的政治志趣,"相期以相业"。由于高拱执政时间短暂,仅从隆庆三年(1569年)十二月至隆庆六年(1572年)五月三年的时间,却为其后张居正处理民族关系奠定了基础。正如嵇文甫先生所言:"高拱是一位很有干略的宰相,在许多方面开张居正之先。"①明清史专家韦庆远教授认为:"高拱内恃皇帝的殊眷,外用本身的识见和魄力,叱咤风云于隆庆中期以后的政坛,进行了重要的整顿和改革,为其后的万历朝十年大改革奠下基础。"②从张居正的《陈六事疏》中我们可以看出,其固边保疆的政策与高拱的军事改革如出一辙,这为张居正在万历年间的改革打下了坚实的基础。

通过对高拱处理民族问题方式方法的分析,我们将高拱的民族思想归纳为如下三个特点:

第一,不囿成见的创新精神。高拱与后期张居正的民族思想都深受法家思想的影响,他们实际上都遵奉法家"承认变动,主张变制,坚持通过变革以求治"③的思想。因此,高拱很具有批判精神,表现在边防多事之秋,他会极力打破一些固有的程式化程序,绝不抱残守缺,如按照旧规,大臣若出城,必须与皇帝当面恩辞,但高拱认为应该具体问题具体分析,"今事既紧急,恐误时刻,或遇免朝之日,合无令其谢即行,不必面恩面辞,庶不耽延误事"④,如此,便不会于耽搁边事。再比如,在处理把汉那吉来降,高拱并没有像以往那样杀掉使者,而是厚待并封赐那吉,这些都是高拱

① 嵇文甫:《论高拱的学术思想》,《嵇文甫文集》(下),郑州:河南人民出版社,1990年,第451页。
② 韦庆远:《隆庆皇帝大传》,沈阳:辽宁教育出版社,1997年,第204页。
③ 韦庆远:《张居正和明代中期政局》,广州:广东高等教育出版社,1999年,第291页。
④ (明)高拱:《高拱全集》(上),《边略》卷一,《虏情紧急议处当事大臣疏》,郑州:中州古籍出版社,2006年,第558页。

不囿成见的表现。

第二，求真务实的实干精神。高拱所处的嘉、隆、万期间，正是经世致用思想盛行时期，高拱作为明代实学思潮的信奉者，著有《问辩录》《春秋正旨》《日进直讲》等学术著作。其主要内容就是批判程朱理学不切实际的高谈玄论，主张"法以时迁""更法以趋时"①的观点，从现实的民族关系中探求解决之法。在处理与俺答关系时，"不惟名义为美"，为明蒙双方来了经济上的巨大实惠。在处理水西安国亨事件中，更是体现了高拱"大抵天下之事，在乎为之出于实，而处之中其机，则未有不济者"②的务实精神。

第三，民族思想中的矛盾性。高拱的民族思想中存在严重的两面性和矛盾性，一方面对少数民族实行"以一家待之"的"华夷一家"思想。另一方面认为少数民族是叛服无常的民族，因此对他们要严加防范与提防。可见，在"华夷之大防"传统思想影响下，要想实现真正的"华夷一家"并不是一件易事。

---

① 韦庆远：《张居正与明代中后期政局》，广州：广东高等教育出版社，1999 年，第 10～11 页。
② （明）高拱：《高拱全集》（上），《边略》卷三，《靖彝纪事》，郑州：中州古籍出版社，2006 年，第 577 页。

第五章　明神宗时期的民族思想

第一节　郑洛的民族思想

郑洛字禹秀,号范溪,明安肃遂城人,嘉靖三十五年(1556年)进士。郑洛的民族思想主要体现在两个方面,一是维护"隆庆和议"后的友好局面,我们可以通过郑洛《抚夷纪略》中所记载的万历三年(1575年)至万历十年(1582年),他和俺答汗往来的信件中加以考察;二是郑洛经略青海蒙古以及西番诸卫的措施及效果,我们可以从郑洛《收复番族疏》的十五道奏疏中加以分析和总结。

一、维护"隆庆和议"后的友好局面

"隆庆和议"结束了明蒙之间二百多年的刀光剑影,明蒙经济文化交流日益加强,明朝君臣都很珍惜这来之不易的友好局面。因此,如何维护和巩固好这一局面,需要明廷统治者和封疆大吏的深思熟虑,郑洛因"佐总督王崇古款俺答有功"①,于万历二年(1574年)巡抚山西,后任宣大总督,处于与蒙古右翼俺答汗交往的最前线,深知通贡互市的珍贵。因此,郑洛致力于维护明蒙和平安定局面,主要采取了以下几点措施:

第一,制定规章制度,以法令的形式保障明蒙友好通贡。郑

---

① （清）张廷玉：《明史·郑洛传》卷222,北京:中华书局,1974年,第5850页。

洛一针见血地指出议贡之初存在的问题，"宣镇抚赏无节，市马无数，当日利款事之速成耳。大同、山西虽有额数，而每当开市，夷人态意要索，或自称用事头目乞增一赏，或自称在市效劳乞卖一马，叩首乞哀，嗔喝不去，当事者不得已而丝丝与之，积成丈尺。臣自任事以来，于例额之外一马一布不假，九年之内，三镇所供幸无溢数"①。郑洛为了规范双方贸易，决定制定典籍，规定章程，希望与俺答建立"千年万年长长久久"②的关系。因此，郑洛书谕顺义王，"且达子既讨中国赏，卖与中国马，却将中国军士马骑死，此一件大不公道事。今与王约，卖马讨赏达子只骑本身马，经过城堡，每马与草一束，达子照旧给饭食，……王须通禁约，达子才遵守"。顺义王回书约定："若为两国大事公干者准行二头目二伴当，骑马四匹，贡马进时通骑一次，领赏通骑一次。若卖马匹者不要与拨马，骑自己马，给草、饭食。路上夺了衣服，捉送本账，以大明律罚处。"③郑洛进一步规定："一定马数，大同一万匹，宣府二万匹，按臣题约以二万与兵部定额之议相同，况青永打刺明安三大枝部落甚众有，难以等诸他夷，即欲减去一万，徒烦议论，势难必其听从，或遇夷马之少，即二万匹上下可，如遇夷马之多，即准以三万数亦可，惟在搏节之中，少寓通融。一限赏额。自隆庆来，赏银辄至四万七千余两，迄今若不限以赏额，有限之财何以填无穷之壑，今以万历十四年为准，旧例原无不得轻为加添，以恣其欲，一切赏格务不出原议钱粮之外。"④

同时，郑洛还推动和督促蒙古方面也立法定约，做到有章可循。在旧章的基础上，另立五项新约，对通贡互市中的马价、数

① 《明神宗实录》卷200，万历十六年闰六月甲午。
② （明）郑洛：《抚夷纪略》，薄音湖、王雄点校：《明代蒙古汉辑史料》（第二辑），呼和浩特：内蒙古大学出版社，2006年，第151页。
③ （明）郑洛：《抚夷纪略》，薄音湖、王雄点校：《明代蒙古汉辑史料》（第二辑），呼和浩特：内蒙古大学出版社，2006年，第145页。
④ 《明神宗实录》卷187，万历十五年六月己未。

额、奖赏,以及违反规定所做的惩罚等做了细致的说明,解决了潜在的问题,避免了不必要的麻烦,取得了明显的效果。正如郑洛自己所言:"臣自万历七年任事,痛抑猾虏,犯者必问,弃其叛去,伸我威信,而虏亦俛首受戒。索蓦墙有罚,扰墩有罚,盗马有罚,扑捉人有罚,今三镇年终类报罚处生事夷人,宣镇九起,大同七起,视之腹里,且为鲜少。"①

第二,利用和平时机,加强军备。郑洛这一观点与高拱的"以战固和"思想是一致的,都是充分利用款塞之际,养精蓄锐,修筑城墙。郑洛清醒地认识到,"塞连沙漠,无可恃险"②,"各夷俱从破坏边墙出入,甚难防"③。边防颓废,日甚一日的局面更加使郑洛意识到修边的重要性,于是上疏明神宗,"款久则玩,玩则积衰而招寇,务在我者,马壮器利,修险备粟,以实军需,能相机奋勇者无畏首畏尾,务制狂虏跳梁之气"④。得到明神宗的批准后,郑洛放手大干,开始修筑敌台城堡、民屯军堡,巩固了边防,争取了边疆长久的和平安宁。

第三,成功调节顺义王的嗣封问题。俺答作为"隆庆和议"的参与者和亲历者,隆庆元年(1571 年)被明穆宗册封为顺义王。由于顺义王在右翼蒙古具有最高的威望和地位,掌控着对明朝的朝贡大事,因此,明王朝十分重视对历代顺义王的册封和嗣封问题。顺义王俺答汗于万历九年(1581 年)去世,嗣封问题成为关系明蒙发展的关键,如果处理不好,前期明蒙双方建立的信任和取得的成果就会付之东流。照蒙古旧制,俺答的长子辛爱黄台吉理应袭位,但辛爱黄台吉经常在双方贸易中作梗,破坏互市。郑

---

① 《明神宗实录》卷 158,万历十三年二月甲辰。
② (明)郑洛:《抚夷纪略》,薄音湖、王雄点校:《明代蒙古汉辑史料》(第二辑),呼和浩特:内蒙古大学出版社,2006 年,第 139 页。
③ (明)郑洛:《抚夷纪略》,薄音湖、王雄点校:《明代蒙古汉辑史料》(第二辑),呼和浩特:内蒙古大学出版社,2006 年,第 147 页。
④ 《明神宗实录》卷 187,万历十五年六月己未。

洛意识到俺答的妻子三娘子在封贡和议中起着至关重要的作用，三娘子"聪慧善谋，兵权在握，令无不行，禁无不止"[1]，俺答也对她言听计从，事无巨细，"咸听取裁"[2]。所以，郑洛希望三娘子按照民族风俗嫁给辛爱黄台吉，但三娘子不从，"率众西走，辛爱自追之，贡市久不至"，郑洛便耐心劝说，协调了三娘子与辛爱黄台吉的关系，"使人语之曰：'夫人能归王，不失恩宠，否则塞上一妇人耳'，三娘子听命"[3]。万历十三年（1585 年），辛爱黄台吉去世，长子扯力克当袭王位，三娘子却另有私心，"自练兵万人，筑城别居"，郑洛又使人规劝扯力克曰："夫人三世归顺，汝能与之匹，则王，不然封别有属也"，扯力克也"尽逐诸妾，复妻三娘子"[4]，于是万历十四年（1586 年），封扯力克为顺义王。正是由于郑洛的多次耐心规劝，使"可以宁边"[5]的三娘子再次辅佐二王，保证了顺义王对明朝的忠顺，使明朝"自是边鄙又安，蓟、宣以抵甘固，烟火万里，六十余年边氓生息，遂长不识金革矣"[6]。

二、经略青海蒙古以及西番诸卫

自元末明兴以来，北方蒙古便退居漠北，与明朝或战或和。从明英宗始，随着明朝北方防御战线的不断收缩，蒙古诸部经过不断的分裂统一，开始向内地扩张自己的势力。正德五年（1510年），蒙古右翼亦不剌部在与达延汗的争夺中失利，他们不愿接受黄金家族的统治，向西进入水草丰美的青海地区，并对青海的番

---

　　① （明）陈子龙：《皇明经世文编》卷 405，涂宗浚：《料理驭夷疏》，北京：中华书局，1962 年。

　　② 白寿彝：《中国通史》第 9 卷，上海：上海古籍出版社，1996 年，第 1687 页。

　　③ （清）张廷玉：《明史·郑洛传》卷 222，北京：中华书局，1974 年，第 5851 页。

　　④ （清）张廷玉：《明史·郑洛传》卷 222，北京：中华书局，1974 年，第 5851 页。

　　⑤ （清）查继佐：《罪惟录》卷 28，《三娘子》，杭州：浙江古籍出版社，1988 年，第 2599 页。

　　⑥ （清）谷应泰：《明史纪事本末补编》卷 3，《西人封贡》，北京：中华书局，1977 年，第 1566 页。

人大肆掠夺和奴役,我们称青海一带的蒙古为"海虏"或"西虏"。正德九年(1514年),卜儿孩因与达延汗不和,"以内乱奔据青海"①。嘉靖三十八年(1559年),右翼土默特部首领俺答汗携子宾兔、丙兔等数万众,赶走亦不刺和卜儿孩,占据其地,"留宾兔据松山,丙兔据青海,西宁亦被其患"②。到俺答汗死后,其子孙长久占据青海,不断奴役和骚扰西番诸卫,消除了"南番北虏"的界线,改变了青海地区民族分布格局。万历十八年(1590年),蒙古火落赤部进犯西番,明与青海蒙古战火不断。据《明史·神宗本纪》所载,青海蒙古部落攻明情况如下:

万历十六年(1558年)九月,"青海部长他不囊犯西宁,杀副将李魁"③。

万历十八年(1590年)六月,"青海部长火落赤犯旧洮州,副总兵李联芳败没"④。

万历十八年(1590年)七月,"火落赤再犯河州、临洮,总兵官刘承嗣败绩。八月癸酉,停扯力克市赏"⑤。

万历十九年(1591年)二月,"总兵官尤继先败火落赤余众于莽刺川"⑥。

万历二十三年(1595年)九月,"青海部长永邵卜犯甘肃,参将达云败之"⑦。

万历二十四年(1596年)三月,"火落赤犯洮河,总兵官刘綎破走之"⑧。

① 《明世宗实录》卷134,嘉靖十一年正月丁卯。
② (清)张廷玉:《明史·西域二》卷330,北京:中华书局,1974年,第8546页。
③ (清)张廷玉:《明史·神宗本纪一》卷20,北京:中华书局,1974年,第272页。
④ (清)张廷玉:《明史·神宗本纪一》卷20,北京:中华书局,1974年,第273页。
⑤ (清)张廷玉:《明史·神宗本纪一》卷20,北京:中华书局,1974年,第273页。
⑥ (清)张廷玉:《明史·神宗本纪一》卷20,北京:中华书局,1974年,第274页。
⑦ (清)张廷玉:《明史·神宗本纪一》卷20,北京:中华书局,1974年,第277页。
⑧ (清)张廷玉:《明史·神宗本纪一》卷20,北京:中华书局,1974年,第277页。

据称,到万历中期,驻牧于青海的蒙古部众已多达"十万之众"。[1]

蒙古诸部来到青海之后,当地番族"不堪剽夺,私馈皮币曰手信,岁时加馈曰添巴,或反为向导,交通无忌"[2],给当地诸番带来严重灾难。而番族力量分散,缺乏联系和统一,无力抵抗,这直接影响到明朝对西番诸卫的统治以及诸卫民族的生产和生活。为此,"西虏"逐渐成为明朝统治者和大臣们最棘手的民族问题,如何管理和控制整个青海的西番诸卫和蒙古诸部,关系到明廷西北边陲的安危。因此,明朝统治者和边防大臣不得不针对实际情况,思考新的处理民族关系对策。杨一清建议派兵征讨亦卜剌,但是其继任者王宪及王琼均以"兵寡饷诎"[3]为理由而放弃。面对此等形势,明朝采取消极的态度,既不纳亦卜剌为藩属,又不派兵征讨,甚至将西番和青海蒙古都视为化外之人。各部蒙古更是无所顾忌,抢番役番,使西海和西番诸卫成为右翼蒙古诸部的住牧地,"致诸酋恋牧河西,近复蚁聚莽剌,渐逼洮河,将为内患"[4]。面对如此严峻的形势,万历十八年(1590年),明廷选派了具有二十多年治边经验的郑洛,经略七镇,郑洛被推到了处理明与青海蒙古复杂关系的风口浪尖。

(一)招抚西番诸卫的"三策"

"招抚番部"是郑洛经营青海番族的基本措施。郑洛认为"番虏之势不分,则心腹之患无已,欲荡两川,须清西海,欲清西海,须鼓诸番"[5],故他到达西番诸卫后,便致力于收复番族。据郑洛在

---

① (明)陈子龙:《皇明经世文编》卷405,郑洛:《敬陈备御海虏事宜以弭后患疏》,北京:中华书局,1962年。
② (清)张廷玉:《明史·西域二》卷330,北京:中华书局,1974年,第8549页。
③ (清)张廷玉:《明史·西域二》卷330,北京:中华书局,1974年,第8544页。
④ 《明神宗实录》卷151,万历十二年六月乙丑。
⑤ (明)陈子龙:《皇明经世文编》卷404,郑洛:《收复番族疏》,北京:中华书局,1962年。

《收复番族疏》中所说,无论生番还是熟番,皆可招揽成为我们的藩篱,招揽的方法有三种,分别为"安之""来之"和"鼓之"。

"安之"是指让番族过上安定、安稳的生活。郑洛鉴于西番诸部受尽青海蒙古的蹂躏和驱使,"岁遭荼毒,不能自存"[1],主张帮助他们开始新的生活,给予番部茶叶、布匹等,使其安心生活。同时培植和训练一些战斗能力较强的番族,修建堡寨、加强训练,以此自卫。"来之"是指吸引番族归附、向化朝廷。郑洛认为只要他们能够甘心报效明朝,无论生番或是熟番,都与他们进行纳马给茶,以此孤立青海蒙古,同时提高西番诸卫的生活质量。"鼓之"是指策划、鼓动番族反抗蒙古。郑洛认为西番以前之所以没有起兵反抗蒙古,主要是由于"中国不肯为其主"[2],现在引番族归附,应该利用西番"怨房入髓""欲飨其肉而枕其皮"[3]的心理,鼓动他们起来反抗蒙古人,使他们有机会报仇杀敌,并对有军功者会按照汉人之例升迁。

接着郑洛分析了收复诸番的六利:"此番房分合之情,灼然可见,房必雠番,房既雠番,番益叛房,其约既解,其势即分,房既难侵,番亦易制,利一也;房越甘凉,惟番是掠,今我保番,番气自壮,或偷赶房马,窃杀房级,使房不宁居,流寇自息,利二也;羌富畜牧,觔角皮革,可供军需,利三也;牛羊毡酪,绎络来市,边民财货日通,闾阎无匮,连年残坏,可以苏息,利四也;山林通道,樵牧来往,番汉无猜,小而薪爨,大而材木,源源资给,利五也;我既示恩,番必怀感,日与土人相亲相睦,不出五六十年,与西纳等族,俱可

---

① (明)陈子龙:《皇明经世文编》卷404,郑洛:《收复番族疏》,北京:中华书局,1962年。

② (明)陈子龙:《皇明经世文编》卷404,郑洛:《收复番族疏》,北京:中华书局,1962年。

③ (明)陈子龙:《皇明经世文编》卷404,郑洛:《收复番族疏》,北京:中华书局,1962年。

化为良番，利六也。"①这"六利"概括起来就是，招抚番族可以使番虏联盟解体，"西虏"势单力薄，不会对我军构成威胁；诸番丰富的畜牧业和林业资源，可与边民互通有无，复苏经济；诸番感恩于大明王朝，必倾心向化，有助于民族团结。

（二）对青海蒙古"分别顺逆"

自古在处理民族关系时，无非就是"战"与"守"二策。郑洛认为，"言战不可舍守，言守不可舍战"②，一定要"战"与"守"结合。在郑洛经略青海蒙古前夕，俺答汗之孙扯力克、真相、火落赤一味掳掠番族，骚扰洮岷，与明关系十分紧张。面对这种形势，张学颜、叶梦熊等坚决主张决战，而郑洛认为，"专主抚则无威，是陵夷之渐也；专主剿则无恩，是衅隙之媒也"③，主张剿抚并用，恩威兼施，"分别顺逆"④。

那么郑洛宁愿背负"秦桧、贾似道"⑤的骂名，主张对青海蒙古扯力克部实行"抚"的原因是什么呢？我们认为主要有以下三点：

一是郑洛吸取历史经验教训。他远举汉赵充国不战而定羌，段颖杀羌百万而内地虚耗的例子，近举明太祖封买的里八剌及明成祖封阿鲁台相证，认为"抚"非谓"媚虏纵虏"⑥，说明"不战而屈人之兵"的重要性，为他采用"恩威兼施，以抚为主"的羁縻之法提供历史依据。

---

① （明）陈子龙：《皇明经世文编》卷404，郑洛：《收复番族疏》，北京：中华书局，1962年。
② （明）陈子龙：《皇明经世文编》卷404，郑洛：《感激天恩责成委任直陈边计疏》，北京：中华书局，1962年。
③ （明）陈子龙：《皇明经世文编》卷404，郑洛：《类报四镇虏情疏》，北京：中华书局，1962年。
④ （明）陈子龙：《皇明经世文编》卷404，郑洛：《感激天恩责成委任直陈边计疏》，北京：中华书局，1962年。
⑤ （清）张廷玉：《明史·郑洛传》卷222，北京：中华书局，1974年，第5852页。
⑥ （明）陈子龙：《皇明经世文编》卷404，郑洛：《感激天恩责成委任直陈边计疏》，北京：中华书局，1962年。

二是郑洛认为"战"会加重明廷负担,削弱统治。洮岷一带在蒙古的抢掠之下,已经民不聊生。郑洛认为如果再继续发动战争,就会使百姓雪上加霜,痛苦不堪。本已财政赤字的明政府无法承担战争的压力,因此,"安抚"政策无疑成为首选。

三是郑洛清醒地认识到战胜蒙古的困难。郑洛认为,青海蒙古号称十万,"大漠穷荒,我军深入,粮糗当料,何以随载,缓急失节,何以救缓"①,明朝"能不厪宵忧盱乎?"②双方实力的对比为郑洛的"安抚"政策提供了现实基础。

基于上述原因,郑洛首先按照"若各夷不敢骚扰汉人,汉人亦姑勿轻为杀虏"③的原则,向蒙古诸部谕之以理。顺义王扯力克也遣使谢罪,请道东归,离开青海。之后,郑洛对青海蒙古主要采取了"断其假道、革其币赏、焚其寺刹"④的具体措施。

首先,"断其假道"。郑洛经过实地调查,得知蒙古西行,必经由甘肃内地,"在庄浪则镇羌堡,在黑松则铁柜儿,在凉州则泗水堡,在永昌则水泉与宁远,在甘州则峡口,皆北虏由内地通番之径也"⑤。因此,郑洛认为,想孤立青海蒙古,廓清两川,"须先堵截流虏,流虏既断,然后松套群酋交结不通,海上流夷,不攻自解"⑥。十月,郑洛下达禁道之令,"自青海归巢者,听假道;自巢入青海者,即勒兵拒之"⑦。这一措施起到了立竿见影的效果,卜失兔率

---

① (明)陈子龙:《皇明经世文编》卷405,郑洛:《敬陈备御海虏事宜以弭后患疏》,北京:中华书局,1962年。

② (明)陈子龙:《皇明经世文编》卷404,郑洛:《感激天恩责成委任直陈边计疏》,北京:中华书局,1962年。

③ (明)陈子龙:《皇明经世文编》卷404,郑洛:《严杜流虏借路深奸以慎边防以安全镇疏》,北京:中华书局,1962年。

④ 《明神宗实录》卷294,万历二十四年二月癸丑。

⑤ (明)陈子龙:《皇明经世文编》卷404,郑洛:《严杜流虏借路深奸以慎边防以安全镇疏》,北京:中华书局,1962年。

⑥ (明)陈子龙:《皇明经世文编》卷404,郑洛:《感激天恩责成委任直陈边计疏》,北京:中华书局,1962年。

⑦ (清)张廷玉:《明史·郑洛传》卷222,北京:中华书局,1974年,第5852页。

众至凉州供道时,总兵官张臣奉命勒兵拒之,双方相持月余,最后卜失兔中明军伏击,几乎丧失全部,跟随其后的庄秃赖得此消息,也悄然退回。

其次,"革其币赏"。郑洛认为青海蒙古作为游牧民族,很大程度依赖于中原汉族的赏赐和互市,只要断绝对其必需品的供应,蒙古诸部就会因为生活难以持续而归顺明朝。"革其币赏"虽然在短时间内起到了作用,但从长远来看,不利于明蒙关系的发展,也违背了经济发展的规律。

最后,"焚其寺刹"。仰华寺是蒙藏民族关系友好的一个标志。俺答汗为了在青海站稳脚跟,获得藏族民众及首领的信任,就大力推崇和信仰当地的藏传佛教。因此,郑洛认为欲分化蒙藏联盟,就必须灭其信仰,"火其寺宇"①。万历二十年(1592 年),在番部的配合下,郑洛进兵青海,赶走火落赤、真相后,焚仰华寺,"各房望见火光,驰至,官军对敌,昏夜射死不及取首,生擒鞑房二名,余房逃奔山后"②,达到了郑洛的"焚夷寺以绝其祸本"③的目的。仰华寺虽被毁,但藏传佛教并未因此而停止传播,蒙古在藏区的势力也并未大大减弱。

郑洛区别对待蒙古各部,在对著力兔实行"安抚"的同时,对"力足以豪举,智足以鼓煽"④的火落赤和真相则采用征剿的方针,即使扯力克和番族僧人为他们求情,郑洛也置之不理,以剿灭他们为主。万历二十四年(1596 年),"火落赤部众复窥伺洮州,耽遣参将周国柱等击之于莽剌川脑"⑤,郑洛大破之。其番部或被

---

① （明)陈子龙:《皇明经世文编》卷 404,郑洛:《收复番族疏》,北京:中华书局,1962 年。

② 《明神宗实录》卷 242,万历十九年十一月丁丑。

③ （明)陈子龙:《皇明经世文编》卷 404,郑洛:《恭报大兵直抵西海遍搜两河疏》,北京:中华书局,1962 年。

④ （明)陈子龙:《皇明经世文编》卷 405,郑洛:《敬陈备御海虏事宜以弭后患疏》,北京:中华书局,1962 年。

⑤ （清)张廷玉:《明史·鞑靼传》卷 327,北京:中华书局,1974 年,第 8490 页。

召,或被擒,仅剩数千骑,各部力量已大为削弱。

总之,经过郑洛对西海蒙古的经略,"(番人)复业者七千余户"①,西陲边疆获得安宁。郑洛还朝后,永邵卜、火落赤、真相诸部复入青海,明神宗派田乐为甘肃巡抚,发动了著名的"湟中三捷",严重打击了青海地区蒙古的势力。

第二节　张居正的民族思想

张居正字叔大,号太岳,湖北江陵人,又称张江陵,明内阁首辅之一,著名的政治家和改革家。隆庆元年(1571 年),张居正进入内阁主持变法,正值明朝"虏患日深,边事久废"②。张居正在《陈六事疏》中敏锐地指出,"当今之事,其可虑者莫重于边防,庙堂之上,所当日夜图划者,亦莫急于边防"③。张居正"外示羁縻、内修战守"④以及"东怀西制"的民族思想就是在这样的背景下形成的。

一、"外示羁縻"

"外示羁縻"主要体现在"隆庆和议"中张居正处理明朝与蒙古鞑靼俺答汗的关系上。关于"隆庆和议"的决策者史学界众说纷纭,有高拱说、有张居正说,也有明穆宗说,但一个事件的发生一定是周边合力的结果,张居正也在这一事件中起到了至关重要的作用。从《张太岳集》中收录的有关"隆庆和议"书信数量和内容中,可以看出张居正在俺答之孙把汉那吉等人的去留、待遇,以及俺答求贡互市等问题的交涉中所做的努力和精心安排。

---

① （清）张廷玉:《明史·萧如薰传》卷 239,北京:中华书局,1974 年,第 6224 页。
② 《明穆宗实录》卷 23,隆庆二年八月丙午。
③ （明）陈子龙:《皇明经世文编》卷 324,张居正:《陈六事疏》,北京:中华书局,1962 年。
④ 《明神宗实录》卷 2,隆庆六年六月戊辰。

第一阶段,议处把汉那吉归降事件的书信有七封,其中六封是给时任宣大总督王崇古的,一封是给大同巡抚方逢时的。隆庆四年(1570年),张居正获悉俺答之孙把汉那吉来降,敏锐地感到此事是改善明蒙关系的契机。他在《答王鉴川策俺答之始》的信中,让王崇古务必了解详情,抓住"制虏之机",并告诫王崇古,"庙堂处置失宜,人笑之,至今齿冷,今日之事又非昔比,不宜草草"①。

对于把汉那吉来降,朝廷内多数人思想上毫无准备,一时间围绕着如何处理把汉那吉的问题,议论纷纷,不少大臣持反对意见,甚至武断地主张全部杀掉以绝后患,特别是当俺答大兵压境索要其孙时,反对派认为正是张居正等的"接纳"引出了祸患。但张居正据理力争,取得明穆宗和首辅高拱的支持,借助皇威慑服了反对派,要求王崇古"坚持初意,审定计谋,毋为众言所淆"②,并告诫诸将,坚壁清野,扼险守要,等待时机。

张居正之所以力排众议,厚待把汉那吉,并授以官职,厚赐饮食、衣服、器具,是建立在他对当时形势准确判断的基础上。

首先,张居正认为俺答不具备发动战争的实力。张居正认为,"虏中今岁饥荒,头畜多死,东犯不遂,西抢不成,力疲于奔命,计阻于多歧,众叛亲离,内难将作"③。由此可见,明后期蒙古内部矛盾激化,权争激烈。再加上明朝不断派兵出击"捣巢",焚烧牧场,使之生活十分困难,已经缺失了当年驰骋草原的威风,所以张居正认为没有必要动用武力。

其次,张居正想利用把汉那吉换回明朝赵全等叛徒。嘉靖三十三年(1554年),白莲教教主赵全率教民叛逃到俺答部,为其充

---

① (明)陈子龙:《皇明经世文编》卷326,张居正:《答王鉴川策俺答之始》,北京:中华书局,1962年。

② (明)陈子龙:《皇明经世文编》卷326,张居正:《答王鉴川策俺答之始》,北京:中华书局,1962年。

③ (明)陈子龙:《皇明经世文编》卷326,张居正:《答王鉴川策俺答之始》,北京:中华书局,1962年。

当向导，替俺答谋划战争，祸害大明王朝，张居正早就想铲除赵全，所以将把汉那吉当作人质，与俺答交换赵全。当俺答来到明边时，看到爱孙那吉无恙，明边严防死守，终妥协并答应把赵全等叛臣送往明朝，为明朝解除了心腹大患。

最后，张居正还有更为长远的计划，就是想利用把汉那吉事件结束明蒙过往的战争，早日实现和平互市。在给王崇古的信件《与王鉴川谋取板升制虏》中，张居正指出，如俺答诚心款贡，就可以"假以封爵，许其贡市"，以此来达到"修战守之具，兴屯田之利，边鄙不耸，稇人成功"①的真正目的。

第二阶段，张居正议处俺答"封贡事宜"的信函有四封，表示极力赞成封贡事。张居正早在双方交涉的过程中，就已向王崇古表达过通贡的意见。然而，此言一出，又遭到众大臣反对，理由无非是"敌情叵测"②"先帝禁开马市"③"封贡便，互市不便"④等。

张居正虽面临着违背祖训以及媾和示弱的压力与考验，但他依然坚持己见，并采取了一系列措施说服群臣，推动封贡事宜。

一方面在张居正看来，只有封贡互市，才能改变明朝北方边事多年来的被动局面，正如他对王崇古所言："封贡事乃制虏安边大机大略，时人以娟嫉之心，持庸众之议，计目前之害，忘久远之利，逐欲摇乱而阻坏之，国家以高爵厚禄，畜养此辈，真犬马之不如也。"⑤张居正以犀利的语言严厉抨击了反对派。接着，张居正据理力争，陈述"封贡互市"之五利："虏既通贡，逻骑自稀，边鄙不耸，稇人成功，一利也；防守有暇，可以修复屯田，蓄吾士马之力，

---

① （明）陈子龙：《皇明经世文编》卷326，张居正：《与王鉴川谋取板升制虏》，北京：中华书局，1962年。
② （清）张廷玉：《明史·王崇古传》卷222，北京：中华书局，1974年，第5840页。
③ （清）张廷玉：《明史·王崇古传》卷222，北京：中华书局，1974年，第5841页。
④ （清）张廷玉：《明史·王崇古传》卷222，北京：中华书局，1974年，第5842页。
⑤ （明）陈子龙：《皇明经世文编》卷326，张居正：《答王鉴川计贡市利害》，北京：中华书局，1962年。

岁无调援,可省行粮数十百万,二利也;土蛮、吉能每借俺酋以为
声势,俺酋既服,则二房不敢轻动,东可以制土蛮,西可以服吉能,
三利也;赵全等既戮,板升众心已离,吾固与房约,有愿还者必勿
阻之,……则数万之众,皆可渐次招来,丰州之地可虚矣,四利也;
彼父子祖孙情乖意阻,胡运将衰,其兆已见,老酋死,家族必分,不
死必有冒顿、呼韩之变,我得因其机,而行吾之计,五利也。"①从上
疏中,我们可以看出张居正站在国家的立场上,从维护边镇安定、
发展生产的角度陈述利害,提出互市的五大好处。

另一方面张居正为了解除大臣的担忧,分析了宋金议和与俺
答封贡有本质的不同。"夫所谓和者,两敌相角,智丑力均,自度
未足以胜之,故不得已而求和,如汉之和亲,宋之献纳,则制和者
在夷狄,而不在中国。……今则彼称臣纳款,效顺乞封,制和者在
中国,而不在夷狄,比之汉宋之事,万万不侔。"②张居正认为,与俺
答封贡的主动权牢牢掌握在中原王朝,这是和谈得以成功并长期
维持的前提条件。

为了保证"通贡互市"的顺利进行,张居正又写信《与王鉴川
计四事四要》,再次告诫王崇古,要他在进行互市时,有四件事情
务必要注意办好:

互市初开,边氓畏虑,不敢贸易,虏入不市,衅怨易生。今岁
且宜官为处置,使边氓睹利,则人必乐从,一也;铁锅乃虏所急者,
顷部议禁不与市,将来必求索无已,此事新郑亦极论,今闻广锅
毁,则不可复为兵,宜稍市之来岁,责令如数更换,二也;虏使既不
许入朝,须安置得所镇城之中,民物殷阜,易启戎心,昔年豪宗献

---

① （明）陈子龙:《皇明经世文编》卷326,张居正:《答王鉴川计贡市利害》,北京:
中华书局,1962 年。
② （明）陈子龙:《皇明经世文编》卷326,张居正:《答王鉴川计贡市利害》,北京:
中华书局,1962 年。

城之事,可为殷鉴,顷者流议皆起于镇城之人,虏使一入,人人惴恐,宜严加防范以杜奸萌,俾边堡可容,无令得入镇城,三也;马赵久为边帅,赵虽喜事而近忠,可驯伏也,马故多端,素与虏通,其部下多真虏,而又有内主,封贡之议,渠最不愿,闻公近日以法绳之,颇不能堪,以其含愤蓄愁之私,而行其幸灾乐祸之计,何所不至,云中人情,公所素知,今既不能去,亦宜以计用之,毋令积恨生变,四也。"[①]

概括来说,一是鼓励边民互市,让他们从中获利,消除与鞑靼进行贸易的顾虑。二是铁锅禁止用来交易,而广锅因不能制兵器,可以出卖。三是妥善安置蒙古使臣,并严加防范,以杜奸萌,鞑靼使者不许全部入朝,也不许入城,只许在边堡停留。四是恰当使用马、赵二位总兵,要与之为善,勿使其有怨恨而影响马市的交易。

在张居正等人的力争下,明穆宗终于首肯,"封贡通市"的主张最终得以实现。至此,东至海岸,西到甘州,在绵延五千里的广阔地区,烽火无警,和平友好代替了相互对峙,经济贸易代替了连年的战争冲突,明蒙关系由此揭开了新的一页。

第三阶段,张居正关于封贡后的善后事宜,体现在给王崇古和方逢时的书信中,主要表达了两个方面的意愿。一方面要利用"隆庆和议"这来之不易的和平环境,加强自我军事力量的壮大,开垦荒田,发展军屯,以此达到"家自为战,人自为守,不求兵而兵足矣"[②]的目的。另一方面要对俺答以诚待之。在张居正看来,"俺答既就市,事朝廷甚谨,部下卒有掠夺边氓者,必罚治之,且稽

---

① (明)陈子龙:《皇明经世文编》卷 326,张居正:《与王鉴川计四事四要》,北京:中华书局,1962 年。

② (明)陈子龙:《皇明经世文编》卷 327,张居正:《答蓟镇总督王鉴川言边屯》,北京:中华书局,1962 年。

首谢罪,朝廷亦厚加赏赉"①,特别强调在封贡关系确立之后,明与鞑靼关系的性质已经改变,"昔未臣服,故可用计处,今既为一家,凡事当待之以信,谕之以理"②。

总之,张居正在处理把汉那吉归降、俺答封贡互市,以及善后事宜都面面俱到、事无巨细地做了大量而实际的部署,"封贡互市"的实现给明蒙双方都带来了实惠。对于蒙古方面来说,通贡互市使贫苦牧民可以换得布帛、茶盐等物。对于明朝来说,通贡互市避免了战争带来的生灵涂炭,使人民生活得到改善,明军费开支大大降低,财政危机也得到了缓和,北部边境出现了和平安宁的局面。

二、"内修战守"

"隆庆议和"后,张居正并没有对俺答部掉以轻心,始终认为这只是权宜之计,应"以通贡为羁縻,以战守为实事"③。在张居正看来,通贡与互市都是围绕防御政策而展开的,贡市的真正目的是通过小恩小惠,以达到维护边防的目的。因此,张居正向明穆宗提出解决房患要"坚定必为之志,属任谋臣,修举实政,不求近功,不忘有事,熟计而审行之,不出五年,房可图矣"④,"敕下戎政大臣,申严军政,设法训练,每岁或间岁,季冬农隙之时,恭请圣驾,亲临校阅"⑤。可见,张居正真正意识到没有强大的国力作后盾,就不会实现长久的和平,就可能重蹈宋金议和的覆辙,因此张

---

① （清）张廷玉:《明史·鞑靼传》卷327,北京:中华书局,1974 年,第 8488 页。

② （明）陈子龙:《皇明经世文编》卷327,张居正:《答山西崔巡抚》,北京:中华书局,1962 年。

③ 《明神宗实录》卷13,万历元年五月甲申。

④ （明）陈子龙:《皇明经世文编》卷324,张居正:《陈六事疏》,北京:中华书局,1962 年。

⑤ 《明穆宗实录》卷23,隆庆二年八月丙午。

居正遵照"修武备,谨边防"①的治边理念,针对边防兵少、粮缺、将帅不得人等问题,开始在辽东一带建立起完备的军事防御体系。

首先,不拘一格用人才。张居正认为,"世必有非常之人,然后有非常之事;有非常之事,然后有非常之功"②。而当时明朝边防的实际情况是北部将帅不死力扼险,上下欺瞒,士兵疲弱怯战,最终积弊难返。张居正认为,"兵不患少而患弱,今边军虽缺额严重,但粮籍具存,若能按籍征求,清查隐占,随宜募补,着实训练,何患无兵?捐无用不急之费,并其财力以抚养战斗之士,何患无财悬重赏以劝有功,宽文法以伸将权,则忠勇之夫,孰不思奋,又何患于无将"③。因此他与边塞各地的主要将领,俱保持着密切的联系,不论在战略决策、战役指挥、调配和使用兵力上,均十分重视选将与用将。在实战中十分注意考察,精心挑选具有优异军事素质、多谋善断而又骁勇善战的将官,授予他们指挥大权,留其久任,放置于敌我必争的要塞。在这期间,张居正启用了立有汗马功劳的俞大猷、谭纶、吴兑、刘显、王崇古、方逢时、殷正茂、凌云翼、戚继光、李成梁等人,尤其是戚继光和李成梁,张居正取得的军政成就与他们密不可分。在蓟州一带,他任用名将戚继光镇守,在边境沿线整饬军备,修筑边防要塞,开垦屯田,储积钱谷,战守有备;在辽东,张居正倚重李成梁指挥御敌,李成梁镇守辽东期间,曾多次平息当地的民族叛乱,维护了东北边境的安宁。正如侯玄泷在《月蝉笔露》中所说:"居正,……尤留心边事,初与高拱合策以抚俺答,宣大以西,桴鼓凝尘,又用戚继光于蓟镇,一切用兵兴建,惟继光之言是听,又用大帅李成梁于辽东,敢战深入,当

---

① (清)谷应泰:《明史纪事本末》卷14,《开国规模》,北京:中华书局,1977年,第214页。

② (明)陈子龙:《皇明经世文编》卷326,张居正:《答蓟镇抚院王鉴川论蓟边五患》,北京:中华书局,1962年。

③ (明)陈子龙:《皇明经世文编》卷324,张居正:《陈六事疏》,北京:中华书局,1962年。

时九边晏如,庶几黄龙地节之时矣。"①

其次,修筑城墙。张居正改革期间,鉴于明蒙之间的长期战争,边备废弛,因此把修筑塞垣作为加强边备最为紧要事务,在绵长的北边防线上筑城立墩。张居正修筑城墙的创新之处在于开始修空心台,里面可以储存粮食、器械以及躲避百姓。用的材料不再是沙土,而是砖头和石块,城墙加厚加宽,固若金汤。

再次,"足边足食"。张居正认识到富国强兵对国家边防安全的重要性,强调了治兵与足食的关系。"足边"即兵力完备,兵源充足,张居正看到,"祖宗朝九边,兵以百万计,尚存六十万有奇"②,提出要尽快招募逃亡的士兵回归。"足食"即保证军饷兵粮充裕,不被冒领。他认为:"足食乃足兵之本,如欲足食,则舍屯种莫由焉,诚使边政之地,万亩皆兴,三时不害,但令野无旷土,毋与小民争利,则远方失业之人,皆襁负而至,家自为战,人自为守,不求兵而兵自足矣,此言似迂,然在往时诚不暇,今则其时矣,故愿公留意焉。"③为此,张居正积极推动清查虚饷和恢复屯政,关心细节甚至到了不可思议的地步,诸如叛乱部落首领的个性、修建长城空心敌台的详细尺寸规格、军队的训练成绩、每名边兵每日粮食的消耗,及单兵粮食运输的成本等。张居正为此付出了很大心血,用他自己的话讲,就是"仆十余年来,经营蓟事,心力俱竭"④。

① (明)侯玄汸:《月蝉笔露》卷下,转引自韦庆远:《张居正和明代中后期政局》,广州:广东高等教育出版社,1999年,第675页。
② 《明穆宗实录》卷24,隆庆二年九月戊辰。
③ (明)陈子龙:《皇明经世文编》卷327,张居正:《答王鉴川言边屯》,北京:中华书局,1962年。
④ (明)陈子龙:《皇明经世文编》卷327,张居正:《答宣大王巡抚言蓟边要务》,北京:中华书局,1962年。

三、"东制西怀"

所谓"东制",是指对"东虏"蒙古土蛮部以军事打击,坚决不与其通贡;所谓"西怀",是指对西边俺答部进行怀柔和安抚。这是张居正审时度势的结果,也最能体现张居正超凡的战略眼光。概括起来,"东制西怀"思想主要源于以下三点:

第一,明朝积弱日久,不再是汉武帝有实力北伐匈奴的时代,所以明朝并没有实力一统或消灭蒙古各部。在这种情况下,张居正务实地认为,保证北部边防安宁与稳定的根本就是分化敌人,拉拢一个打击一个,避免腹背受敌、东西两线作战。

第二,张居正认为土蛮生性残忍凶狠,实力削弱时就请求封贡,待实力大增时,就会背信弃义,不断扰明。所以张居正认清其本性和心机后,就多次拒绝土蛮的求贡,即使在李成梁战败土蛮时,张居正依然没有与之通贡。

第三,"绥怀之恩处于朝廷,而非处于要索矣"[①]。在张居正看来,封贡互市是朝廷的恩典,而不能屈服于土蛮的武力求贡。

第四,离间俺答与土蛮的关系。张居正认为如果因为土蛮威胁、索要而轻许,那么俺答"亦将忽而狎视之,他日且别有请乞,以厚要于我,召衅渝盟必自此始,是威褻于东而惠竭于西也"[②]。如果对土蛮拒绝封赏,那么俺答会因为与朝廷订立了盟约而更加珍惜,正如张居正所言,"今东虏有求而不获,则西虏以我之重之也,亦挟厚赏以自重,必不从东虏矣,虏不得西虏之助,则嫌隙愈构,大有纵横之术,而其势愈孤,而吾以全力制之,纵彼侵盗,必不能

---

① (明)陈子龙:《皇明经世文编》卷328,张居正:《答甘肃巡抚侯掖川》,北京:中华书局,1962年。
② (明)陈子龙:《皇明经世文编》卷328,张居正:《与张心斋》,北京:中华书局,1962年。

为大患,是我一举而树德于西,耀威于东,计无便于此者矣"①。土蛮内犯得不到俺答的支援,必产生间隙,这对明朝而言,就出现了"东虏屡窥边境,久未得利"②的局面。

张居正民族思想的来源是多方面的,就其重要性来讲,主要有以下两点:

第一,传统的华尊夷贱思想。张居正没有跳出封闭的民族观这一框架,体现着封建统治者一贯视"蛮""虏""夷""狄"为异类的思想偏见和大汉族主义的优越感,这是地主阶级当权派阶级本性的反映。从他对"虏、夷"的称呼上,便可略见一斑。张居正在《陈六事疏》中说:"臣以为虏如禽兽然。"③对于鞑靼的方略,是"犬摇尾乞怜,固可投之以骨,如其狂噬,则大杖加焉"④。对于"属夷"请求加赏,张居正说:"譬之于犬,摇尾则投之以骨,狂吠则击之以棰,既棰而复服,则复投之,投而复吠,则击之。"⑤

第二,传统的法家思想。法家思想是其民族思想的主要来源之一,张居正作为明朝中期的改革家,举起了尊法的旗帜,他继承了法家"不期修古,不法常可"⑥的变法观点,认为儒术不足以解决当时政治、边防等严重的弊病,非用申不害、韩非的法治思想不可。如张居正从明王朝的边防虚弱现实情况出发,切中时弊,锐意变革,认为"若不稍加改易,恐无以新天下之耳目,一天下之心

---

①　(明)陈子龙:《皇明经世文编》卷328,张居正:《与张心斋》,北京:中华书局,1962年。

②　《明神宗实录》卷9,万历元年正月庚寅。

③　(明)陈子龙:《皇明经世文编》卷324,张居正:《陈六事疏》,北京:中华书局,1962年。

④　(明)陈子龙:《皇明经世文编》卷328,张居正:《答吴环洲策黄酋》,北京:中华书局,1962年。

⑤　(明)陈子龙:《皇明经世文编》卷328,张居正:《答吴环洲策黄酋》,北京:中华书局,1962年。

⑥　《韩非子·五蠹》。

志","不一创之,其患不止"①。他反对保守势力的掣肘,加强战备,主张抵抗,支持修建边防设施;他信赏必罚,着力清理边军积弊,鼓励边境屯田,解决兵食问题,对内可以节约经费,对外则可以防御守备,这些都是法家变革思想的延伸。

张居正改革期间,边防稳定,百姓安居乐业,取得了很大的成效,这与其自身能力、对形势的准确把握,以及明神宗的支持是分不开的。

首先,张居正一切从实际出发,一贯重视边防的地形地物,认真分析形势和战机,讲究"因利而制权","先胜而后求战"②。总的说来,就是做到了知己知彼,不打无准备之仗。从早年开始,他便特别留意全国边防态势、战守攻备之方和御敌制胜之策,在掌握实情和确定应对决策等方面,都有充分的准备。隆庆二年(1568年),张居正刚入阁,即上《陈六事疏》,将"饬武备"作为解决时政困绝、开拓新局面的六大关键性问题之一。同时,张居正为随时掌控边防形势,通过与前沿将帅的密切通信,随时掌握瞬息万变的边防战备实况,直接而迅速地安排部署,下达机宜。

其次,边防改革的成功与张居正的个性密不可分。张居正为人圆滑、谨慎、委婉,内敛,勇于任事,敢于担当。面对俺答的求贡,在朝议汹汹,一片反对声中,具有高度洞察力的张居正明白这虽不是蒙古的第一次来降,但这是解决边防安全的重大契机。因此,面对重重阻力,张居正没有丝毫退缩,始终以坚定的信念和毅力,坚决推行各项改革措施。

再次,张居正重实学,反对空谈,具有经世务实的精神。在俺答封贡中,张居正作为"主和"派的核心人物之一,曾被御史言官们指责与"敌虏"封贡互市,有损我大明天威,但他在这个问题上

---

① (明)陈子龙:《皇明经世文编》卷324,张居正:《陈六事疏》,北京:中华书局,1962年。

② 《孙子·计篇》。

的立场非常坚定,始终积极推动互市,促成了"隆庆和议"的实现。而在东虏问题上,他始终拒绝和土蛮部议和,屡次命李成梁严阵以待,如土蛮犯境,坚决出击予以歼灭。可见,张居正是根据边防的不同特点而采取不同的策略,灵活处理,不受祖宗之法的束缚,立足于变通,务实地处理了与周边少数民族的关系。

最后,张居正的思想能够实现与明神宗的支持是分不开的。张居正是明神宗自幼的启蒙老师,对张居正言必称先生,尊重有加,在张居正生病时,亲自为其熬药,关怀备至,建立了深厚的师生之情。因此,张居正的民族思想得到了明神宗的认可,因而在具体实践中没有任何掣肘,能够完全按照自己的思路处理民族事务。

第三节　李成梁的民族思想

李成梁字汝契,号引城,辽宁铁岭人。李成梁生活在辽东边陲,对辽东的少数民族状况十分熟悉和重视,作为万历年间镇守辽东的将领,担负着抚御少数民族、守卫边疆的重任,曾前后两次任辽东总兵。前期守辽二十二年,后为言官弹劾罢官,离开辽东的十年,辽东"八易大将,戎务尽弛,战守无资,辽事大坏"[①]。万历二十九年(1601 年),明神宗不得已,又召李成梁出山,第二次出任辽东镇守总兵官,后期守辽八年。李成梁共守辽前后三十年,可谓辽东的守护神。

辽东重要的战略地位是毋庸置疑的,明太祖朱元璋曾说:"自古重于边防,边境安则中国无事,四夷可以坐制,……沧海之东,辽为首疆,中夏既宁,斯必戍守。"[②]所以设立卫所来守护。嘉靖、万历时期,辽东地区的民族矛盾已经非常尖锐,"北虏"和"东夷"

---

① 《明神宗实录》卷 357,万历二十九年三月丙午。
② 《明太祖实录》卷 103,洪武九年春正月癸未。

无岁不寇辽东,辽东人民是"岁有虏患"①。如《明史》记载,"当是时,俺答虽款塞,而插汉部长土蛮与从父黑石炭,弟委正、大委正,从弟暖兔、拱兔,子卜言台周,从子黄台吉势力强,泰宁部长速把亥、炒花,朵颜部长董狐狸、长昂佐之,东则王杲、王兀堂、清佳砮、杨吉砮之属,亦时窥塞下"②。可见,无论是东部土蛮蒙古还是女真诸部,都具有很强的侵略性,他们时而联合、时而分散,对李成梁和大明王朝而言,都是极大的威胁。

辽东民族形势严峻,除了与明朝中后期势力衰微有关,还与明朝在辽东错误的民族思想指导密切相关。明成祖时期,在辽东设立卫所制度,分女真为海西女真、建州女真和野人女真,实行"以夷攻夷""分而治之"之策,目的是为了分其势、弱其力,使其自相攻击。所以,当时女真各部首领弱肉强食,企图吞并对方,称霸一方。"以夷攻夷"这一思想有明显的风险,结果是"国家本藉女直以制北虏,而今已与北虏交通;本设海西以抗建州,而今已被建州吞并"③。在这一过程中,建州女真首领努尔哈赤统一建州女真,势力坐大,成为明朝后期的心腹大患。此外,明朝对女真实行民族压迫政策,阻碍女真社会的发展和统一,必然激起各部落的反抗,多次扰明。

李成梁上任后,"大修戎备,甄拔将校,收招四方健儿,给以厚饩,用为选锋,军声始振"④。随着辽东形势的大坏,李成梁决定以兵威相见,率领自己的"李家军"骁勇作战、顽强抗敌,取得多次大捷。

万历二年(1574 年),王杲大举犯扰辽阳、沈阳,李成梁督兵

---

① 《明世宗实录》卷491,嘉靖三十九年十二月癸巳。
② (清)张廷玉:《明史·李成梁传》卷238,北京:中华书局,1974 年,第6183～6184 页。
③ (明)陈子龙:《皇明经世文编》卷453,杨道宾:《海建二酋逾期违贡疏》,北京:中华书局,1962 年。
④ (清)张廷玉:《明史·李成梁传》卷238,北京:中华书局,1974 年,第6184 页。

进剿王杲所在的古勒寨,斩首一千余级,努尔哈赤与其弟舒尔哈齐被俘,为李成梁收留,充当仆役。

万历八年(1580年),王杲再次出兵犯边,又为李成梁所败,王杲被捕磔死。

万历十一年(1583年)二月,王杲之子阿台为报父仇,和明军作对,李成梁再度发兵攻阿台,发动了历史上著名的"古勒寨之役",阿台中箭身亡,努尔哈赤的祖父觉昌安、父亲塔克世死于这次战斗。

女真各部遭到李成梁的有力打击,一蹶不振。冯时可说:"辽左累年报捷,李帅力良多,帅非能抗虏也,贼人则深沟固垒,纵其外掠已饱而后击之。大抵御饱贼易,御饥贼难,盖饱焉而多获也。"①

李成梁取得如此多的大捷,究其原因:其一,辽东是李成梁的故乡。作为辽东本土人,李成梁对辽东地形关塞、鞑靼族土蛮部以及女真诸部的内情虚实、攻防策应之方,都特别熟悉。其二,李成梁及其家族的实力使然。李成梁"师出必捷,威振绝域"②,不仅自己英毅骁健,有大将才,屡建殊功,而且带出一门"李家将","弟成材,参将,子如松、如柏、如桢、如樟、如梅皆总兵官;如梓、如梧、如桂、如楠亦皆至参将,健儿李平胡、李宁、李兴、秦得倚、孙守廉辈皆富贵,拥专城"③。其三,李成梁治军严格,且讲究战略战术。"战有堵截,有捣巢,虏入犯,或大举或零窃,而与战者名曰堵截;虏不入犯而我出剿者,名曰捣巢。"④李成梁依靠个人的威望和感召力,对战士们给予厚赐奖赏,激励军队杀敌的战斗力和勇气。

当然,仅靠战争还是无法真正地处理"北虏"蒙古和"东夷"

---

① 《明神宗实录》卷87,万历七年五月丙辰。
② (清)张廷玉:《明史·李成梁传》卷238,北京:中华书局,1974年,第6190页。
③ (清)张廷玉:《明史·李成梁传》卷238,北京:中华书局,1974年,第6191页。
④ (明)陈子龙:《皇明经世文编》卷428,侯先春:《安边二十四议疏》,北京:中华书局,1962年。

女真错综复杂的民族关系,这一过程中李成梁还采取了其他措施,形成了丰富的民族思想。李成梁自己未有只言片语记载流传,有"立功"而没有"立言",我们可以通过研究李成梁及其家族在晚明辽东历史舞台上政治、经济、军事、民族关系等方面的活动,总结其民族思想的特点。

第一,开放辽东马市。明朝在辽东少数民族地区实行羁縻怀柔政策,在政治上设置卫所等地方行政单位,在经济上通过经济贸易往来加强对蒙古、女真等少数民族的控制,鼓励与女真、蒙古各部开展马市贸易活动。但自明孝宗开始,马市不断遭到破坏,"广宁、开原、抚顺三马市,每遇夷人持马、貂诸物来市,被镇守等官及势家纵令头目仆从减价贱市,十偿三四,夷人受其挫勒,扞阅积久,怀怨殊深,往往犯边"[1]。到了明世宗时期,由于长期遭到"北虏"蒙古和"东夷"女真的骚扰,马市也就时开时停,严重影响明与周边少数民族的和谐相处。

李成梁镇辽期间,在凭借武力坚决打击虏夷寇边行为的同时,认识到马市对于维护辽东边防安全的重要性,也请求复开马市,以实现繁荣辽东地方经济和羁縻虏夷之目的。同时,李成梁对互市贸易利弊有清醒的认识,虽然开放互市必然会使辽东一带国富民殷,使努尔哈赤部落的经济基础和综合实力得以增强,但总的来说,"利在中国,又以互市之税即赏市夷,且贡夷诇虏声息,即有大举,我得收保预备,其利多矣"。在李成梁看来,互市既可以保境安民,息边宁人,又可以让女真人获得生活的必需品,并进一步强调,"若辽之二市止可当他镇之民市,民以为利,故虏虽有顺有逆,终不为之绝市,且虏情不可知,即嘉隆之间何年不开市,何年不大抢,不过外示羁縻,内修战具耳,岂可以往年之虏或市或抢,恐人之议其后,而不为担当哉,天下事未有全利而无害者,利

① 《明孝宗实录》卷154,弘治十二年九月丁丑。

多害少则为之"①。

正是因为李成梁的大力推动,辽东马市呈现一片繁荣景象。对于马市上所呈现的热闹繁荣的景象和"抚赏"的场面,李贡在《广宁马市观夷交易》一诗中做了生动的描述:"戍兵夜送夷人箭,为说年来边守宴,天朝岁稔百物丰,乞兴小夷相易变,元戎下令开边关,还令奇兵护堤援。"②通过互市,明朝与女真互通有无,加强了女真与内地的交流,促进了中华民族的大融合和辽东边疆的开发。

第二,以夷治夷、锄强扶弱。明代女真分为海西女真、建州女真和野人女真,明初明太祖和明成祖利用蒙古与女真、海西女真与建州女真内部的各种矛盾,纵横捭阖,拉一个打一个,分化瓦解,使其分治不统一,以免联合强大,构成边患。李成梁继承了这一思想,利用和扶植建州女真来对抗野人女真。他首先利用建州女真内部王杲与努尔哈赤的矛盾,通过打击王杲取得努尔哈赤的支持,并把努尔哈赤收为养子。这与春秋战国时期的"质子制"颇为相似,选汉族或者少数民族首领的儿子或重臣派往敌方或他国去做人质。此制度对加强各民族之间的联系,消除中原王朝与少数民族政权双方芥蒂和疑虑有一定作用,李成梁将努尔哈赤兄弟质留军中替他效命,既控制了建州部落,又补充了军队兵源。

李成梁又利用海西女真内部叶赫部和哈达部发生内乱的机会,出兵征讨叶赫部,发动了镇北关之战,一举歼灭叶赫部主力,这是典型的摧强扶弱策略的实施。在李成梁看来,"以夷攻夷之法,一用憨酋,憨酋忌奴者也,一用北关,北关仇奴者也,因计就计,用力省而收效捷"③。因此,通过压制"渐强"的北关,扶植"势弱"的南关,维持辽东女真内部诸部落力量的平衡,从而保证了辽

---

① 《明神宗实录》卷 366,万历二十九年十二月辛未。
② 金毓黻主编:《辽海丛书》第 1 册,沈阳:辽沈书社影印,1985 年,第 676 页。
③ 《明神宗实录》卷 581,万历四十七年四月戊寅。

东地区安定的需要,效果十分明显。大学士申时行称赞其,"窃惟先年开原地方,属夷王杲为患,赖有海西王台擒获王杲,献俘阙下,边境始安,及王杲既死,王杲之子结连仰逞二奴,为父报仇,于是李成梁提兵出塞,擒杀王杲之子,后逞仰二奴见王杲二子微弱,欲将虐害,于是李成梁又擒杀逞仰二奴,……然则海西诸夷顺即当抚,叛即当剿,其理甚明,……今九边事情,独辽东为难,九边将官忠勇,独李成梁为最,数年以来,无岁不战,无日不防,可谓竭心尽力矣"①。

第三,移建"宽甸六堡"。移建"宽甸六堡"是李成梁在处理与女真民族关系时的一项重大决策。李成梁被调升为辽东总兵官后,在巡抚考察边防工作中,发现边冲要地宽甸一带。"缘地腹里,去边甚远""险山地旷兵寡",且土地被建州女真诸部占据,民众被抢掠。如不速采取措施,"再迟数年,不惟养成虏患,滋蔓难图,抑且内变潜生"②。李成梁决定把过去已建的边墙内六堡移到土地肥沃的边墙外,可守可耕,既可以解决军粮问题,又可将明朝的统治势力直接伸展到女真人的居住腹地,限制其生活范围,直接控制王兀堂、王杲等女真首领。李成梁的设想,被辽东巡抚张学颜以及兵部侍郎汪道昆等人采纳,汪道昆在上疏中进一步分析了移建"宽甸六堡"的必要性,"张其哈剌佃子土沃可耕,且去瑷阳等处适中,声援易及,宜移建孤山堡军于其地。又险山、宁东、江沿台、大佃子、新安五堡,地多不毛,军无可耕。出险山一百八十里亦得沃地,宽佃子、长佃子、双塔儿、长岭、散等五区,且当松子岭等处极冲之地,宜将五堡军移建各处"③。在得到了明神宗的批准后,便开始移建六堡。《明史·张学颜传》记载:"万历初,李成

① 《明神宗实录》卷192,万历十五年十一月甲寅。
② (明)陈子龙:《皇明经世文编》卷363,张学颜:《条陈辽东善后事宜疏(增筑六堡)》,北京:中华书局,1962。
③ 《明神宗实录》卷16,万历元年八月丁巳。

梁议移孤山堡于张其哈佃,移险山五堡于宽佃、长佃、双墩、长岭散等。皆据膏腴,扼要害。而边人苦远役,出怨言,……卒筑宽佃,斥地二百余里。于是抚顺以北,清河以南,皆遵约束。"①

随着"宽甸六堡"的逐步建立,李成梁又对六堡的军屯民垦做了规划,"各堡山林丛密,土地膏腴,堡成之日,先尽移住军士。每军给地五十亩,听其开垦耕种,永不起科。将官、堡官养廉菜地,量行拨给,不许多占。有剩余地方,许军丁及附近居人给帖领种,三年之外,照屯田纳粮事例起科,以备军士月粮支用。通造总册,送部以备稽查"②。实践证明李成梁议设宽甸六堡,既开阔了疆土,围环八百余里,又遏制了建州女真势力的发展,对于扭转辽东的边防有着积极的作用,是一个两全其美的方案。据史记载,宽甸六堡"延袤八百里",不少军工、军余逃到这里开荒耕种,"逼邻东房,汉夷接壤,军民苦役,往往逃窜其中,积集六万余人,屯聚日久,生齿益繁"③,有利于辽东地区经济的发展和人口的增加,促进了民族融合。

李成梁镇守辽东三十年,以自己卓越的军事才能,呕心沥血,征战沙场,保卫边疆,师出必捷,功勋卓著,其取得成效的原因,与当时明朝君臣的支持是分不开的。

首先,得到明神宗的信任。万历十一年(1583 年)九月,南京工科给事中冯景隆弹劾李成梁,"屡奏擒斩首级,多系捏报,贿升世爵,宜行议夺"④,明神宗给李成梁撑腰辩护说:"边事重大,将才难得,若大将尽忠奋勇,替朝廷出死力的,却误信浮言横加诋斥,反不如避事偷安可免訾议,这等是非倒置,功罪不明,何以服人心,作士气,李成梁封爵照旧,着益加奋励,勿以人言隳沮,有负国

---

① (清)张廷玉:《明史・张学颜传》卷 222,北京:中华书局,1974 年,第 5855 页。
② 《明神宗实录》卷 34,万历三年正月庚申。
③ 《明神宗实录》卷 424,万历三十四年八月癸亥。
④ 《明神宗实录》卷 141,万历十一年九月己亥。

恩，冯景隆轻率妄言，着调外任。"①明神宗非但没有处罚，反而将言官冯景隆"着调外任"，从中看出明神宗对李成梁的开脱和袒护。在重新任用李成梁为辽东总兵后，李成梁多次请退，但都遭到万历皇帝的拒绝。据《明神宗实录》记载，万历三十一年（1603年），"辽东总兵官宁远伯李成梁以年衰乞骸，上以辽东冲疲重镇，陵京倚藉，不允所请"②。万历三十三年（1605年）二月，"辽东总兵官宁远伯李成梁以八十引年乞罢，上温旨慰留之"③。万历三十三年（1605年）十二月，"辽东总兵官李成梁，……以考选军政自陈乞罢，命供职如故"④。万历三十三年（1605年）十二月，"辽东总兵官李成梁……奏辞阅视加恩，不许"⑤。

其次，得到内阁首辅张居正的支持。张居正任内阁首辅，十分欣赏和信任李成梁，重用他镇守辽东边疆。对于李成梁在辽东遇到的困难及时给予解决，并调走掣肘李成梁的相关官员。在辽东战场明军伤亡问题上，张居正从制度上存在弊端的角度给予辩护，"时辽东大破虏百余骑，然我兵死伤亦略相当，上顾谓辅臣张居正等，虏今一大创，或可数年无事，第战死者多，朕深念之，居正对言，往时损军之法太严，故将领观望不敢当虏，苟幸军完无损而已，今辽东军杀伤至四五百人，斯乃血战，臣以为宜宽论损折，以作战败之心，而厚加恤禄，以酬死事之苦，上嘉纳之"⑥。

李成梁的民族思想尽管有重要的历史价值和现实意义，但作为生活在封建社会的李成梁，其民族思想自然要受到明朝整体民族时局的影响，不免打上时代的烙印，其政策的失误主要表现在以下四点：

---

① 《明神宗实录》卷141，万历十一年九月己亥。
② 《明神宗实录》卷385，万历三十一年六月庚寅。
③ 《明神宗实录》卷406，万历三十一年二月癸丑。
④ 《明神宗实录》卷416，万历三十三年十二月辛丑。
⑤ 《明神宗实录》卷416，万历三十三年十二月戊申。
⑥ 《明神宗实录》卷45，万历三年十二月辛未。

第一，"锄强扶弱"思想的弊端暴露无遗。李成梁镇守辽东之时，一直遵奉明朝在东北的总方针，"以北房制东夷""以东夷控北房"的"以夷攻夷"思想。李成梁为了控制"北房"，一直扶持和安抚东夷，尤其是建制女真努尔哈赤部落，并打击海西女真。努尔哈赤正是利用了李成梁的"安抚"政策，从万历十一年（1583 年）到万历四十四年（1616 年），佯装对明朝恭顺，暗中积蓄力量，韬光养晦，进行了统一女真的战争，并最终建立后金政权。李成梁并未意识到后金政权对自己的威胁，所以一直没有及时调整北方的民族策略。

第二，李成梁忽视了努尔哈赤对自己的威胁。万历二年（1574 年），努尔哈赤收为明政府的质子，被李成梁收养。万历十一年（1583 年），在古勒寨之战中，努尔哈赤父亲、祖父作为向导被误杀，李成梁十分可怜 15 岁的努尔哈赤，留在帐下，"出入京师，每挟努尔哈赤与俱"①，并授予都指挥使一职。万历三十七年（1609 年），又被封为都督金事。李成梁之子李如柏娶努尔哈赤之女为妾，因此有"奴酋女婿作镇守，未知辽东落谁手"②的说法，这些都成为日后评价李成梁"养虎为患""弃地啖房"的口实。

第三，放弃宽甸六堡事件。万历三十四年（1606 年），李成梁为躲避努尔哈赤的强劲部队，以孤悬难守为由，遗弃了万历初年开拓的宽甸六堡，并粗暴地把宽甸六万余军民强行迁离，"焚其室庐，毁其器用，哭声震野，有僵馁不支而死者，有渡河冰陷而死者，有不愿徙而自刭者，少壮强勇之人亡入（建州者）什四五，仅得老弱孤贫六万余人"③，使宽甸人民受尽苦难和折磨。最为严重的是，放弃了的宽甸六堡又被努尔哈赤尽收囊中，努尔哈赤如虎添

---

　　①　（明）陈子龙：《皇明经世文编》卷 510，姚希孟：《建夷授官始末》，北京：中华书局，1962 年。

　　②　《明神宗实录》卷 582，万历四十七年五月癸未。

　　③　（明）刘若愚：《酌中志》卷 21，《辽左弃地》，《续修四库全书》史部，第 437 册，上海：上海古籍出版社，1995 年，第 565 页。

翼,为其后来进攻大明打下了坚实的基础。

第四,李成梁个人权势的膨胀,居功自傲。《明史》记载:"(李成梁)已而位望益隆,子弟尽列崇阶,仆隶无不荣显,贵极而骄,奢侈无度,军赀、马价、盐课、市赏,岁干没不赀,全辽商民之利尽笼入己。以是灌输权门,结纳朝士,中外要人,无不饱其重赇,为之左右。每一奏捷,内自阁部,外自督抚而下,大者进官荫子,小亦增俸赍金。恩施优渥,震耀当世。而其战功率在塞外,易为缘饰。若敌入内地,则以坚壁清野为词,拥兵观望;甚或掩败为功,杀良民冒级。"①。特别是第二次镇守辽东时,年事已高,更不能专注于辽东事务,早已失去了第一次镇守辽东锐意进取的精神,正如郝杰所言:"时李成梁为总兵官,威望甚著,然上功不无抵欺。寇入塞,或敛兵避,既退,始尾袭老弱,或乘虚捣零部,诱杀附塞者充首功,习以为常。"②

---

① (清)张廷玉:《明史·李成梁传》卷238,北京:中华书局,1974年,第6190页。
② (清)张廷玉:《明史·郝杰传》卷221,北京:中华书局,1974年,第5822页。

第六章　明思宗时期的民族思想

第一节　明思宗的民族思想

明思宗朱由检,明朝第十六位皇帝,明光宗第五子,明熹宗异母弟,年号崇祯。作为明清易代的最高统治者,明思宗对国家衰落的形势有着较为清醒的认识,一心要振兴大明王朝,《明史》记载,"在位十有七年,不迩声色,忧勤惕厉,殚心治理"①,努力整顿内政与边防,以图挽救明朝的覆灭。无奈明思宗的努力并没有取得什么成效,明朝国势继续朝着不可收拾的方向滑落,这与客观环境"大势已倾,积习难挽"有关,也与他刚愎自用的性格导致在民族思想方面的失误有关。我们主要从明思宗对清"议和"出尔反尔的表现,来帮助我们更好地认识明思宗的民族思想以及明朝覆亡的原因。

明思宗面对的明末形势,我们可以从清初史学家计六奇《明季北略》的记载中窥见一斑。"崇祯末年,北京人有只图今日,不过明朝之意。贫富贵贱,各自为心。每云:流贼到门,我即开城,请进,不独私有其意,而且公有其言。已成崩解之势矣。"②"当时(万历中后期)所喧持者,惟禁道学一事,而边防吏治,俱置不理,贿赂日张,风俗大坏,辽东之难,一发而将弩兵骄,无可支吾。赋

---

① (清)张廷玉:《明史·庄烈帝二》卷24,北京:中华书局,1974年,第335页。
② (清)计六奇:《明季北略》卷19,《北都崩解情景(附记)》,北京:中华书局,1984年,第150页。

加民贫,流寇乘之。土崩瓦解,祸发于天启、崇祯之代,而所从来久矣。"①计六奇把明末军政腐败、民族危机加深的局面描写得淋漓尽致。

在民族关系方面,明末其统辖的东北边境又崛起了一个民族——满族。满族在努尔哈赤的领导下,建立后金政权,以"七大恨"告天,公开打出了反明旗帜,与明朝在广阔的辽东角逐,分庭抗礼。努尔哈赤其子皇太极稳稳占据辽东,改国号为"清"。自天聪三年至崇德三年(1629—1638 年),皇太极发动了三次大规模深入中原伐明的战争,北京三次陷入危机,损失精锐达五万八千余人,自此明朝元气大伤。在此过程中,明思宗始终没有坚定的立场,时而"议和",时而防御抵抗,政策的不连贯以及思想的摇摆不定,最终把明朝葬送于自己手中。

一、与清"议和"左右摇摆的表现

崇祯元年(1628 年),皇太极为了稳定后金统治的需要,多次表达了"我欲罢兵,共享太平"之意,致书明思宗,希望两国修好,并与袁崇焕协议好"去帝称汗"。但遭到明思宗的拒绝,仍然对后金持敌对仇恨的态度。

崇祯十一年(1638 年),大明王朝在内外交困中疲于奔命,有丰富御敌经验的兵部尚书杨嗣昌认为从明清双方的实力来看,复辽无望,于是,密奏明思宗,意欲议和,把主要精力用于应对关内李自成的农民起义,明思宗默许。但等议和事件曝光后,在朝廷引起轩然大波,明思宗迫于压力和着急推卸责任,立刻终止议和,并弹劾杨嗣昌,给予降职处理。据李清《三垣笔记·自序》记载:"上因杨嗣昌请勉从款议,然犹欲隐其名,会黄翰林道周疏驳,中寝。及北兵入犯,上拊膺叹曰:大事几成,为几个黄口书生所误,

---

① (清)计六奇:《明季北略》卷 24,《国运盛衰》,北京:中华书局,1984 年,第281 页。

以至于此。"①可见，明思宗毫无主见和担当，虽自己有议和之意，但迫于主战大臣压力，还是放弃了这一想法。此后，大臣们未在明思宗面前再言"议和"之事，而明思宗始终没有对"议和"表明自己的态度。

崇祯十二年(1639 年)之后，皇太极利用军事上的胜利，再次向明思宗逼和，此时由于明军多次战败，明思宗有议和的想法，但态度不坚定。

崇祯十四年(1641 年)十一月，松山决战后，明朝失去关外四城，宁锦防线最后崩溃。这时，辽东宁前道使石凤台提出与清"讲和"的意见，明思宗听后大怒，认为封疆大吏与敌方洽谈议和会有损国威，将其逮捕入狱，坚决不向清"议和"。

崇祯十五年(1642 年)正月，随着民族形势的紧迫，满人长驱直入中原，蓟辽总督洪承畴和总兵祖大寿皆被困待救，内部李自成领导的农民起义军席卷中原大地，明王朝面临着两线作战的困境。明思宗开始反思，他明白"攘外必先安内"的道理，但明思宗虚荣心极强，虽有议和的想法，可一想到战败求和，就觉得无比耻辱。此时兵部尚书陈新甲提出息兵议和，明思宗听了陈新甲的汇报，许以"可款则款，便宜行事"，命他负责办理此事，并敕书一封，让兵部主事马绍愉为首的百余人使团到沈阳，并再三嘱咐，"讲和"之事不得让廷臣知道，此即"壬午议和"。但明思宗与陈新甲秘密和谈活动很快被朝廷诸臣所了解，纷纷上疏弹劾陈新甲，提出"堂堂天朝，何至讲款"②。明思宗觉得有失体统，趁机把责任推给了陈新甲，下诏斥责，陈新甲不服上疏申辩，却遭到明思宗的逮捕。大臣周延儒等替陈说情，"国法，敌兵不薄城，不杀大司马"，

---

① （明)李清：《三垣笔记・自序》，北京：中华书局，1982 年，第 14 页。
② （明)谈迁：《国榷》卷 98，崇祯十五年六月辛丑，北京：北京古籍出版社，1958 年，第 5928 页。

明思宗反驳说:"他且勿论,戮辱我亲藩七焉,不甚于薄城耶。"①于是,九月将陈新甲斩首,陈新甲成了明思宗的替罪羊,从此,议和告吹。

二、与清"议和"左右摇摆的原因

首先,明思宗受正统思想的影响。明思宗认为"议和"有损天朝上国的尊严,在正统观点中,议和是一个最忌讳的话题,议和者被斥为"卖国贼"。因此,朝廷上下攻击议和的声浪,形成了一种强大的舆论压力,使作为最高统治者的明思宗即使本意想"议和",却又放不下大国的架子,最终贻误战机,导致清兵入关。

其次,明思宗刚愎自用、优柔寡断性格的影响。据《明史》记载,明思宗"性多疑而任察,好刚而尚气,任察则苛刻寡恩,尚气则急遂失措"②。比如袁崇焕虽是他给予重任的边防大臣,内心却仍有怀疑和不满,不辨真伪,最后冤杀大将袁崇焕自毁长城。明思宗是空有中兴之志,却缺乏长远的战略筹划,优柔寡断,抱住春秋大义不放,用传统的政治伦理来解释当下的情况,缺乏战略眼光,举棋不定,在"战"与"和"之间首鼠两端,犹豫不决,处置失当,终于酿成了历史的悲剧。反之,如果明思宗勇于承担责任、平息舆论、实施"议和",至少可以延缓大明衰亡。

最后,明思宗受朋党之争的影响。明末,明廷处于无休止的党争之中,虽然明思宗铲除了宦官魏忠贤的势力,但整个官场就是一个巨大的利益集团,各集团为了一己力量,不问民族大义和是非曲直。在对清的战与和上争论激烈,使本来就犹豫不决的明思宗既无法倾尽兵力剿满,又无法割地赔款与清"议和",更加陷入难以抉择的漩涡之中。

---

① 《清太宗实录》卷2,天聪元年三月壬申。
② (清)张廷玉:《明史·流寇传》卷309,北京:中华书局,1974年,第7948页。

三、与清"议和"左右摇摆评价

第一,明思宗如果能支持袁崇焕、杨嗣昌、陈新甲等与清议和,至少可以避免两线作战。尤其是明思宗中后期,农民起义此起彼伏,严重动摇了大明王朝的根基。此时,明思宗既要对付农民起义军,还要再分兵力、财力于辽东战场,与后金政权作战,使明廷内外交迫,本已凋敝的经济此时更是雪上加霜,民穷财尽。因此,对清议和,抽调军队专心对付农民军,不失为权宜之计。

第二,明清议和与宋金议和不可同日而语。宋金议和是积贫积弱的宋朝处于被动一面,金由于势力的强盛一直咄咄逼人,其权势完全凌驾于大宋王朝之上,因此,宋金议和是耻辱的。而明清议和则不同,后金虽势力强劲,但一直占据东北一隅,无论是权势、地盘还是地位上都遵奉明为正朔。因此,明清议和不存在有失大明王朝尊严的问题。

考察明思宗十几年的军事政策及民族思想,明显存在着重大失误,这表现在对全国范围的两线作战缺乏一个通盘考虑、相互协调的战略对策,他的军事政策基本上是头痛医头,脚痛医脚,丧失了战争的主动权。两线作战历来为兵家大忌,直到亡国,明思宗才意识到"策辽事者,不宜战而宜和"①。但明思宗认识到其危害已为时太晚,在此后与后金的议和中,一直是犹犹豫豫,行动迟缓,所提条件亦与当时处境极不协调,仍以天朝大国自居,最终在清军和农民起义军的两面夹击下误国。

第二节　熊廷弼的民族思想

熊廷弼字飞百,号芝冈,湖广江夏人,万历二十六年(1598

---

① (清)计六奇:《明季北略》卷23,《补遗·论明季致乱之由》,北京:中华书局,1984年,第279页。

年)进士。熊廷弼一生仕履的重要阶段在辽东,一度巡按,两次经略,被称为明末"辽东三杰"之一,后因广宁失陷而论罪。熊廷弼是稳健的主守派,从他第一次巡按辽东时,就提出"防边以守为上,缮垣建堡,有十五利"①,经辽以后,"至是主守御益坚"②,制定了系统的辽东军事防务体系,形成了科学合理且务实的民族思想。我们从熊廷弼三次抚辽的经历中将其民族思想总结为"实内固外",这一思想一直指导着熊廷弼制定民族方针政策。

万历末年,熊廷弼还未到辽东上任时,就认识到辽东作为九边之首的战略地位,他针对辽东边防的痼疾,就如何守辽东问题,向明神宗提出建议,"速遣将士,备刍粮,修器械,毋窘臣用,毋缓臣期,毋中格以沮臣气,毋旁挠以掣臣肘,毋独遗臣以艰危,以致误臣、误辽,兼误国也"③,并得到了明神宗的批准。熊廷弼到任辽东后,经过实地勘界,进一步提出"实内之事非一,而屯田积蓄为大;固外之事非一,而修边并堡为大"④,概括起来,就是"实内固外"。这一思想贯穿于熊廷弼民族思想的始终,其产生的原因主要基于以下三点:

第一,熊廷弼在对辽东进行了实地的军事考察,走访了辽东各个边关要地,"北抵黄龙,东抵鸭绿,南极于海,西至山海、锦义一带,间关险阻,虽逼近虏穴、人迹罕到之处,无所不遍历"⑤。之后,熊廷弼一针见血地指出辽东存在的问题,"今之辽极敝矣,如大病之人,风邪外侵,精神内槁,肠胃脉络皆枯竭而无余,所不绝者丝发之气息耳,所为治之法,宜外护其风邪,内养其元神,泽其荣卫,实其腠理,一切劳形弊精之事,勿以扰之,夫然后生气可复,

---

① (清)张廷玉:《明史·熊廷弼传》卷259,北京:中华书局,1974年,第6691页。
② (清)张廷玉:《明史·熊廷弼传》卷259,北京:中华书局,1974年,第6693页。
③ (清)张廷玉:《明史·熊廷弼传》卷259,北京:中华书局,1974年,第6692页。
④ (明)熊廷弼:《筹辽硕画》卷1,《惩前规后修举本务疏》,明万历刻本影印。
⑤ (明)熊廷弼:《筹辽硕画》卷1,《修复屯田疏》,明万历刻本影印。

而生理可全也"①。可见,熊廷弼对辽东形势的分析有本有源,明晰地指出辽东边防的沉疴积痼所在。

第二,熊廷弼对辽东时局发展有理性客观的思考。熊廷弼面临的辽东形势是建州女真首领努尔哈赤所建立的后金政权,已经成为一支不可遏止的政治力量,并于万历四十六年(1618年)四月攻陷辽阳,"驱辽民聚城北,奴众聚城南,遣三骑持赤帜,传令自髡剃不杀"②。后金的步步进逼,造成"边境损耗,国威陵替"③的局面。熊廷弼认真分析了敌强我弱的战局,制定了"坚守渐逼"之策,并告诫后人以捣巢为戒,勿要贪图近利,待辽东形势好转后,再计划进击的策略,这是符合实际的选择。

第三,熊廷弼吸取了萨尔浒之战的经验教训。在萨尔浒一战中,杨镐采用"大张挞伐"、主动进攻的错误战略,而导致明军惨败,三路覆师,举朝震骇。鉴于此,熊廷弼改变杨镐孤注一掷、冒险进攻的方针,在无胜利把握的情况下,决定"守"为上策,积极备战。

与此同时,熊廷弼积极践行"实内固外"思想。他巡按辽东三年,上疏数十次,为保卫辽东使出了浑身解数,屡次给明朝辽东的军事防务指出了峰回路转、柳暗花明的妙计,得到最高统治者明熹宗的肯定,主要措施有以下几点:

一是身体力行,安抚士民。开原失守后,惮于后金兵威,辽东一些士民开始逃避,不敢还乡,一些官员不敢到辽沈一带履职。熊廷弼为显示其坚守决心,不顾个人安危,亲至抚顺前线视察,相度形势,召置流移,体察民情,安定民心,做出妥善的防御安排。

二是严明军纪。熊廷弼认为辽东危局全被一宽字所坏,因此

---

① (明)熊廷弼:《足本按辽疏稿》卷1,中华全国图书馆文献缩微复制中心,1995年,第3页。

② 《明熹宗实录》卷8,天启元年三月丁卯。

③ 《明熹宗实录》卷9,天启元年四月甲戌。

他刚一到任,整治风纪,改变将吏贪污、贿赂的不良作风。斩杀了逃将刘遇节、王捷、王文鼎,以祭奠因坚守而阵亡的战士,又杀贪将陈伦,劾罢总兵官李如桢,稳定了军心,军纪大振。

三是加紧整修战备。熊廷弼监督军士造战车,整治火器,疏通壕沟,修缮城墙。修建了粮仓十七所、墩台一百余座、边墙七百余里、城池七座。

四是屯田积储。面对辽东地广人稀和边防多事,熊廷弼的解决之策就是"岁于额军八万中以三分屯种,可得粟百三十万石"①,逐步达到军队的粮饷自给。特别是在后金势力兴起的情况下,熊廷弼更是认为应该以守为战,实行军屯。

五是"三方布置之策"。天启元年(1621 年),辽阳、沈阳相继被后金占领,明朝上下弥漫着悲观的气氛,人们认识到若是熊廷弼在辽,一定不会造成危险的局势,明熹宗决定再次启用熊廷弼。第三次经略辽东时,有丰富军事经验、熟谙辽东军务的熊廷弼提出"三方布置"的思想:"广宁用马步列垒河上,以形势格之,缀敌全力;天津、登、莱各置舟师,乘虚入南卫,动摇其人心,敌必内顾,而辽阳可复。于是登、莱议设巡抚如天津,以陶朗先为之;而山海特设经略,节制三方,一事权。"②这就是有名的"三方布置之策",其本质还是以守为主,基本要求就是各方面积极准备,使兵马、甲仗、炮车等项一一齐备,然后约期并举,进足以战,退足以守。熊廷弼的"三方布置"是个长久方案,可明廷想要的是速战速胜,再加上请调之兵迟迟不到,更为严重的是广宁巡抚王化贞轻敌,不执行此计划,导致"三方布置"计划落空。

六是退保山海关。退缩或大转移是战争中常用的战略,南宋建炎四年(1130 年),岳飞与金军作战时,因势孤力单,岳飞退保柴墟。熊廷弼鉴于明与后金势力对比悬殊,也采取此战略,退保

---

① (清)张廷玉:《明史·熊廷弼传》卷 259,北京:中华书局,1974 年,第 6691 页。
② (清)张廷玉:《明史·熊廷弼传》卷 259,北京:中华书局,1974 年,第 6696 页。

山海关。首先,退保山海关有利于缩短防线,保障供给。其次,山海关外河西一带已无守护的必要。此时聚集了数十万逃难辽民,携妻抱子,露宿霜眠,前有数万溃兵的劫掠,后有塞外蒙古部落的抢夺,败局已无法挽回。最后,退保山海关后,熊廷弼率领百万难民入关,避免了战争带来的民不聊生。

综上所述,"实内固外"是一个非常完整的战略思想和方针。在熊廷弼的苦心经营下,辽阳逃亡人民纷纷回归,市民安居乐业,"无警就彼操练,小敌自为堵御,大敌互相应援"[1],使辽东的军事防务纳入了正确的防守体系,遏制了兵败如山倒局面的到来,辽东"转危而致安"[2]。

熊廷弼三次经略辽东,制定了科学合理的军事策略,但在实践中,许多思想却因现实环境所制,难以施展,其主要原因有如下几点:

首先,熊廷弼性格暴躁。正如《明史》记载,熊廷弼"性刚负气,好谩骂,不为人下,物情以故不甚附"[3],因执法极严以及偏狭的性格,得罪了大量的官员。当有官员弹劾他时,"廷弼愤,抗疏极辨,且求罢"[4],"廷弼益愤,再疏自明"[5],"抗疏辨,语颇愤激"[6],即使皇帝在场,他也从不忌讳。因此熊廷弼受到排挤、攻击、诬陷也就变的合乎情理了。

其次,经抚矛盾,权力掣肘。天启二年(1622年)正月,努尔哈赤率诸贝勒发动广宁战役,熊廷弼坚持"以守为主"的稳健策略,认为以明军的实力,尚不足立刻战胜后金,主张坚守。但王化

① (明)陈子龙:《皇明经世文编》卷480,熊廷弼:《敬陈战守大略疏》,北京:中华书局,1962年。
② 《明熹宗实录》卷2,泰昌元年十月戊申。
③ (清)张廷玉:《明史·熊廷弼传》卷259,北京:中华书局,1974年,第6693页。
④ (清)张廷玉:《明史·熊廷弼传》卷259,北京:中华书局,1974年,第6694页。
⑤ (清)张廷玉:《明史·熊廷弼传》卷259,北京:中华书局,1974年,第6694页。
⑥ (清)张廷玉:《明史·熊廷弼传》卷259,北京:中华书局,1974年,第6700页。

贞属于激进冒进派,此人并不习兵而轻敌,对辽东局势没有正确的认识,主张进攻后金,以平复辽东。可见王化贞主战,熊廷弼主守,二人看法相距甚远,无法配合,互相攻击的奏章不断地上达朝廷,出现了经抚不合的局面。在广宁一战中,王化贞擅自派兵迎敌,明军一溃不可收拾,熊廷弼只好退守山海关。至此,明朝关外土地几乎全失,为平息众怒,追究责任,熊廷弼、王化贞二人俱被逮下监狱。在当时的情况下,采取固守边防策略,然后进取无疑是正确的,只可惜在内部政治斗争影响下,这一思想无法执行,最后坚持正确策略的熊廷弼,成了政治斗争的牺牲品。

最后,得不到最高统治者明熹宗的大力支持。一朝天子一朝臣,在明神宗时期,熊廷弼的很多主张和思想都得到了明神宗的鼎力支持,从《明史》的记载中可见,"疏入,悉报允,且赐尚方宝剑重其权","疏入,帝从之"①。在熊廷弼遭到弹劾时,宽待言路的明神宗语重心长地说:"辽事败坏,皆地方官玩愒所致,熊廷弼一意振刷,恢复封疆,朕深切依赖,今夷情甚急,岂经略释肩之时,自弃前功!着益殚忠任事,与诸臣协心共济,毋为人言所阻。"②但到了明熹宗时期,弹劾熊廷弼者众多,"御史冯三元劾廷弼无谋者八,欺君者三,谓不罢,辽必不保,诏下廷议"③,熊廷弼处于严重的党争之中,各派所关心的并非国家的长治久安,而是个人利益。而明熹宗对此听之任之,未给予熊廷弼以有力的支持,偏听谗言,错杀熊廷弼,并传首九边。

第三节 袁崇焕的民族思想

袁崇焕字元素,号(或字)自如,广东东莞人,万历四十七年

---

① (清)张廷玉:《明史·熊廷弼传》卷259,北京:中华书局,1974年,第6692页。
② 《明神宗实录》卷591,万历四十八年二月壬申。
③ (清)张廷玉:《明史·熊廷弼传》卷259,北京:中华书局,1974年,第6694页。

（1619 年）进士。福建邵武知县，后任兵部尚书，两次督师辽东，故后人又誉称为"袁督师"。袁崇焕任职期间要与新兴势力后金较量，迫使他不得不认真地去思考这一问题，并做出答案，遂形成了"以辽人守辽土，以辽土养辽人，守为正著，战为奇著，和为旁著"的民族思想。

　　大明王朝行至袁崇焕所生活的天启、崇祯年间，朝政已通体腐败到了不可收拾的地步，而此时东北的建州女真在首领努尔哈赤的带领下，于万历四十四年（1616 年）建立后金政权。随着努尔哈赤羽翼的丰满、实力的壮大，万历四十六年（1618 年）四月，努尔哈赤发布了讨明"七大恨"的檄文，揭开了金、明战争的序幕，行将就木的明朝一触即溃，抚顺、开原、铁岭、辽阳等重镇已经被后金占领，特别是在萨尔浒战役遭到惨败后，明朝从战略进攻转为防御直至退却。天启二年（1622 年）正月，任兵部职方司主事的袁崇焕受命"监关外军"。天启六年（1626 年）取得宁远大捷，升辽东巡抚，因与魏忠贤不和，被弹劾辞职。崇祯二年（1628 年）七月，明思宗在紫禁城平台召见袁崇焕，征求治辽方略，袁崇焕在对天启年间经历的战争经验总结和提炼的基础上，根据形势的变化和敌我力量强弱，提出其恢复全辽的策略，向明思宗奏"平辽"方略，"以辽人守辽土，以辽土养辽人，守为正著，战为奇著，和为旁著之说，法在渐不在骤，在实不在虚"，并提出"计五年，全辽可复"①的宏伟壮志。这一思想与熊廷弼、孙承宗的防御指导思想基本相同，但更加灵活，袁崇焕是固守、征战、和议三手同时并用。

一、"以辽人守辽土，以辽土养辽人"

　　"以辽人守辽土，以辽土养辽人"是指用辽东军民守卫辽东国土，以辽东的物产供养辽东军民。"辽人"是指辽东战争爆发后，

---

① （清）张廷玉：《明史·袁崇焕传》卷 259，北京：中华书局，1974 年，第 6713 页。

为躲避战乱而进入关内的辽东人民。在对待"辽人"的态度上,当时出现了不同的意见,"有相待如敌,远逐之为快者,有相视为怪,偶遭之如仇者"①,而袁崇焕主张"以辽人守辽土,以辽土养辽人",其思想形成的背景或者原因,主要有以下四点:

首先,袁崇焕意识到辽民在镇守山海关边防中的重要性。后金突入辽东后,使大批辽民背井离乡,四处逃亡,上百万难民历经战乱之苦,如惊弓之鸟,危害到山海关一带的经济和社会稳定。因此,能够安全合理地安抚辽民,是抗金斗争能够顺利进行的战略性决策。

其次,袁崇焕利用辽人对后金政权的仇恨和反抗。随着后金军队不断南下侵扰,他们强迫汉人蓄发易服,甚至将他们沦为奴隶。据《满文老档》记载,"得辽东以来,汉人无定,逋逃不绝,奸细肆行,务田不勤"②。民族危难会使他们心中朴素的"华夷之辨"的观念得到激发,袁崇焕正是利用了这种不可忽视的民族力量,来对抗东北的满族力量。

再次,袁崇焕汲取了不用"辽民"的经验教训。之前包括辽东经略王在晋等很多官员视辽民为土寇,主张立法不用辽人,而从江南各地及各边抽调大量军队到山海关一带。不用辽民而动用客兵,存在三个弊端:其一,这些远来征调的客兵,"欲进则不足,久守则必变"③;其二,当时抗辽所需粮饷和士兵运送的任务主要由天津漕运承担,如果长期使用,无疑会增加漕运成本,而且会使四方百姓受累;其三,随着战事的进行,九边各镇已自身难保,非但不能援助辽东,反而扰乱辽东的安稳。基于以上几点分析,袁崇焕认为用辽兵,就能避免上述问题。而且辽东是他们的故乡,

---

① 《明熹宗实录》卷24,天启二年七月壬子。
② (清)溥杰:《满文老档》(上册),中国第一历史档案馆、中国社科院历史研究所译注,北京:中华书局,1990年,第588页。
③ 《明熹宗实录》卷39(梁本),孙承宗《高阳集》。

故乡沦陷激发他们保家卫国的责任感,定会勇敢抗敌,他们又习于寒冷气候,并熟悉地形,因此再合适不过了。

最后,袁崇焕受孙承宗用"辽民"思想的影响。最早充分肯定"以辽人守辽土"这一方针并付诸实行的是孙承宗。王在晋经略辽东时,主张以西人守辽土,孙承宗严厉地驳斥说:"夫无辽土,何以护辽城? 舍辽人谁人与守辽土? 无宁前何所里? 置辽人不修筑,何以有宁前? 而修筑之事,不一劳何以贻永逸? 而维万世之安。"①孙承宗则坚决主张要依靠辽人,要招募强壮者为兵,组织辽民在辽东屯田,给予粮食、器械,出关为兵,入关屯田,袁崇焕完全继承了孙承宗的思想。

袁崇焕在这一思想指导下,在天启二年(1622 年)至天启五年(1625 年)短短的四年期间,先后屯田五千顷,制造兵甲器械数百万,拓地四百里,修大城九座,堡四十五座,召回辽兵三万,辽民四十万,练兵十一万,增强了辽东的防御力量,成为抗击后金战争中一支骨干。在宁远一战中,辽民们负隅顽抗,众志成城,"独无夺门之叛民,内应之奸细"②,实践再次证明了袁崇焕"以辽人守辽土"思想的正确性。

二、"守为正着"

所谓"守为正着",即坚城固守。早在袁崇焕任职前,往见革职听勘在京的熊廷弼曾问袁崇焕治辽之策,袁崇焕的主张就是主守而后战。袁崇焕任职后,针对长期以来明军战无不败、一蹶不振,而后金每战必捷、士气正盛的军事态势,立足于一个"守"字,以守达攻。在他看来,"战则不足,守则有余;守既有余,战无不足"③。为此,袁崇焕采取了以下几项措施:

---

① 《明熹宗实录》卷 40,天启三年闰十月丁亥。
② 《明熹宗实录》卷 68,天启六年二月乙亥。
③ 《明熹宗实录》卷 75,天启六年八月丁巳。

第一，营筑宁远城。袁崇焕认识到坚城之重要性，于是针对宁远城墙又小又薄又矮的现状，对城墙加固、加高、加大，使之固若金汤。对于城墙的规格，袁崇焕做了明确要求，"高三丈二尺，雉高六尺，址广三丈，上二丈四尺"①，并于次年竣工，建成了关外重镇宁远城。袁崇焕营筑宁远的原因有二：一是历史传统。明宣德三年（1428 年）设置宁远卫，二百年间，经过多次的战乱天灾，虽城里荒凉，但有修城的基础。二是战略地位很重要。宁远往前一百里是锦州，再往前是广宁，地理位置易守难攻，是蒙古军队入关的必经之路，为后来袁崇焕建立关宁锦防线，取得彪炳史册的宁远大捷打下了基础。

第二，整顿军队，加强纪律。袁崇焕认为辽事之坏主要由于官场人浮于事、无法无纪，故而他进行了削除冗员、统一事权、整编军队、训练兵将等一系列工作。如严斥负有责任的参将彭簪古、都司左良玉等四人，奖励唯独"不从变"的都司程大乐及其所部，从而化乱为治，化险为夷，"一方乃靖"②。

第三，推广屯田。袁崇焕认为屯田是管理辽东的治标治本之法，因而十分重视。他以兵法"千里馈粮，士有饥色，进则因粮于敌，退则寓兵于农"③为据，主张在建城守城的同时，实行兵民屯田，就地取军饷。具体办法是从国家供应关外驻军的粮食四十余万石中，减运十二万五千石，把它折成十万两银，解至宁远，专作买牛及耕具的经费。但明熹宗认为，军情紧急，不知后金何日突至，"正当厉兵秣马，严加防御，屯田事从容酌议"④，再加上当时辽东巡抚王之臣的"屯田妨民论"，因而这项计划被搁置起来。直到天启六年（1626 年），袁崇焕面对往日客兵凋敝、转输疲困严酷的

① （清）张廷玉：《明史·袁崇焕传》卷 259，北京：中华书局，1974 年，第 6708 页。
② （清）张廷玉：《明史·袁崇焕传》卷 259，北京：中华书局，1974 年，第 6714 页。
③ 《明熹宗实录》卷 76，天启六年九月癸未。
④ 《明熹宗实录》卷 76，天启六年九月癸未。

现实,再一次讲到屯田的重要,在奏疏中详细地、辩证地从正反两个方面阐述屯田的"七便"与不屯田的"七不便",把屯田上升为战略地位,终于说服了明熹宗。概括起来主要有如下两点:一是从经济方面来说,实行屯田,可以避免粮食经由海运而造成的"北直、山东,为之疲累",加剧他们的经济困难,引起他们强烈的不满,而且会使国家的财政收入锐减;相反,如果在当地屯田,可以避免上述现象出现,而且当地有草有马,可以造福一方,富裕百姓,增加国家财政收入。二是从稳定人心方面来说,"兵不屯",他们居无定所,既没有恒产,也没有恒心,人心浮躁,久居必思乡,影响官兵的情绪和士气,很容易逃跑。袁崇焕阐述了"兵"与"农"的关系,力主屯田兴利除弊,进一步发展了明朝的军屯制度,为明朝固边守备作出了重要贡献。

三、"战为奇着"

所谓"战为奇着",即"乘间击瑕以为用"[1],寓战于守,寓守于战,使战守结合。"战为奇着"主要体现在袁崇焕取得的宁远大捷和宁锦大捷。

天启六年(1626 年)正月十四日,皇太极亲统十三万大军,号称三十万,浩浩荡荡直奔山海关而来,宁远临危,朝野上下束手无策,皆谓"宁远必不守"[2]。袁崇焕面对来势汹汹的后金,誓与宁远相始终,言"吾修治宁远,决守以死拒,岂肯降耳"[3],遂"偕大将桂、副将左辅、朱梅,参将大寿,守备何可刚等集将士誓死守",袁崇焕"更刺血为书,激以忠义,为之下拜,将士咸请效死"[4],并说

---

①　(清)张廷玉:《明史·袁崇焕传》卷259,北京:中华书局,1974 年,第6710 页。

②　(清)张廷玉:《明史·袁崇焕传》卷259,北京:中华书局,1974 年,第6709 页。

③　张伯祯:《沧海丛书》第四函,《蓟辽督师袁崇焕传》,北京:沧海丛书社,1933年,第18 页。

④　(清)张廷玉:《明史·袁崇焕传》卷259,北京:中华书局,1974 年,第6709 页。

"苟能同心死守，我为牛羊以报，是所甘也"①。崇焕身先士卒，辇石塞缺口，身被再创。第二天，后金军发起猛攻，袁崇焕带领将士们奋不顾身，浴血奋战，终于打败后金军，崇焕乘胜"开垒袭击，追北三十余里，清军大乱，死者逾万人"②。给了后金军致命一击，增强了明军与后金军作战的信心，一改过去节节败退的惨局。

天启七年（1627 年）五月十一日至六月初五日，皇太极亲率将士，兵分三路，突然偷袭明小凌河、大凌河。袁崇焕得报后，正确地估计了宁远城的战略地位，认为"宁远兵，不可动，选精骑四千，令世禄、大寿将，绕出（后金）大军后决战"，同时调遣水师东出，相互牵制，形成掎角之势，又命赵率教严防死守。果然如赵率教所言"夷兵未必能久留"③，金兵攻锦州不下，又不见宁远出兵，转而增调沈阳援兵，弃锦州，围宁远，袁崇焕"登阵守，列营壕内，用炮距击"。满桂、尤世禄、祖大寿诸部"大战城外"④，袁崇焕凭城坚守，里应外合，终使后金军伤亡惨重，大败而归，毁掉了大、小凌河两座城池，取得了宁锦大捷。皇帝阅奏后情不自禁地批曰："立三捷之奇功，雪耻除凶，洗十年之积恨。"⑤

四、"和为旁着"

所谓"和为旁着"，就是在战、守的同时，适时与皇太极进行和谈。第一次是在天启六年（1626 年）八月，努尔哈赤去世，袁崇焕主动派李喇嘛和都司傅有爵、田成等三十四人赴后金，表面上吊丧和祝贺新君即位，其真正目的有三：一是侦其虚实；二是离间其

---

① 张伯祯：《沧海丛书》第四函，《蓟辽督师袁崇焕传》，北京：沧海丛书社，1933年，第 18 页。

② 张伯祯：《沧海丛书》第一函，《袁督师集附录》，北京：沧海丛书社，1933 年，第25 页。

③ 《明熹宗实录》卷 84，天启七年五月丙戌。

④ （清）张廷玉：《明史·袁崇焕传》卷 259，北京：中华书局，1974 年，第 6712 页。

⑤ 《明熹宗实录》卷 86，天启七年七月己卯。

诸子与夷上下；三是警告后金毋再叛逆。第二次议和是在天启七年（1627 年）八月，当皇太极得知袁崇焕复出关东的消息后，立即写信并派遣使者与袁崇焕议和，但由于双方提出的议和条件距离太大，两次议和均未谈成。

　　这两次"议和"对于袁崇焕来说，是需要很大的勇气和胆识的，当时群臣纷纷以"宋金议和"之耻辱来反对之，但在袁崇焕看来，和谈在当时是有必要的。

　　第一，在袁崇焕看来，努尔哈赤死后，最佳和谈时机已到。应该"乘其位置未定，并大耦尊之时，图为之间，八犬同牢，投之骨必噬，臣正与经、督及内臣谋其能往者，万一此道有济，贤于十万甲兵"①，这是袁崇焕最初与后金议和的思想，趁着后金群龙无首之际，如果和谈能够成功，就可使百姓免于战争的蹂躏。

　　第二，袁崇焕准备利用议和休战时期，修筑防御工事。袁崇焕上疏，劝说明熹宗接受议和，"关外四城虽延袤二百里，北负山，南阻海，广四十里尔。今屯兵六万，商民数十万，地隘人稠，安所得食？锦州、中左、大凌三城，修筑必不可已，业移商民，广开屯种。倘城不完而敌至，势必撤还，是弃垂成功也。故乘敌有事江东，姑以和之说缓之。敌知，则三城已完，战守又在关门四百里外，金汤益固矣"②，得到了明熹宗的赞许。袁崇焕趁此机会，修筑了关宁锦防线，收复全部辽东失地。

　　第三，袁崇焕议和的态度是有礼有节和据理力争的，表现出真正的民族大义。我们可以从天启七年（1627 年），袁崇焕写给刚继承汗位的皇太极的"议和"信中窥见一斑：

　　　　往事七宗，汗家抱为长恨者，不佞宁忍听之漠漠，但追思往事，穷究根原，我之边境细人，与汗家之部落，口舌争竞，致起祸

① 《明熹宗实录》卷 76，天启六年九月戊戌。
② （清）张廷玉：《明史・袁崇焕传》卷 259，北京：中华书局，1974 年，第 6711 页。

端，……今欲一一明晰，恐难问之九原，……然十年战斗，驱夷夏之人，肝脑涂地，三韩膏血，弥漫草野，天愁地惨，极悲、极痛之事，皆为此七宗，不佞可无一言乎！今南关、北关安在河东西死者宁止十人，俘离者宁止一老女，辽沈界内之人民已不能保，宁问田禾，是汗之怨已雪，而志得意满之日也，惟我天朝难消受耳，今若修好，城池地方作何退出，官民男妇作何送还，是在汗之仁明慈惠，敬天爱人耳，然天道无私，人情忌满，是非曲直，原自昭然，……书中所开诸物，以中国财用广大，亦宁靳此，然往牒不载，多取违天，亦大王所当酌裁也，方以一介往来，何又称兵朝鲜，我文武官属，遂疑大王言不由衷也，兵未回，即撤回，已回，勿再往，以明大王之盛德，息止刀兵，将前后事情讲析明白，往来书札，无取动气之言，……惟大王坚意修好，再通信使，则檩简书，以料理边情，有边疆之臣在，大王勿忧美不上闻也，大王其更有以教我乎。①

　　袁崇焕用充分的理由回绝了后金提出的赔偿要求，再次申明自己的和谈原则是要求对方归还所俘掠的汉人，退出所占领的辽东城池。这些无不体现了袁崇焕和谈解决民族纷争时的原则立场和不卑不亢的态度。

　　袁崇焕和皇太极双方都有议和的愿望和态度，却始终没有达成协议，其原因一是双方都无议和的真心诚意，仅以此作为缓兵之计。比如第一次议和不久，皇太极就一面议和，一面进兵朝鲜，后又与朝鲜结为兄弟之好，因此袁崇焕怀疑皇太极言不由衷。事实上，皇太极当时刚继位，当务之急便是稳定统治，与明大动干戈乃下策，先利用缓和之际，除掉朝鲜，以解除后顾之忧。皇太极在给袁崇焕的信中，也指责明朝以议和的名义乘机修城。二是双方

---

① （清）金梁：《满洲秘档》，《袁崇焕复书》，沈云龙主编：《近代中国史料丛刊》第11辑，台北：文海出版社，1966年，第117～118页。

议和都有自己的底线。皇太极在给袁崇焕的信件中，提出了苛刻的条件，"今尔若以我为是，欲修两国之好，当以金十万两，银百万两，缎百万匹，布千万匹，为和好之礼"[①]，并坚持后金的国号和皇帝的称号，这让大明王朝难以接受。袁崇焕向后金提的条件则是要求皇太极退出开战以来所占领的城池，归还所俘之民，恢复以前后金向明称臣的地位。但皇太极对于领土纷争，寸土不让，坚持与明分庭抗礼，所以在这种状态下，双方想达成和议是不可能的。

袁崇焕的"守为正着，战为奇着，和为旁着"的"平辽"方略，总结了历年在辽东用兵之得失，综合了以往的经验教训，这些丰富的内容构成了他系统而完整的战略思想。但在这一思想指导下的各项举措却没有成功打败后金政权，其主要原因有以下四点：

第一，袁崇焕所依赖的明廷太腐败。"五年复辽"是寄托在"事事应手"的条件之上的，即"五年内，户部转军饷，工部给器械，吏部用人，兵部调兵选将，须中外事事相应，方克有济"[②]。但袁崇焕到达辽东后遇到最棘手的问题就是军饷边粮的短缺，虽有明思宗支持且命令户部尽快"凑发"，然工部提供的军械盔甲也遇到了不符合标准的问题。所以，并不是所有部门、所有官员都是以国事为重的。再加上门户之见的掣肘，政府的行政效率低，多数情况下，朝廷各部鼎力支持就是一句空话。

第二，后金皇太极不断破坏袁崇焕的计划和部署。袁崇焕自己也认识到："我欲合西虏而厚其与，彼即攻西虏而伐我之交，我藉鲜为牵，彼即攻鲜而空我之据，我藉款愚之，乘间亟修凌锦中，

① （清）金梁：《满洲秘档》，《太宗与袁崇焕书》，沈云龙主编：《近代中国史料丛刊》第11辑，台北：文海出版社，1966年，第116～117页。

② （清）张廷玉：《明史·袁崇焕传》卷259，北京：中华书局，1974年，第6713页。

左以扼其咽，彼则分犯鲜之兵，而挠我之筑，著著皆狠而著著不后。"①这就使袁崇焕很多抵御后金的思想无法在实践中运用。

第三，袁崇焕性格中有狂妄自大、武断行事的一面。袁崇焕在当邵武知县时，到京接受考核，正值广宁兵溃，袁崇焕"即单骑出阅关内外"，回来还说，"予我军马钱谷，我一人足守此"②。这与袁崇焕对明思宗承诺的"五年平辽"一样，好高骛远，不切实际，有太多的空想色彩，同时也契合了明思宗求治心切、操之太急的思想。袁崇焕的独断专行主要表现在擅杀皮岛主将毛文龙上，在没有得到经略孙承宗同意和批准的情况下，越权杀人，虽然事出有因，却不免过于轻率，以致几乎引起兵变。

第四，明思宗猜疑多变、滥杀武将，导致诸臣人人自危，难以实心任事。当明思宗信任和支持袁崇焕时，可以给其调兵遣将之权，让其筹备粮饷，提供军械武器。而当明思宗开始猜忌并提防袁崇焕时，袁崇焕处处受到牵制，一事无成，所以袁崇焕"五年复辽"的失败与明思宗出尔反尔的性格有很大关系。

袁崇焕的民族思想具有很强的时代价值和历史意义，我们可以归纳为如下三个方面：

第一，立存高远的历史使命感。身处明王朝腐败无能、国家面临生死存亡之际的袁崇焕，早在邵武知县任内，便心系民众，仗义执言，关心边务，能通过各种途径了解前线的军事形势，自告奋勇地弃文就武，出关监军，不难看出他具有为国家存亡，置个人生死于度外的大无畏精神。袁崇焕为保卫辽东曾言，"所守之地即信也，信之不可渝而死生以之也；所司之事即其业，业若素之而身命亲焉者也"③，这是何等坚定不移的坚强意志。

第二，"知己知彼，百战不殆"的作风。孙子曰："知彼知己，百

---

① 《明熹宗实录》卷84，天启七年五月辛卯。
② （清）张廷玉：《明史·袁崇焕传》卷259，北京：中华书局，1974年，第6707页。
③ 《明熹宗实录》卷70，天启六年四月己亥。

战不殆;不知彼而知己,一胜一负;不知彼不知己,每战必殆。"①可以说,正确地判断敌我形势是制定克敌制胜战略的先决条件。袁崇焕在辽东,屡挫号称不可战胜的八旗劲敌"守为正著,战为奇著,款为旁著"的战略思想,就是在准确分析了敌我双方优劣形势之后,而制定的战无不胜之法。

第三,不畏权威的理论勇气。袁崇焕敢于冲破传统,打破权威,在事关全局的重大决策面前,敢于直陈自己的意见。比如在如何守护山海关问题上,袁崇焕与对自己恩宠有加的顶头上司王在晋发生冲突,王在晋主张"议筑重城八里铺"②,袁崇焕主张在山海关外二百里处,营筑宁远城,在与王在晋"力争不能得"③的情况下,主动找孙承宗力诉己见。当时袁崇焕职位低、到辽东任职时间短,是没有发言权的,只需按照王在晋的既定方针执行即可。但袁崇焕却不然,他明确反对王在晋的意见,提出自己的见解,这在君主专制的环境里能够大胆地陈述己见,如果没有足够的不畏上的理论勇气,是难以做到的。

第四节　王夫之的民族思想

王夫之字而农,号姜斋,湖南衡阳人,因晚年定居在衡阳石船山麓,故被尊称为"船山先生",是明末清初杰出的唯物主义者,思想家和革新家。王夫之生活在明末清初"天崩地裂"的时代,大明王朝内有李自成农民起义,外有异族清政权的崛起,在此背景下,王夫之的民族思想表现出士大夫在民族危亡之际特有的悲壮情怀和对华夷问题的深刻反思。我们可以从其代表作《读通鉴论》《黄书》《宋书》等著作中分析其民族思想。其中《读通鉴论》是王

---

① 《孙子·势篇》。
② （清）张廷玉:《明史·袁崇焕传》卷 259,北京:中华书局,1974 年,第 6707 页。
③ （清）张廷玉:《明史·孙承宗传》卷 250,北京:中华书局,1974 年,第 6467 页。

夫之借引司马光《资治通鉴》所载史事,全书60余万字,分为50卷,每卷以朝代为别,每代之中,以帝王之号为目,共30目,目下又分作一个个专题,另在"卷末"附有"叙论"四篇。在《读通鉴论》中,王夫之系统地评论了秦至五代之间漫长的封建社会历史,分析其历代成败兴亡,盛衰得失,臧否人物,总结经验,引古鉴今,探求历史发展进化规律,寻求汉族复兴的大道。《黄书》七篇是一套系统完整的治国方略,王夫之以"华夷之辨"为全书之纲,阐述了立国遵古、军区设置、选举、任官、廉正之风,以及社会治乱交替等方案。《宋论》是王夫之根据《宋史》所载史事,对汉民族思想文化生活的深刻反思与批判。我们从王夫之的著作中总结其民族思想的内容主要包括"各安其所""华夷之防"和"攘除异族,扶长中夏"三个方面。

一、"各安其所"

"各安其所"是王夫之民族思想的基本准则。王夫之认为,"夷狄之与华夏,所生异地,其地异,其气异矣,气异而习异,习异而所知行蔑不异焉"①。在王夫之看来,汉族和各少数民族由于生活地域、环境的不同,因而在气质、风俗习惯、思想行为等方面,都具有不同的特点。在此基础上,王夫之认为"华夏"与"夷狄"要彼此尊重,"各安其所,我不尔侵,而后尔不虐我"②,反对以大欺小、以盛凌弱。

王夫之"各安其所"思想的形成,一方面与孔子的"内诸夏而外夷狄"③"裔不谋夏,夷不乱华"④,以及荀子的"居越而越,局楚而楚,居夏而夏"⑤等思想一脉相承;另一方面,也与王夫之生活的

---

① (明)王夫之:《读通鉴论》卷14,《哀帝》,北京:中华书局,1975年,第976页。
② (明)王夫之:《读通鉴论》卷7,《安帝》,北京:中华书局,1975年,第485页。
③ 《春秋公羊传·成公十五年》。
④ 《左传·定公十年》。
⑤ 《荀子·儒效》。

时代背景有关,王夫之目睹了民族矛盾尖锐的硝烟动乱,一心渴望各民族和平友好,井水不犯河水,相安无事。

在这一思想的指导下,王夫之在评述汉民族与少数民族关系时十分客观、冷静和辩证。

一是反对汉族统治者兴师欺凌少数民族,主张以道义和诚信来对待之。在王夫之看来,"夷狄,非我族类者也,蓦贼我而捕诛之,则多杀而不伤吾仁;如其困穷而依我,远之防之,犹必矜而全其生,非可乘约肆淫、役之、残之,而规为利也"①。按照这一观点,王夫之指责"汉纵兵力残蹂西羌,而羌祸不解"②,痛斥班超率领三十六人在西域横行霸道,欺弱凌寡,"扰乱其喙息","戏焉耳矣"③,希望各民族能够和睦相处,反对肆意发动战争。最难能可贵的是,王夫之在《读通鉴论》中,清醒冷静地反观自身,认为"夷狄之蹂中国,非夷狄之有余力,亦非必有固获之心,中国致之耳"④。自先秦以来,少数民族"猾夏"的记载不绝于书,如《尚书·舜典》云:"蛮夷夏,寇贼奸宄";《三国志·魏书·乌丸传》:"《书》载'蛮夷猾夏',《诗》称'玁狁孔炽',久矣其为中国患也";《旧唐书·杜佑传》载:"夫蛮夷猾夏,唐虞已然";《宋史·朱台符传》载:"臣闻蛮夷猾夏,《帝典》所载,商、周而下,数为边患",都把边患的罪魁祸首归为蛮夷。但王夫之则认为是汉族统治者贪其功和利而造成的,并批判君主与大臣聚敛财富、吏治腐败等弊端,并以此警戒统治者保持清醒的头脑,要善待周边民族,这在当今也有一定的社会意义和实践价值。

二是王夫之也反对少数民族进犯中原,尤其是面对东北后金政权的崛起和咄咄逼人,王夫之更是无法接受被异族少数民族统

---

① (明)王夫之:《读通鉴论》卷12,《怀帝》,北京:中华书局,1975年,第858页。
② (明)王夫之:《读通鉴论》卷12,《怀帝》,北京:中华书局,1975年,第858页。
③ (明)王夫之:《读通鉴论》卷7,《明帝》,北京:中华书局,1975年,第429页。
④ (明)王夫之:《读通鉴论》卷21,《中宗》,北京:中华书局,1975年,第1674页。

治的耻辱,希望后金政权能够偏安一隅,安分守己。王夫之进一步指出,明政府对待少数民族的方法是,在一定范围内"收教其子弟,定其情,达其志,使农有恒产,士有恒心,国有恒赋",如此便能"利兴于千载",乃"经世之大酊"①。当然,对少数民族的贪婪与掠夺,王夫之也不是无原则的包容、忍让、投降,而要坚决抵抗到底,他严厉地批判了后晋石敬瑭向契丹贵族称臣称儿,割让燕云十六州,并痛斥他"称臣称男,责赂无厌,丑诟相仍,名为天子,贱同仆隶"②,在王夫之看来,这已经与亡国没什么区别了。

二、"夷夏之防"

"夷夏之防"是王夫之贯之一生的民族思想,是其思想的核心内容。如果说"各安其所"是在各民族相安无事时,王夫之民族思想之主流,那么一旦遭到异族进逼中原时,为了捍卫民族利益、防止外族的侵害,王夫之潜意识当中的"夷夏大防"思想就会凸显出来。这一思想的萌芽,最早见于他所著的《黄书》,书中提到"卒使中区趋靡形势解散,一折而入于女直,再折而入于鞑靼,以三、五、汉、唐之区宇,尽辫发负笠,渐丧残刚,以溃无穷之防,生民以来未有之祸,秦开之而宋成之也"③。王夫之在《读通鉴论》中,更是明确地提出了这个观点,指出:"天下之大防二:中国、夷狄也,君子、小人也。"④王夫之这一思想的形成,主要基于以下几点:

第一,源于对汉民族传统文化强烈的优越感。王夫之把文化与文明作为汉族与其他少数民族的根本区别。在他看来,华夏汉族文化和器物都比其他民族发达和先进,因此,王夫之认为"华夏

---

① (明)王夫之:《读通鉴论》卷12,《惠帝》,北京:中华书局,1975 年,第 829 页。
② (明)王夫之:《读通鉴论》卷 30,《五代下》,北京:中华书局,1975 年,第 2426 页。
③ (明)王夫之:《船山全书》第 12 册,《黄书·古仪第二》,长沙:岳麓书社,1996 年,第 507 页。
④ (明)王夫之:《读通鉴论》卷 14,《哀帝》,北京:中华书局,1975 年,第 976 页。

不自畛以绝夷,则地维裂"①。在此基础上,王夫之进一步指出,华夏政权的沿袭,只能在族群内部"可禅、可继、可革,而不可使夷类间之"②,如果夷狄参与,就会出现社会严重的倒退,甚至导致天下大乱,这表现出王夫之强大的民族自卫意识。

第二,源于王夫之的"华夷文野相异说"。王夫之认为"华夏"与"夷狄"文化迥异,"华夏"文化文明、先进、发达,而"夷狄"文化则落后、愚昧、野蛮、未开化。在他看来,一旦打破了华夷文野的界限,对"华夏"文化将是一场文化灾难和浩劫。王夫之在评述"五胡乱华"中体现了他的这一思想,"自拓跋氏之兴,假中国之礼乐文章而冒其族姓,隋唐以降,胥为中国之民,且进而为士大夫以自旌其阀阅矣,高门大姓,十五而非五帝三王支庶,婚宦相杂,无与辨之矣"③。以此为出发点,王夫之痛斥了拓跋部汲取中原礼乐文化强盛之后,与中原汉族几无差别,造成了民族性的不纯,"天地之纪,乱而不可复理,乾坤其将毁乎!"④

第三,源于明清易代的现实困境。王夫之作为明遗民,晚年生活在"夷狄"入主中原的清朝统治之下,虽然顺治帝入关后,宣布遵循明朝祖训,学习儒家汉族文化,以"正统"的身份和名义统治天下,但一直遭到王夫之的抵触,王夫之认为,已经没有真正意义上的正统了,"正统之说,不知其所自昉也,自汉之亡,曹氏、司马氏乘之以窃天下,而名之曰'禅',于是为之说曰:'必有所承以为统,而后可以为天子',义不相授受,而强相缀系以掩篡夺之迹;抑假邹衍五德之邪说与刘歆历家之绪论,文其诐辞,要岂事理之

---

① (明)王夫之:《船山全书》第12册,《黄书·原极第一》,长沙:岳麓书社,1996年,第501页。

② (明)王夫之:《船山全书》第12册,《黄书·原极第一》,长沙:岳麓书社,1996年,第503页。

③ (明)王夫之:《读通鉴论》卷12,《惠帝》,北京:中华书局,1975年,第826页。

④ (明)王夫之:《读通鉴论》卷12,《惠帝》,北京:中华书局,1975年,第826页。

实然哉"①。在王夫之的观点中,历史上只有汉、唐、宋、明符合"正统"的标准,因为这些朝代有德有功,"德足以君天下,功足以安黎民,统一六宇,治安百年,复有贤子孙相继以饰治,兴礼乐,敷教化","大造于天下者不可忘,则下天下尊之,而合乎人心之大顺"②。而宋朝灭亡后,"则举黄帝、尧、舜以来道法相传之天下而亡也"③。因此,王夫之极为鄙弃元儒许衡之类委身于夷狄,把"夷夏之防"看得高于"君臣之义"。

三、"攘除异族,扶长中夏"

"攘除异族,扶长中夏"是王夫之民族思想的目的。

首先,这一思想产生的社会背景就是清军长驱直入中原,并强制同化汉族,这对于"道统"守护者的王夫之而言,是奇耻大辱。王夫之强调:"夷狄者,歼之不为不仁,夺之不为不义,诱之不为不信,何也? 信义者人与人相与人道,非以施之夷狄者。"④

其次,王夫之"攘除异族,扶长中夏"的强烈愿望是基于华夏民族丰富的自然资源和深厚的历史文化传统,是民族自信心的体现。王夫之认为,"中国财足自亿也,兵足自强也,智足自名也,不以一人疑天下,不以天下私一人,休养厉精,士兆粟积,取威万方,濯秦愚,刷宋耻,足以保延千祀,博衣、弃带、仁育、义植之土甿,足以固其族而无忧矣"⑤。因此王夫之认为只要我们"尊其尊,卑其卑,位其位,事其事,难其选举,易其防闲,公其心,去其危,尽中区之智力,治轩辕之天下",就会出现"族类强植,仁勇竞命","虽历

---

① (明)王夫之:《读通鉴论》卷22,《玄宗》,北京:中华书局,1975年,第1779页。
② (明)王夫之:《读通鉴论》卷末,《叙论一》,北京:中华书局,1975年,第2535页。
③ (明)王夫之:《船山全书》第11册,《宋论》卷15,《宋以河北无重兵而亡》,长沙:岳麓书社,1996年,第335页。
④ (明)王夫之:《读通鉴论》卷7,《汉昭帝》,北京:中华书局,1975年,第195页。
⑤ (明)王夫之:《船山全书》第12册,《黄书·宰制第三》,长沙:岳麓书社,1996年,第519页。

百世而弱丧之祸消也"①。可见,王夫之对华夏文化的中兴有着坚定的信心。

王夫之的民族思想产生的渊源是什么呢？著名史学家杜维运曾言:"王氏民族思想之浓厚,在中国史家中殆无出其右者,身遭国变,又受春秋学之影响,于是以激昂悲愤之笔,写其内诸侯而外夷狄之思,凡匈奴、突厥、契丹、女真、蒙古,皆所摈斥,满族尤为其所深恶痛绝者焉。"②杜维运精辟总结出了王夫之浓厚的民族主义思想来源于"身遭国变"的时代环境,以及与儒家民族观有密不可分的影响,我们可以从以下三个方面来做具体分析:

第一,时代境遇和个人经历。明清之际异族入侵,激活了许多士大夫心底里的"华夷之辨"思想。王夫之十八岁(1636 年)时,满族改国号为"清",与明政权分庭抗礼;王夫之考中举人(1642 年)时,清军全歼明边防军,全国震动。"身遭国变"的王夫之在高度的历史责任感的驱使下参加了结社活动,举兵抗清,失败后拒不仕清,辗转于苗瑶山洞,晚年著书《黄书》。书中的"排满"思想在晚清被士大夫所利用。因此正是王夫之个人的独特遭遇及其特定的历史条件成为王夫之民族思想形成的现实土壤。

这里必须要提到王夫之民族思想形成的国际环境。明末清初,西方传教士到中国传播宗教,因此引发了西方文明与中国儒家文化的冲突与融合,在"西学东渐"之风的影响下,王夫之视捍卫儒学为己任,宣扬"中学西窃",鼓吹"盖西夷之可取者,惟远近测法一术,其他则皆剽窃中国之余绪,而无通理之可守也"③,成为"西学中源"思想的首创者。

第二,传统儒家思想的引申。王夫之自幼秉承家学,其家族

---

① (明)王夫之:《船山全书》第 12 册,《黄书·任官第五》,长沙:岳麓书社,1996 年,第 527 页。

② 杜维运:《清代史学与史家》,北京:中华书局,1988 年,第 45～48 页。

③ (明)王夫之:《船山全书》第 12 册,《思问录·外篇》,长沙:岳麓书社,1996 年,第 439 页。

对传统文化都有很深的造诣和研究,在家庭浓厚学术氛围的熏陶下,王夫之二十八岁时编述《春秋家说》。儒家春秋大义中民族思想的核心是"夷夏之防"。王夫之希冀从儒家经典中寻找历史依据,而《春秋》中的"攘夷"便是最好的思想武器,所以王夫之之后的著作《黄书》《读通鉴论》《宋论》诸书极力阐述和宣传这一思想。但需要指出的是,儒家民族思想是以文化优劣判断民族差别,而王夫之是以地域、血缘来阐发民族差别,从而从天、地、人三维的哲学角度来说明华夷之大防,这可谓是王夫之对于传统春秋大义的突破和创新。

第三,反清复明的现实需要。王夫之民族思想有现实的政治基础,他所效忠的大明王朝被异族所蹂躏取代,王夫之"生为明人,死为明鬼",无法忍受亡国之痛,并从爱国主义和历史唯物观的角度出发,在《黄书·古仪第二》中言:"自昔炎裔德衰,轩辕肇纪,闵阽危,铸五兵,诛铜额,涤飞沙,弭刃于涿鹿之野,垂文鼓弦,巡瑞定鼎,来鹣梦弼,建屏万邦,而神明之胄骈武以登天位者,迄于刘汉五姓百十有七后,岂不伟哉!是岂有私神器以贻曾玄之心哉!而天贶不舍,灵光来集者,盖建美意以垂家法,传流云昆,不丧初旨,群黎蒸蒸,必以得此而后足于凭依,故屡滨播弃,而卒不能舍去以外求宗主。"①强调了华夏始祖黄帝所建立起来的丰功伟绩和光辉业绩,以此唤醒汉民族的民族意识,希望"扶长中夏",捍卫汉民族的"正统"地位。

王夫之民族思想的深刻性和独特性,不仅影响了当代人的思想,更影响了后世文人学者以及政治家。余英时说:"中国近百年来的变化,一个最大的动力就是民族主义,一个政治力量是成功还是失败,就看它对民族情绪的利用到家不到家,如果能够得到

① (明)王夫之:《船山全书》第 12 册,《黄书·古仪第二》,长沙:岳麓书社,1996年,第 504 页。

民族主义的支持，某一种政治力量就会成功，相反就会失败。"①的确，王夫之的著作在鸦片战争之后得到邓显鹤、曾国藩兄弟等人的挖掘和整理，其丰富的民族思想资源得以复苏、流传和利用。近代洋务派的"体用论"、康梁的"变法论"，以及革命派的"革命排满"等无不深受王夫之民族思想的启蒙和影响，尤其对于近代民族革命，起到了不可估量的精神动力作用。

王夫之的"西学中源"思想为洋务派所利用，把西方文化纳入中国传统文化的范畴之中，成为攻击顽固派的武器。同时，王夫之将"体"和"用"阐述为"体以致用，用以备体"。同样，本末、道器之间的关系也是"物之有本末，本者必末之本，末者必本之末""道为器之本，器为道之末，此本末一贯之说也"②"无其器则无其道"③等，这些观点成为洋务派"中学为体、西学为用"思想的来源。王夫之的"不以一人疑天下，不以天下私一人"的反对君主专制思想，为戊戌变法时期的政治制度改革，以及建立君主立宪制提供了有力的理论武器。

综上所述，王夫之的民族思想始终没有脱离"华夷之辨"的局限，即使在清入主中原后显示其"汉化"倾向之时，王夫之依然坚持民族主义思想，坚持"华优夷劣""华正夷偏""华贵夷贱"思想，其思想成为清末革命党人"排满"的思想武器。同时，王夫之自立自强、捍卫民族利益的民族爱国主义思想成为近代民族主义者反对外来侵略的滥觞。

---

① 余英时：《中国近代思想史上的激进与保守》，北京：三联书店，2004年，第22页。
② （明）王夫之：《船山全书》第6册，《读四书大全说》卷7，《论语子张篇》，长沙：岳麓书社，1996年，第886页。
③ （明）王夫之：《船山全书》第1册，《周易外传》卷5，《系辞传上地十四章》，长沙：岳麓书社，1996年，第1028页。

参 考 文 献

一

1. 司马迁. 史记[M]. 北京：中华书局. 1959.

2. 班固. 汉书[M]. 北京：中华书局. 1962.

3. 刘昫. 旧唐书[M]. 北京：中华书局. 1975.

4. 司马光. 资治通鉴[M]. 北京：中华书局. 1956.

5. 薛居正. 旧五代史[M]. 北京：中华书局. 1976.

6. 欧阳修. 新五代史[M]. 北京：中华书局. 1974.

7. 杜牧. 樊川诗集[M]. 上海：上海古籍出版社. 1978.

8. 叶隆礼. 契丹国志[M]. 上海：上海古籍出版社. 1985.

9. 脱脱. 辽史[M]. 北京：中华书局. 1974.

10. 脱脱. 宋史[M]. 北京：中华书局. 1977.

11. 脱脱. 金史[M]. 北京：中华书局. 1975.

12. 宋濂. 元史[M]. 北京：中华书局. 1976.

13. 李焘. 续资治通鉴长编[M]. 北京：中华书局. 1995.

14. 张廷玉. 明史[M]. 北京：中华书局校点本. 1974.

15. 明实录[M]. 台北："中央研究院"语言历史研究所. 1964.

16. 谈迁. 国榷[M]. 北京：北京古籍出版社. 1958.

17. 夏燮. 明通鉴[M]. 北京：中华书局. 1959.

18. 谷应泰[M]. 明史纪事本末. 北京：中华书局. 1977.

19. 徐学聚. 国朝典汇[M]. 北京：北京大学出版社. 1993.

20. 瞿九思. 万历武功录[M]. 北京：中华书局. 1962.

21. 沈德符. 万历野获编[M]. 北京：中华书局. 1981.

22. 茅瑞征. 万历三大征考[M]. 北京：书目文献出版社. 1990.

23. 余继登. 典故纪闻[M]. 北京：中华书局. 1981.

24. 高岱. 鸿猷录[M]. 上海：上海古籍出版社. 1992.

25. 严丛简. 殊域周咨录[M]. 北京：中华书局. 2000.

26. 王世贞. 弇山堂别集[M]. 北京：中华书局. 1985.

27. 陈子龙. 明经世文编[M]. 北京：中华书局. 1962.

28. 查继佐. 罪惟录[M]. 杭州：浙江古籍出版社. 1986.

29. 顾祖禹. 读史方舆纪要[M]. 北京：中华书局. 1955.

30. 计六奇. 明季北略[M]. 北京：中华书局. 1984.

31. 龙文彬. 明会要[M]. 北京：中华书局. 1956.

32. 张金吾. 金文最[M]. 北京：中华书局. 1990.

33. 高拱. 高拱全集[M]. 郑州：中州古籍出版社. 2006.

34. 刘基. 刘基集[M]. 杭州：浙江古籍出版社. 1999.

35. 张居正. 张太岳集[M]. 上海：上海古籍出版社. 1984.

36. 王阳明. 王阳明全集[M]. 上海：上海古籍出版社. 2006.

37. 丘濬. 大学衍义补[M]. 北京：京华出版社. 1999.

38. 杨嗣昌. 杨嗣昌集[M]. 长沙：岳麓书社. 2005.

39. 王夫之. 船山全书[M]. 长沙：岳麓书社. 1996.

40. 张伯桢. 沧海丛书[M]. 北京：沧海丛书社. 1933.

41. 李清. 三垣笔记[M]. 北京：中华书局. 1982.

二

1. 江应樑. 中国民族史[M]. 北京：民族出版社. 1990.

2. 杨建新. 中国少数民族通论[M]. 北京：民族出版社. 2005.

3. 杨建新. 中国西北少数民族史[M]. 北京：民族出版社. 2003.

4. 杨建新. 崔明德. 中国民族关系研究[M]. 北京：民族出版社. 2006.

5. 崔明德. 两汉民族思想史[M]. 北京：人民出版社. 2007.

6. 崔明德. 马晓丽. 隋唐民族思想史[M]. 北京：人民出版社. 2010.

7. 崔明德. 中国古代和亲通史[M]. 北京：人民出版社. 2007.

8. 白寿彝. 中国通史[M]. 上海：上海人民出版社. 2005.

9. 邓之诚. 中华二千年史[M]. 北京：中华书局 1983.

10. 费孝通等. 中华民族多元一体格[M]. 中央民族学院出版社. 2001.

11. 谭其骧. 中国历史地图集[M]. 北京：中国地图出版社. 1982.

12. 吴怀祺. 中国史学思想史[M]. 北京：商务印书馆, 2007.

13. 钱茂伟. 明代史学的历程[M]. 社会科学文献出版社. 2003.

14. 高永久. 西北少数民族文化专题研究[M]. 北京：民族出版社. 2004.

15. 高永久. 民族社会学概论[M]. 天津：南开大学出版社. 2010.

16. 王钟翰. 中国民族史概要[M]. 太原：山西教育出版社. 2004.

17. 赵云田. 北疆通史[M]. 郑州：中州古籍出版社. 2003.

18. 王文光. 中国民族发展史[M]. 北京：民族出版社. 2005.

19. 张博泉. 中华一体的历史轨迹[M]. 沈阳：辽宁人民出版社. 1995.

20. 刘建丽. 宋代西北民族文献与研究[M]. 兰州：甘肃人民出版社. 2004.

21. 钱穆. 国史大纲[M]. 上海：商务印书馆. 2002.

22. (英)崔瑞德、(美)牟复礼. 剑桥中国明代史[M]. 北京：中国社会科学出版社.2006.

23.徐兴祥.中国古代民族思想与羁縻政策研究[M].昆明：云南民族出版社.1999.

24.杨绍猷、莫俊卿.明代民族史[M].成都：四川民族出版社.1996.

25.尹伟先.明代藏族史研究[M].北京：民族出版社.2000.

26.刘祥学.明朝民族政策演变史[M].北京：民族出版社.2006.

27.曹永年.蒙古民族通史[M]（第三卷）.呼和浩特：内蒙古大学出版社.2002.

28.林幹.中国古代北方民族通史[M].厦门：鹭江出版社.2003.

29.达力扎布.明代漠南蒙古史研究[M].呼和浩特：内蒙古文化出版社.1997.

30.陈高华.明代哈密土鲁番资料汇编[M].乌鲁木齐：新疆人民出版社.1984.

31.翁独健.中国民族关系史纲要[M].北京.中国社会科学出版社.2001.

32.白翠琴.瓦剌史[M].长春：吉林教育出版社.1991.

33.珠荣嘎译著.阿勒坦汗传[M].呼和浩特：内蒙古人民出版社.1991.

34.高士荣.西北土司制度研究[M].北京：民族出版社.1999.

35.张鸿翔.明代各民族人士如仕中原考[M].北京：中央民族大学出版社.1999.

36.完颜文君.明代风云人物[M].北京：京华出版社.2006.

37.毛佩琦.中国社会通史[M]（明代卷）.济南：山东教育出版社.1996.

38. 张玉兴. 中国北方各族人物传[M](明代卷). 沈阳:辽海出版社. 2002.

39. 田继周等. 中国历代民族政策研究[M]. 青海人民出版社. 1993.

40. 韦庆远. 隆庆皇帝大传[M]. 沈阳:辽宁教育出版社. 1997.

41. 韦庆远. 张居正和明代中后期政局[M]. 广东高等教育出版社. 1999.

42. 韦庆远. 明清史辨析[M]. 北京:中国社会科学出版社. 1981.

43. 田澍. 嘉靖革新研究[M]. 北京:中国社会科学出版社. 2002.

44. 华夏子. 明长城考实[M]. 北京:档案出版社. 1988.

45. 刘谦. 明辽东长城防御考[M]. 北京:文物出版社. 1989.

46. 杨绍猷. 俺答汗评传[M]. 北京:中国社会科学出版社. 1992.

47. 白翠琴. 瓦剌史[M]. 沈阳:吉林教育出版社. 1991.

48. 赖家度、李光璧. 明朝对瓦剌的战争[M]. 上海:上海人民出版社. 1956.

49. 戴鸿义. 明代庚戌之变和隆庆和议[M]. 北京:中华书局. 1982.

50. 袁祖亮. 中国古代边疆民族人口研究[M]. 郑州:中州古籍出版社. 2001.

51. 马大正主编. 中国古代边疆政策研究[M]. 北京:中国社会科学出版社. 1990.

52. 姜守鹏. 明清北方市场研究[M]. 长春:东北师范大学出版社. 1996.

53. 孟森. 明史讲义[M]. 上海:上海古籍出版社. 2002.

54. 南炳文、汤纲. 明史[M]. 上海：上海人民出版社. 2003.

55. 薄音湖、王雄编辑. 明代蒙古汉籍史料汇编[M]（第1～6辑）. 呼和浩特：内蒙古大学出版社. 2006—2009.

56. 中国第一历史档案馆、辽宁省档案馆编：中国明朝档案总汇[M]. 桂林：广西师范大学出版社. 2001.

57. 樊树志. 晚明史[M]. 上海：复旦大学出版社. 2004.

58. 阎崇年、俞三乐编. 袁崇焕资料集录[M]（上、下集）. 桂林：广西民族出版社. 1984.

59. 札奇斯钦. 蒙古文化与社会[M]. 台北：台湾商务印书馆. 1987.

60. 孟森. 明代边防[M]. 台北：台湾学生书局. 1968.

61. 黄麟书. 边塞研究[M]. 香港：香港造阳文学社. 1979.

62. 黄仁宇. 十六世纪明代中国之财政与税收[M]. 北京：生活·读书·新知三联书店. 2001.

63. 黄仁宇. 中国大历史[M]. 北京：生活·读书·新知三联书店. 1997.

64. 陈梧桐. 洪武大帝朱元璋传[M]. 贵阳：贵州人民出版社. 2005.

65. 晁中辰. 明成祖传[M]. 北京：人民出版社. 1993.

66. 吴仕民主编. 中国民族理论新编[M]. 北京：中央民族大学出版社. 2010.

67. 余英时. 中国近代思想史上的激进与保守[M]. 北京：生活·读书·新知三联书店. 2004.

68. 杜维运. 清代史学与史家[M]. 北京：中华书局. 1988.

69. 徐杰舜. 从多元到一体：中华民族论[M]. 桂林：广西师范大学出版社. 2008.

70. 萧启庆. 内北国而外中国：蒙元史研究[M]. 北京：中华书局. 2007.

71. 张碧波、庄鸿雁. 华夷变奏：关于中华多元一体运动规律的探索[M]. 哈尔滨：黑龙江出版社. 2009.

三

1. [日] 和田清著. 明代蒙古史论集[M]. 北京：商务印书馆. 1984.

2. [日] 田村实造编. 明代满蒙史研究——明代满蒙史料研究篇[M]. 京都：京都大学文学部. 1963.

3. [日] 谷光隆. 明代马政研究[M]. 京都：京都东洋史研究会. 1972.

4. [日] 松本隆晴. 明代北边防卫体制研究[M]. 汲古书院. 2001.

5. [日] 萩原淳平. 明代蒙古史研究[M]. 京都：同朋舍. 1980.

6. [苏] 尼·维·鲍戈亚夫连斯基. 长城外的中国西部地区[M]. 北京：商务印书馆. 1980.

7. [苏] 符拉基米尔·佐夫著，刘荣焌译. 蒙古社会制度史[M]. 北京：中国社会科学出版社. 1980.

8. [美] 拉特摩尔著，赵敏求译：中国的边疆[M]. 台北：正中书局. 1945.

9. [美] 亨利·赛瑞斯著，王苗苗译. 明蒙关系 III 贸易关系：马市（1400—1600）[M]. 北京：中央民族出版社. 2011.

10. Lynn. Struve：The Southern Ming 1644—1662. YaleUniversityPressNewHavenandLondon, 1984.（[美] 司徒琳. 南明史[M]. 美国耶鲁大学出版社. 1984.）

四

1. 崔明德. 中国民族思想史研究范围和方法的探讨[J]. 民族研究. 2006,（2）.

2. 崔明德. 中国民族思想的概念及发展脉络[J]. 中国边疆史地研究. 2006,(4).

3. 崔明德. 关于建立中国民族思想史学科的构想[J]. 齐鲁学刊. 1998,(4).

4. 崔明德、曹鲁超. 近十年来传统民族观及民族思想研究述评[J]. 齐鲁学刊. 2005,(5).

5. 崔明德. 中国民族思想的研究内容[J]. 齐鲁学刊. 2007,(1).

6. 马晓丽. 汉武帝民族思想的演变——以汉与匈奴的关系为例[J]. 齐鲁学刊. 2007,(4).

7. 高士荣. 明代西北推行土司制度原因刍议[J]. 西北史地. 1996,(3).

8. 其其格. 张居正与俺答封贡[J]. 内蒙古师大学报(哲学社会科学版). 1996,(2).

9. 林金树. 明代政治史研究的思考[J]. 汕头大学学报(人文科学版). 1997,(6).

10. 胡凡. 论明穆宗对北部边防的整顿[J]. 中国边疆史地研究. 1998,(1).

11. 胡凡. 论明穆宗时期实现俺答封贡的历史条件[J]. 中国边疆史地研究,2001,(1).

12. 田澍. 明代嘉靖至万历时期政治变革的走向[J]. 兰州大学学报(社会科学版). 2008,(2).

13. 李漪云. 从马市中几类商品看明中后期江南与塞北的经济联系及其作用[J]. 内蒙古师范大学学报. 1984,(4).

14. 高树林. 明朝隆庆年间与蒙古右翼的封贡互市[J]. 河北大学学报. 1982,(1).

15. 陈生玺. 明代蒙古各部的分合与后金对漠南蒙古的征服[J]. 南开学报. 1987,(1).

16. 萧国亮. 明代后期蒙汉互市及其社会影响[J]. 中国社科院研究生院学报. 1987,(2).

17. 杨绍猷. 明代蒙古经济述略[J]. 民族研究. 1985,(5).

18. 姚继荣. 明代宣大马市与民族关系[J]. 河北学刊. 1997,(6).

19. 杜婉言. 明代木市初议[J]. 社会科学战线. 1985,(2).

20. 余同元. 明后期长城沿线的民族贸易市场[J]. 历史研究. 1995,(5).

21. 田樹、毛雨辰. 20世纪80年代以来明代西北边镇研究述评[J]. 西域研究. 2005,(2).

22. 吕美泉. 明朝马市研究[J]. 求实. 1999,(5).

23. 唐玉萍. 明朝嘉万时期对蒙政策探论[J]. 社会科学辑刊. 2002,(6).

24. 戴鸿义、阎忠. 永乐时期明蒙间的贸易关系[J]. 内蒙古民族师范学院学报. 1990,(1).

25. 高树林. 明朝隆庆年间与蒙古右翼的封贡互市[J]. 河北大学学报. 1982,(1).

26. 哈正利. 明代蒙汉民族贸易浅析[J]. 中南民族学院学报(哲学社会科学版). 1996,(5).

27. 李漪云. 明代长城脚下的蒙汉互市[J]. 民族团结. 1981,(5).

28. 李文君. 浅析西海蒙古与明朝的通贡互市[J]. 青海民族研究. 2005,(2).

29. 杨绍猷. 明代蒙古经济述略[J]. 民族研究. 1985,(5).

30. [美]亨利·赛瑞斯著. 达力扎布译. 明代的汉蒙贸易[J]. 蒙古学信息. 1994,(1).

31. [澳]费克光著,许敏译. 论嘉靖时期的明蒙关系[J]. 民族译丛. 1990,(6).

32. ［日］若松宽著,杨绍猷译.评萩原春平著《明代蒙古史研究》［J］.民族译丛.1982,(4).

33. 胡钟达.明与北元—蒙古关系之探讨［J］.内蒙古社会科学.1985,(5).

34. 薄音湖.北元与明代蒙古［J］.内蒙古大学学报.1994,(1).

35. 薄音湖.评十五世纪也先对蒙古的统一及其与明朝的关系［J］.内蒙古社会科学.1985,(2).

36. 薄音湖.维护蒙汉友好的三娘子［J］.学习与思考.1981,(4).

37. 薄音湖.明代蒙古史研究概况［J］.内蒙古大学学报.1998,(3).

38. 王雄.洪武时期对蒙古人众的招抚和安置［J］.内蒙古大学学报.1987,(4).

39. 于默颖.明代蒙古顺义王的册封与嗣封［J］.内蒙古社会科学(汉文版).2008,(9).

40. 黄木、吴克娅.中国古代少数民族朝贡初探［J］.青海民族研究(社会科学版).2001,(4).

41. ［美］亨利·赛瑞斯著,达力扎布译:明代的汉蒙贸易［J］.蒙古学信息.1994,(1).

42. 孟修.明蒙朝贡体制与土木之变［J］.大连大学学报.2010,(4).

43. 齐书深、龚江红.明太祖、成祖时期对蒙古的政策［J］.史学集刊.1995,(3).

44. 郑红英.试论明朝对女真的招抚［J］.黑龙江民族丛刊.2010,(6).

45. 奇文瑛.论明朝内迁女真安置政策——以安乐、自在州为例［J］.中央民族大学学报.2002,(2).

46. 蒋秀松. 明代建州女真兴起原因略探[J]. 东北史地. 2008,(5).

47. 殷桂莲. 明朝"羁縻政策"与女真社会经济文化的嬗变[J]. 边疆经济与文化. 2006,(7).

48. 李中. 明成祖经营贵州述论[J]. 松辽学刊. 1991,(4).

49. 李良品. 明代贵州水西"安氏之乱"的起因、性质与处置[J]. 贵州社会科学. 2008,(2).

50. 李亚娟. 略论明代治理甘青藏区的政治军事政策[J]. 和田师范专科学院学报. 2006,(4).

51. 桑扎琼措. 从宗喀巴弟子释迦益西两次应召进京受封看明代治藏政策和汉藏关系[J]. 西南民族大学学报. 2009,(2).

52. 陈楠. 关于明成祖遣使召宗喀巴史事补证[J]. 中国藏学. 2005,(1).

53. 赵改萍. 简论明代藏传佛教在五台山的发展[J]. 西藏研究. 2005,(4).

54. 陈庆英. 论明朝对藏传佛教的管理[J]. 中国藏学. 2000,(3).

55. 任树民. 明朝初期对喇嘛教的整顿[J]. 西藏大学学报. 2000,(4).

56. 李陆华. 明朝对乌四藏(西藏)的辖治[J]. 博物馆研究. 2008,(2).

57. 解晓燕、尹伟先. 明朝治理乌思藏政策的阶段性特点[J]. 西北民族研究. 1999,(1).

58. 石硕. 明朝西藏政策的内涵与西藏经济的东向性发展[J]. 西藏研究. 1993,(2).

59. 陈柏萍. 明洪武、永乐年间治藏政策述略[J]. 青海民族学院学报. 2006,(1).

60. 侯丕勋. 哈密国"三立三绝"与明朝对土鲁番的政策[J].

中国边疆史地研究.2005,(4).

　61.施新荣.关于明永乐初年哈密的两个问题[J].西域研究.2009,(2).

　62.姚大力.中国历史上的民族关系和国家认同[J].中国学术.2002,(4).

　63.杨念群.我看"大一统"历史观[J].读书.2009,(4).

　64.罗志田.夷夏之辨的开放与封闭[J].中国文化.1996,(2).

　65.施琳.美国人的民族观[J].中央民族大学学报.2001,(2).

后　记

　　我生性鲁钝，但得益于良师挚友的提携与帮助，此书得以顺利结稿，甚感幸运。曾国藩曾言："当我幸运之时，常觉天过厚于我。"在此，容我一一表达感谢之意。

　　感谢我的恩师崔明德教授，能投入崔老师门下，倍感幸运和荣耀。崔老师治学严谨、学识渊博，犹如一盏明灯指引着我在学术道路上不断前行。崔老师热情随和、平易近人、求真务实的高尚人格更是深深感染着我，让我终身受益，必将给我今后的工作和生活带来深远的影响。

　　感谢师母马晓丽教授给予我无私的支持和帮助，在我意志消沉、迷茫无措之时，马老师乐观的性格和平和的心态不断鼓励和安慰我，给了我继续前行的勇气和信心。

　　感谢我的同门卜建华、郑炜、孙政、李丽华等为我的书稿提供了大量珍贵的资料，并提出了宝贵的意见和中肯的建议。感谢与我同班的同学们对我的帮助和鼓励。

　　感谢我的父母，为了能够让我安心地看书写作，帮我承担了全部家务和照顾孩子的重任。感谢我的爱人在加班之余，深夜为我校对书稿。感谢我懂事的儿子，每次看到我在搜集资料之时，虽想让我陪他，却乖乖地走开。

　　本书成稿于本人的博士论文，感谢我的工作单位山东工商学院为我提供了广阔的平台和机会，感谢马克思主义学院的领导和同事们对我的支持和关爱。

感恩大家,感谢生活,唯有努力前行才能报答你们。

当然,由于写作能力以及时间和水平有限,本书不免有瑕疵和遗憾,请大家批评指正。

邓云

2017 年 6 月